teach® yourself

irish
diarmuid ó sé
and
joseph sheils

For over 60 years, more than
50 million people have learnt over
750 subjects the **teach yourself**
way, with impressive results.

be where you want to be
with **teach yourself**

The publisher has used its best endeavours to ensure that the URLs for external websites referred to in this book are correct and active at the time of going to press. However, the publisher and the author have no responsibility for the websites and can make no guarantee that a site will remain live or that the content will remain relevant, decent or appropriate.

For UK order enquiries: please contact Bookpoint Ltd, 130 Milton Park, Abingdon, Oxon OX14 4SB. Telephone: +44 (0) 1235 827720. Fax: +44 (0) 1235 400454. Lines are open 09.00–18.00, Monday to Saturday, with a 24-hour message answering service. Details about our titles and how to order are available at www.teachyourself.co.uk

For USA order enquiries: please contact McGraw-Hill Customer Services, PO Box 545, Blacklick, OH 43004-0545, USA. Telephone: 1-800-722-4726. Fax: 1-614-755-5645.

For Canada order enquiries: please contact McGraw-Hill Ryerson Ltd, 300 Water St, Whitby, Ontario L1N 9B6, Canada. Telephone: 905 430 5000. Fax: 905 430 5020.

Long renowned as the authoritative source for self-guided learning – with more than 50 million copies sold worldwide – the **teach yourself** series includes over 500 titles in the fields of languages, crafts, hobbies, business, computing and education.

British Library Cataloguing in Publication Data: a catalogue record for this title is available from the British Library.

Library of Congress Catalog Card Number: on file.

First published in UK 1993 by Hodder Education, 338 Euston Road, London, NW1 3BH.

First published in US 1994 by The McGraw-Hill Companies, Inc.

This edition published 2003.

The **teach yourself** name is a registered trade mark of Hodder Headline.

Copyright © 1993, 2003 Diarmuid Ó Sé and Jospeh Sheils

Typeset by Transet Limited, Coventry, England.
Printed in Great Britain for Hodder Education, a division of Hodder Headline, 338 Euston Road, London, NW1 3BH, by Cox & Wyman Ltd, Reading, Berkshire.

Hodder Headline's policy is to use papers that are natural, renewable and recyclable products and made from wood grown in sustainable forests. The logging and manufacturing processes are expected to conform to the environmental regulations of the country of origin.

Impression number   10 9 8 7 6
Year   2008 2007 2006

contents

About the authors

Diarmuid Ó Sé is a lecturer in Irish at University College, Dublin. He has worked as a secondary teacher and language laboratory instructor and was for many years a researcher at the Linguistics Institute of Ireland in Dublin. He has published on various aspects of Irish grammar and phonetics.

Joseph Sheils is Head of Modern Languages at the Council of Europe in Strasbourg. He was previously Head of the Department of Language Pedagogy at the Linguistics Institute of Ireland. He is an experienced teacher, teacher trainer and curriculum developer.

introduction

The aim of this book is to teach you to understand basic, everyday Irish. It is suitable both for the complete beginner and for Irish people who have learned some Irish at school, but who have had little opportunity of speaking it.

This is a functional course, based on the kinds of situations in which Irish is used, each of which is dealt with in a separate unit. In Unit 1, for example, you learn some simple greetings, and how to give and understand personal information such as name, address and telephone number. In Unit 2, you will learn to say what you do for a living, and, in Unit 3, to talk about your family. Until you reach Unit 12 the emphasis will be on very immediate and daily situations: so Unit 4 deals with socializing, Unit 6 the weather, and Unit 10 shopping. From Unit 12 on you move to less immediate things, such as talking about past and future events in more detail, and making suggestions.

The first half of the book includes much of what you would expect to find in a phrasebook, and enough Irish for you to get by in simple situations. Do not be put off at this stage by hearing or seeing something which you cannot understand. An Irish proverb says **Bíonn gach tosú lag** (*Every beginning is weak*).

The second half of the book will prepare you to be more adventurous, and at this stage you can make more use of the **Appendices** at the back of the book.

Remember that a language consists of two things: words and ways of combining words. You cannot talk about things unless you know the words for them. In this book we give you basic vocabulary in each unit, but from an early stage you will find it helpful to have a short dictionary in which you can locate the words which you want to use. Some international publishers of dictionaries have recently produced pocket dictionaries of Irish, and any of these will be of great assistance in the early stages of learning the language. If you are in a position to obtain or order it, we suggest the bilingual **An Foclóir Scoile** (ISBN 1-85791-121-0) (which means 'the school dictionary'), or the shorter **An Foclóir Póca** (ISBN 1-85791-047-8) (which means 'the pocket dictionary'), published by An Gúm, the publications branch of the Department of Education in Dublin. These give recommended pronunciations for all words. Some major publishers particularly Oxford and Collins, have recently produced bilingual pocket dictionaries which are very useful and contain lots of modern terminology. As for combining words, we have limited this course to the simplest and most straightforward ways of saying things. Learners may want to move on to more advanced courses once they have satisfactorily completed this. We hope you will find that learning Irish from this book is an interesting and rewarding experience.

How to use this book

Each unit has: one or more dialogues; a vocabulary for each dialogue; questions about the dialogues; some cultural information in the early units; usually also a section dealing with important areas of vocabulary, such as numbers, names of days and months, etc.; a grammar section; and exercises.

First study the dialogues with which each unit begins. If you have the recording, which we strongly recommend, listen and look at the book at the same time. Remember that the context is an important guide to the meaning, and as these dialogues are meant to be as realistic as possible you will be able to guess a certain amount of what is going on. Phrase-by-phrase translations are given beneath the dialogues, but these get shorter as the course progresses. At first you will be dependent on them, but you should find that many things which you already know reappear and you will have less need of translation. Satisfy yourself that you know what each sentence means, and how it means what it means. The grammar sections will give the necessary explanations. Most important of all, read each dialogue out loud until you feel familiar with it. You may be in a position to use some of these phrases before long, so the more naturally they fall from your lips the better. Most dialogues are followed by a couple of simple questions which will help to confirm that you have grasped what is going on.

Resist any temptation to bypass the practice exercises at the end of each unit. They have been put together carefully so that you will get the maximum benefit from the course.

History and background

Irish belongs to the Celtic family of languages, which has two branches. The Gaelic branch consists of Irish, Scottish Gaelic and Manx, which are rather similar to one another. Welsh, Breton and Cornish make up the other branch of the Celtic languages, but they differ too much from the Gaelic group for mutual understanding. Irish is called **Gaeilge** (i.e. Gaelic) by its speakers, but the English word Gaelic, unqualified, normally refers only to its sister language in Scotland. Until the twelfth century the social position of Irish was not seriously challenged, and even the Vikings who settled in Ireland about a thousand years ago tended to learn Irish. However, the arrival of the Anglo-Normans in 1169 marked the beginning of a period of four centuries during which the country gradually became subject to the English crown.

From the late seventeenth century Irish began to give way to English. The disastrous potato famine of 1845–9 caused the deaths of a million people and the emigration of a further million. Most of these were Irish speakers, and a near fatal blow was suffered by a language which was already in decline. By the time an independent Irish state was established in 1922 the process of anglicization was almost complete, and the language was confined to enclaves on the western and southern coasts. Irish speakers then numbered some tens of thousands in a population of nearly three million.

However, the new state set out to rescue the language from extinction and favourable policies have maintained the Irish-speaking districts. Up to 30,000 people use Irish as a daily language in these areas, collectively known as the **Gaeltacht**. In the 1920s Irish was introduced in schools as a compulsory subject, and all primary and secondary pupils are still required to study the language, although not necessarily required to show any deep knowledge of it. As a result a substantial number of people outside the Gaeltacht (perhaps 100,000) have a good knowledge of Irish. These support a network of Irish-medium schools which are highly regarded and do much to sustain the language.

Despite the small number of fluent speakers, Irish has an important symbolic role in the life of the nation. The

Constitution, adopted by referendum in 1937, declares Irish to be both the national and the first official language. Various institutions and officers of the State are known by Irish-language titles in both official and daily usage. The lower house of parliament is called **Dáil Éireann** (lit. *Assembly of Ireland*) or simply the **Dáil**, and the upper house is called **Seanad Éireann** (*Senate of Ireland*). The term for a parliamentary deputy is **Teachta Dála** (*Delegate of the Dáil*), usually abbreviated to **TD**. The prime minister is called **Taoiseach** (an old word for *chieftain* or *leader*) and the deputy prime minister is called **Tánaiste** (which originally meant *successor*). The police force is **An Garda Síochána** (lit. *the guard of the peace*), commonly known as the **Gardaí** or the Guards. The government ministry responsible for cultural matters has a section concerned with promoting the language both in the Gaeltacht and throughout the country. There is a partly elected and partly appointed Gaeltacht authority (**Údarás na Gaeltachta**), a state agency established to promote the language – **Bord na Gaeilge** (*The Irish Language Board*) – and a radio service for Irish-speaking areas – **Raidió na Gaeltachta** – which can be picked up throughout the country. Some Irish-language programmes are broadcast on national radio and television. An Irish-language television service began broadcasting in 1996. After a recent name change it is now known as TG4. There are also departments of Irish in the main universities and colleges of education. In 1999, as part of the British–Irish agreement, Foras na Gaeilge was established with responsibility for the promotion of the Irish language on the island of Ireland.

Irish is, however, largely absent from such important domains as commerce, transport and popular entertainment. It survives as the daily language of a subculture and as the symbolic language of the state, which seeks to ensure, through the educational system, that all citizens have at least some passive knowledge of Irish.

The kind of Irish used in this book

A new written standard form of the language was adopted in the late 1940s under government direction and that is what you are taught here. It is known as **An Caighdeán Oifigiúil** (the Official Standard). It is largely a compromise between dialects and therefore not at all archaic. There is no generally accepted spoken standard form of the language, but a set of compromise proposals issued by the Linguistics Institute of Ireland in 1986 has gained some currency, especially in dictionaries. It is adopted here. We have therefore sought to teach you the most standardized form of the language and to avoid regional bias.

The alphabet

Only 18 letters of the alphabet are normally used in writing Irish. These are **a, b, c, d, e, f, g, h, i, l, m, n, o, p, r, s, t, u**. The letter **v** is used in some loan-words (e.g. **vóta**, from English *vote*), but **j, q, w, x** and **z** are restricted to some scientific terms. The consonants **r, l, n** are written double in some words; compare **fear** (*man*) and **fearr** (*better*), **geal** (*bright*) with **geall** (*promise*) (verb), **gan** (*without*) with **gann** (*scarce*). A long vowel is indicated by a length mark placed over it: **solas** means *light* and **sólás** means *consolation*.

Two features of Irish spelling will immediately strike the learner. One is the occurrence of **h** after a wide range of consonants, so that alongside **ch, th** and **sh**, which are familiar in English, you will see **bh, mh, dh**, etc. Another such feature is the large number of vowel combinations, as in **feoil** (*meat*), **buíoch** (*grateful*), **feiceáil** (*seeing*). These two features of written Irish are explained in the next section.

▶ Pronunciation guide

The pronunciation of Irish is often not immediately obvious from the spelling. There are two reasons for this. Irish has more sounds than the Roman alphabet can represent, so that letters of the alphabet have to be combined in various ways to make up the shortfall. In addition, the spelling rules, although reformed in the 1940s, are in some ways more faithful to the way Irish was pronounced several centuries ago than to the present-day sound of the language. The spelling of Irish is therefore a code which has to be learned before you can pronounce the examples in this book in such a way as to be understood. However, once you have learned the rules you will find that they are fairly regular. For instance there is no equivalent of the varying sound of English 'ough' in *bough, though, through, cough, rough*. You are strongly recommended to acquire the recording which accompanies this book, especially if you do not have access to an Irish speaker who will assist you.

The relation between spelling and sound is dealt with here as a series of topics.

▶ (a) Long vowels

These are 'pure' vowel sounds as in German or Italian, and é and ó do not end with *y* or *w* glides as do the corresponding sounds in most kinds of English.

í   pron. like *ee* in *meet*; **sí** (*she*) sounds like English *she*
é   pron. like French *é* or German *eh* rather than English *ay*, e.g. **mé** (*I, me*)
á   pron. like *aw* in American English, e.g. **lá** (*day*)
ó   pron. like French *au* or German *oh*, and not like English *oh*, e.g. **bó** (*cow*)
ú   pron. like *oo* in *pool*, e.g. **tú** (*you*)

▶ (b) Short vowels

Irish has the following short vowels:

i   like English short *i*; **sin** (*that*) sounds like English *shin*
e   like English short *e* in *get*, e.g. **te** (*hot*)
a   depending on the neighbouring consonants, either as in English *tap* or in English *top*, but with the lips unrounded, e.g. **cas** (*turn*)
o   no corresponding sound in English; to pronounce **bog** (*soft*) try using the vowel of English *book*, but with the mouth more open
u   like the *oo* in *book*, e.g. **tugann** (*gives*)

▶ (c) Slender and broad consonants

Every Irish consonant has two values, traditionally called 'slender' and 'broad', so there are two **l**s (a slender l and a broad l), two **t**s (a slender t and a broad t), and so on. The slender and broad sounds of the consonants can easily be found with l. Try saying l, and hold the sound as long as possible. Now say it again, and try to put your tongue in the position for *ee* at the same time; this is slender l. Now try saying it with your tongue in the position for *oo*; this is broad l. If you come from England you should have both these kinds of l already, the slender l in *leaf* and the broad l in *feel*. The word *little* begins with slender l and ends with broad l. However, if you are American or Scottish all your ls may be broad and if you are Irish or Welsh they may all be slender, and you should try experimenting as described above to get the right sounds. The difference between slender l and broad l is used in Irish to distinguish words. However, as the alphabet provides us with only one letter l, the practice was adopted of writing extra vowels to indicate whether a consonant is slender or broad. A consonant is slender if it is preceded or followed by i or e (the 'slender vowels') and broad if it is preceded or followed by a, o or u (the 'broad vowels'). See below:

broad l +	í	luí (*lying*), Laoi (*Lee*)	í + broad l	díol (*selling*)
	é	lae (*of a day*)	é	béal (*mouth*)
	á	lá (*day*)	á	fál (*hedge*)
	ó	lón (*lunch*)	ó	ól (*drinking*)
	ú	Lú (*Louth*) (county)	ú	cúl (*back*)
slender l +	í	líne (*line*)	í + slender l	síl (*think*)
	é	léine (*shirt*)	é	béil (*of a mouth*)
	á	leá (*melting*)	á	fáil (*getting*)
	ó	leon (*lion*)	ó	óil (*of drinking*)
	ú	liú (*a shout*)	ú	súil (*eye*)

Notice that **lón** (*lunch*) and **leon** (*lion*) are distinguished in sound only by the kind of l they each begin with. You can now see the significance of such vowel combinations as **ái, ói, éi, eo** and **iú**. When you see the word **Dáil** remember that it is one syllable Dá^{i}l, with a very weak i 'glide', and not two syllables **dá-il**. Likewise **fíon** (*wine*) is fí^{u}n and not **fí-on**. The aoi in **Taoiseach** (*the prime minister*) is an alternative to **uí**, but **aoi** sometimes occurs at the beginning of a word, e.g. the female name **Aoife** (pron. ífe). In a few words **oí** stands for í after a broad consonant, e.g. **croí** (*heart*). In **seo** (*this*) and **deoch** (*drink*) eo is, exceptionally, short (pron. **shu, dyuch**).

Now look at how three vowel letters are combined:

> ceol (*music*) (pron. k^{y}ól)
> píosa ceoil (*a piece of music*) (pron. písa k^{y}ó^{i}l)
> feoil (*meat*) (pron. f^{y}ó^{i}l)
> ciúin (*quiet*) (pron. k^{y}ú^{i}n)
> buíoch (*grateful*) (pron. b^{w}í^{o}ch)

There is also a rule that a consonant in the middle of a word must be flanked only by slender vowels (**i, e**) or by broad vowels (**a, o, u**). Feic (pron. **fek**) means *see* and the ending **áil** corresponds to English *-ing*; however *seeing* is **feiceáil** because **feicáil** would break a rule known as **caol le caol agus leathan le leathan** (*slender with slender and broad with broad*); contrast **fágáil** (*leaving*).

The sequences **ia** and **ua** stand for **í** and **ú** respectively followed by a weak **a** as in *about*:

bia (*food*)   rua (*reddish*, of hair mostly)
iad (*them*)   fuar (*cold*)
iasc (*fish*)   suas (*up*)

When followed by a slender consonant these become **iai** and **uai**, and they are pronounced **íe** and **úe** respectively:

riail (*rule*)
uair (*hour*)
fuair (*got*)
fuaim (*sound*)

The recommended pronunciation of the sequence **ao** is **í**:

saor (*free, cheap*) pron. sír

Before a slender consonant an **i** is added:

ar saoire (*on vacation*) pron. er síre

Let us look now at some combinations which represent short vowels:

ei = *e* in *get*, e.g. ceist (*question*) (pron. kesht)
ea = *a* in *hat*, e.g. bean (*woman*) sounds rather like English *ban*
ai = between *a* in *hat* and *o* in *hot*, e.g. baile (*town*) (pron. bolle)
ui = *i* between broad and slender consonants:
    cuid (*part*) is like *quid* but with the lips spread for the *qu*
    muid (*we*) sounds like *mwid*
    duine (*person*) has much less of a *w* sound after the **d**
oi = a sound between *e* and *o*, e.g. scoil
io = *i* before broad consonants, e.g. mion (*tiny*)

When **eo** or **iú** occur at the beginning of a word the **e** and **i** are silent and they are pronounced like **ó** and **ú** respectively:

eolas (*information*) (pron. ólas)
Iúil (*July*) (pron. úᵢl)

At the beginning of a word **io** represents **i** before a broad consonant, for example, ionad (*location*) (pron. inad); ionat (*in you*) (pron. inat). However, **io** is also commonly pronounced **u** in such words, giving unad and unat with the vowel of English p*u*t.

Note that **iontas** (*wonder*) and **iontach** (*wonderful*) are exceptionally pronounced íntus and íntuch.

At the beginning of a word **ui** is pronounced **i**, and **oi** is pronounced **e**, as in:

uisce (*water*) (pron. ishke)
uile (*all*) (pron. ile)
oifig (*office*) (pron. efig)

▶ (d) Individual consonants

d, t, l, n   When these are broad the tip of the tongue is pressed against the upper teeth e.g. tá (*is*), dúnta (*closed*); when slender it is against the gum behind the teeth. In some areas, slender **t** and **d** sound like English **ch** and **j** respectively: thus, te (*hot*) pron. che and deoch (*drink*) pron. juch.

s   Slender **s** is like English *sh* (except in **is** (*is*)); Seán (*John*) (pron. *Shawn*). Muiris (*Maurice*) sounds like **mwirish**. Sheila is spelled **Síle**.

r   Pronounced clearly in all positions in the word, e.g. rás (*a race*), sórt (*kind (of)*), réidh (*ready*), bóthar (*a road*). The slender **r** is like a combination of *r* with the sound of *s* in *leisure*, e.g. Máire (*Mary*), cuir (*put*). **R** at the beginning of a word is always broad, irrespective of spelling, e.g. rince (*dance*).

ph   Pron. *f*, e.g. mo phóca (*my pocket*) is mo fóca.

th   Pron. *h*, (not as English *th*); thug (*gave*) is *hoog*; máthair (*mother*) sounds like máhir.

ch   When broad, as in German *Bach* – loch (*lake*) is pronounced as in Scotland; when slender as in German *ich*, or the sound at the beginning of *huge* in English, e.g. oíche (*night*), pron. íche.

bh, mh   Pronounce *v* when broad. So for instance, at the beginning of a word mo bhus (*my bus*), mo mhac (*my son*), are mo vus, mo vok; -amh at the end of a word is *uv*, e.g. caitheamh (*spending, to spend*), déanamh (*doing, to do*), seasamh (*standing, to stand*), talamh (*land*), snámh (*swimming, to swim*), lámh (*hand*) are kahuv, dénuv, shasuv, taluv, snáv and láv. In the middle of a word broad **bh/mh** are also pronounced *v* after a long vowel, e.g. ábhar (*subject*), tábhacht (*importance*), lámha (pl. *hands*), fómhar (*autumn*), ríomhaire (*computer*) are ávar, távacht, láva, fóvar, rívwire. There is a tendency to weaken this *v* sound to a *w*, especially in the northern half of the country. The sequence short vowel + **bh/mh** in the middle of a word gives an *ow* sound as in *pound*, e.g. leabhar (*book*), ramhar (*fat*), samhradh (*summer*) are lʸowr, rowr, sowra.

Slender **bh/mh** are *v* in all positions, so **bhí** (*was*) is ví, **sibh** (pl. *you*) is shiv, **Gaillimh** (*Galway*) is galiv, **cuimhin** (in is **cuimhin liom** *I remember*) is k^{u}ivin, **geimhreadh** (*winter*) is gevre.

gh   At the beginning of a word it is pronounced rather like the French *r* when broad, e.g. **mo ghúna** (*my dress*), **sa ghairdín** (*in the garden*). The sequence **a +** broad **gh** in the middle of a word gives an *eye* sound, e.g. **aghaidh** (*face*) is rather like *eye* and **laghad** (*smallness*), **laghdú** (*reducing, to reduce*) are like loy^{u}d, loydú; **o +** broad **gh** in the middle of a word gives an *ow* sound, e.g. **foghlaim** (*learning, to learn*), **rogha** (*choice*), **roghnú** (*choosing, to choose*) are like fowluim, row, rownú. Broad **gh** does not occur at the end of a word.

Slender **gh** is pronounced *y*, so **mo gheansaí** (*my pullover*) is mo yansí, **do gheata** (*your gate*) is do yata. In the middle of a word slender **gh** combines with preceding short vowels to give an *eye* sound, e.g. **staighre** (*stairs*) is like sty-re, **saighead** (*arrow*) is like English *sigh* with *ud* added.

dh   At the beginning of a word it is pronounced the same as **gh** when broad, e.g. **dhá dhoras** (*two doors*) (pron. ghá ghoras). When slender it is likewise pronounced *y*, e.g. **do dheoch** (*your drink*) is do yuch. All **dh**s in the middle of a word are treated as though slender, even when there is no **i** before them, so **meidhreach** (*merry*), **veidhlín** (*violin*) are like myr^{y}uch, vylín; **Tadhg** (*a man's name*), **fadhb** (*problem*) are pronounced toyg, foyb and **adhmad** (*timber*) is like eye-mud; **radharc** (*sight, view*) is pronounced like English *rye* with *urk* added.

-adh   Pronounced **a** in nouns, e.g. **seoladh** (*address*), **pósadh** (*marrying*) are pronounced shóla, pósa. However, most instances of **-adh** in verbs are pronounced (u)ch, e.g. **bhíodh** (*used to be*), **bheadh** (*would be*), **rachadh** (*would go*), **théadh** (*used to go*) are pronounced vích, vech, rachuch, héch (all with the *ch* of German *Bach*). The exception is past passive **-adh** for which the pronunciation *uv* is recommended, e.g. **pósadh** (*was married*), **seoladh** (*was transmitted*), **rinneadh** (*was done*), **léadh** (*was read*) are pronounced pósuv, shóluv, rinyuv and léuv. An important regional feature which you will encounter is the northern pronunciation of **-adh** as *ú* in all cases.

-igh, -idh Recall that slender **gh** and **dh** are both pronounced *y* at the beginning of a word. This pronunciation is also used at the end of words of one syllable, e.g. **téigh** (*go*) is téy, **shuigh** (*sat*) is hiy, **réidh** (*ready*) is réy, **beidh** (*will be*) is bey. Likewise, the words **amuigh** (*outside*) and **istigh** (*inside*), which are originally phrases and are stressed on the second syllable, are amwiy and ishtiy. In other words of more than one syllable this *iy* becomes *í*, so **leathanaigh** (plural of **leathanach** (*page*)) is lahanuí, **ceannaigh** (*buy*) is kyanuí, **cheannaigh** (*bought*) is chyanuí, **rachaidh** (*will go*) is rachuí. Note, however, that in verbal forms of more than one syllable (such as **cheannaigh** (*bought*)) **-aigh** becomes simple *a* before a pronoun which is the subject of the verb, e.g. **cheannaigh sí** (*she bought*) is chyana shí.

You will come across the southern pronunciation of **-igh, -idh** as *ig* instead of *í*.

In the middle of a word **gh** and **dh** never have the value of a consonant, and this is often true of **bh, mh** also. Combining short vowels with a following **gh, dh, bh, mh** provides a way of writing the sounds *eye* and *ow* in Irish.

▶ (e) Word stress

You are recommended to stress the first syllable of the word, e.g. *léathanach* (*page*), *múinteoir* (*teacher*), *cáilín* (*girl*), *cóláiste* (*college*). A few borrowed nouns are exceptional, e.g. **to*bac*** (*tobacco*), which is stressed on the second syllable. However, adverbs of two or three syllables which begin with **a** (and some with **i**) are stressed on the second syllable, e.g. **a*mach*** (*out(wards)*), **is*teach*** (*in(wards)*), **a*nuas*** (*from above*), **a*márach*** (*tomorrow*), **in*niu*** (*today*) (pron. inyu). The initial **a** in these is pronounced like the first vowel in English *another*.

In Munster the stress may fall on a syllable other than the first if there is a long vowel in it:

cu**pán**   (*a cup*)   múin**teoir** (*a teacher*)
na Gar**daí** (*the police*)

You will notice that this system is fairly widely used by people who have learned the language.

▶ (f) Short vowels before ll, nn, rr, m, ng, rd in words of one syllable

You are recommended to pronounce these vowels short as written. Exceptions include **ard** (*high*), **Garda** (*policeman*), **barr** (*top*), **carr** (*car*), **bord** (*table*), which have long vowels everywhere. It is also advisable to try to pronounce the **ll, nn** somewhat long, as in **ball** (*member*), **clann** (children) (of family).

However, in Munster and West Galway vowels which are written short are pronounced long or sometimes as diphthongs (sounds such as *eye, ow*) before the consonants listed in this section. The following are some indications:

im (*butter*) (pron. eem)
fill (*return*) (pron. feel with slender l)
geall (*promise*) (verb) (pron. g^{y}ál or g^{y}owl)
mall (*slow*) (pron. mál or mowl)
moill (*delay, slowness*) (pron. mwoyl or mweel with slender l)
poll (*hole*) (pron. powl)
poill (*holes*) (pron. poyl or pweel with slender l)

However when a vowel follows the **ll, nn, rr, m** or **ng** this lengthening does not occur:

píosa ime (*a piece of butter*) (pron. písa ime)
geallúint (*promising*) (pron. g^{y}alú^{i}nt)

You are not recommended to attempt this more complicated system in the early stages of learning the language.

▶ (g) Unwritten vowels

Between   r and m   a vowel **a** (as in *about*) is pronounced.
             l   b
             n   bh
                           g

For example

gorm (*blue*) (pron. goram)
borb (*rude*) (pron. borab)
balbh (*dumb*) (pron. bolav)
garbh (*rough*) (pron. gorav)
bolg (*stomach*) (pron. bullag)

Between slender consonants the added vowel is **i**:

ainm (*name*) (pron. anim)
airgead (*money*) (pron. arig^{y}ud)

A guide to the initial mutations

A feature of Irish and the other Celtic languages is that words are liable to change not only their ending – e.g. cóta (*coat*) gives cótaí (*coats*) – but also at the beginning – e.g. mo chóta (*my coat*). Such changes at the beginning of a word are known as *initial mutations*, or simply *mutations*. Mutations are usually caused by a preceding word. For example, **mo** (*my*) causes a change called lenition, so **mo** + **cóta** becomes **mo chóta** (*my coat*). Lenition means softening (in Irish séimhiú, pron. shave you), referring to the replacement of hard and abrupt **c** by the more hissing or continuous **ch**. In contrast, ár (*our*) causes a different mutation called eclipsis (urú in Irish), so ár + cótaí becomes ár gcótaí (*our coats*) (pron. ár gót^{u}í). This can be understood as the value of the basic consonant **c** being eclipsed or overtaken by the value of the consonant which is written before it, i.e. **g**. Not all consonants are mutated. Here is a table of the changes which occur:

Basic consonant	Lenited form	Eclipsed form
p	**ph** (pron. f)	**bp** (pron. b)
t	**th** (pron. h)	**dt** (pron. d)
c	**ch** (pron. kh)	**gc** (pron. g)
b	**bh** (pron. v)	**mb** (pron. m)
d	**dh** (pron. gh)	**nd** (pron. n)
g	**gh** (pron. gh)	**ng** (pron. ng)
f	**fh** silent	**bhf** (pron. v)
m	**mh** (pron. v)	
s	**sh** (pron. h)	

Notice that the following sound the same when lenited: **t** and **s** (pron. h), **d** and **g** (pron. gh), **b** and **m** (pron. v). F becomes silent (but written **fh**). The **v** sound of eclipsed **f** is written **bhf**, i.e. **bh** (=v) before the basic **f**.

Symbols and abbreviations

m	= masculine gender of noun	adj.	= adjective
f	= feminine gender of noun	pron.	= pronounced
pl	= plural noun		
sing.	= singular		

▶ = This indicates material included on the recording.

01

is mise ...

my name is ...

In this unit you will learn how to
- use some simple greetings
- introduce yourself
- give your address and telephone number
- be polite

Dia dhuit	*Hello.*
Conas tá tú?	*How are you?*
Dia is Muire dhuit.	*Hello.*
Tá mé go maith.	*I'm well.*
Cad is ainm duit?	*What is your name?*
(Is) mise ...	*I am ...*
Tá mé i mo chónaí i ...	*I live in ...*
... le do thoil	*please*
Go raibh maith agat.	*Thank you.*
Slán.	*Goodbye.*

Read the dialogue, watching out for the phrases listed below. There is a complete list of vocabulary after the dialogue to help you understand it.

▶ Dialogue

Like most Irish people Seán has studied Irish at school but he wants to improve his knowledge of it. He has been in contact with a language school which teaches Irish and now turns up to apply for a place. He calls in to the secretary's (**an rúnaí**) office and she notes some personal details for his application.

Seán	Dia dhuit. Is mise Seán Ó Briain.
An rúnaí	Dia is Muire dhuit. Tar isteach. Conas tá tú?
Seán	Tá mé go maith.
An rúnaí	Suigh síos ansin.
Seán	Go raibh maith agat.
An rúnaí	Tá sé fuar inniu.
Seán	Tá, cinnte.
An rúnaí	Cad is ainm duit arís, le do thoil?
Seán	Seán Ó Briain.
An rúnaí	Agus do sheoladh?
Seán	Tá mé i mo chónaí in uimhir a trí Sráid Mhór, árasán a dó.
An rúnaí	Agus d'uimhir teileafóin?
Seán	A naoi, náid, a cúig, a sé, a seacht, a haon (905671).
An rúnaí	Tá bileog ansin. Tá an t-eolas ar fad ann.
Seán	Go raibh maith agat. Slán.

Question

Fill in these details on Seán's enrolment form below:

AINM:..
SEOLADH:...
FÓN:...

Tar isteach.	*Come in.*
Suigh síos ansin.	*Sit down there.*
Go raibh maith agat.	*Thank you.*
Tá sé fuar inniu.	*It is cold today.*
Tá, cinnte.	*It certainly is.*
arís	*again*
Agus do sheoladh (m)?	*And your address?*
uimhir (f) **a trí**	*number three*
árasán (m) **a dó**	*flat two*
Sráid (f) **Mhór**	*Main Street*
d'uimhir teileafóin (m)	*your telephone number*
Tá bileog (f) **ansin.**	*There is a leaflet there.*
Tá an t-eolas (m) **ar fad ann.**	*All the information is in it.*

Language notes

1 Greetings

You can greet somebody casually by asking **Conas tá tú?** (*How are you?*), or by commenting on the weather, e.g. **Tá sé go breá** (*It is fine*). More formal greetings are of religious origin, e.g. **Dia dhuit** (*God be with you*), replied to with **Dia is Muire dhuit** (*God and Mary be with you*).

2 Irish surnames

Distinctively Irish surnames tend to begin with **Ó** or **Mac** (**O** and **Mc/ Mac** in the English versions). These were originally names which identified you by your father or grandfather, but they later came to be used as family names (surnames). Don't worry for the moment about the way the second name changes after the prefix.

Tomás Mac Cárthaigh (McCarthy) lit. *Tomás, son of Cárthach*

Seán Ó Conaill (O Connell) lit. *Seán, grandson of Conall*

The way these names are used is still influenced by their original meanings. For instance, there are separate female versions (*daughter of…*), which you will look at in Unit 2. The English forms of Irish surnames derive from the male versions only. Here are some common Irish surnames, in both languages:

Ó **Mathúna** O *Mahony*	Mac **Mathúna** *McMahon*
Ó **Dochartaigh** *Doherty*	Mac **Cárthaigh** *McCarthy*
Ó **Cinnéide** *Kennedy*	Mac **Craith** *McGrath*
Ó **Riagáin** *Re(a)gan*	Mac **Gearailt** *FitzGerald*

You will notice that **Mac** in Irish sometimes corresponds to *Fitz* – from French **fils** (*son*), in Norman names. Can you now guess the English version of the surname in the dialogue? Since Ireland became an independent state (1922) there has been an increasing awareness of the country's heritage of personal names. Many first names from earlier literature have been revived (especially women's names like Clíona, Gráinne), and many families have restored the O at the start of their surname (e.g. *Kennedy* becoming O **Kennedy**, *Shea* becoming O **Shea**).

▶ 3 *Na huimhreacha 0–20* **(the numbers 0–20)**

0	náid	11	aon déag (pron. **én dé^{n}g**)
1	aon (pron. **én**)	12	dó dhéag (pron. **dó yé^{n}g**)
2	dó	13	trí déag
3	trí	14	ceathair déag
4	ceathair (pron. **kyahir**)	15	cúig déag
5	cúig	16	sé déag
6	sé (pron. **shé**)	17	seacht déag
7	seacht (pron. **shacht**)	18	ocht déag
8	ocht	19	naoi déag
9	naoi (pron. **nuí**)	20	fiche
10	deich (pron. **deh**)		

It is sometimes necessary to place **a** before 1–10:

a When counting:

a haon, a dó, a trí ...   *one, two, three ...*

Notice that this **a** puts an **h** before **aon**, and also before the other number which begins with a vowel: **a hocht**.

b when citing the number of a house, flat, etc.:

uimhir a **seacht,** Sráid Uí Chonaill	*number seven, O Connell Street*
árasán a **ceathair**	*apartment number four*
seomra a **hocht déag**	*room number eighteen*

c when calling out a number:

a seacht, náid, a ceathair   *seven, zero, four*

d when telling the time:

tá sé a cúig a chlog anois	*it is 5 o'clock now*
ag a naoi a chlog	*at 9 o'clock*

Grammar

1 The definite article *an* (the)

Nouns in Irish are divided into two classes, which are called 'masculine' and 'feminine'. This is a fairly random division, although the word for *man* is indeed masculine and the word for *woman* feminine. The gender of a word is shown by the way it is treated after **an** (*the*). This is pronounced with a weak vowel as in English *another*.

Masculine nouns which begin with a consonant are unaffected by **an**; those which begin with a vowel have a **t-** added to the beginning of the word:

fear	*man*	an fear	*the man*
bord	*table*	an bord	*the table*
athair	*father*	an t-athair	*the father*
eolas	*information*	an t-eolas	*the information*
árasán	*apartment*	an t-árasán	*the apartment*

Feminine nouns which begin with a consonant are lenited (see **Pronunciation guide**):

bean	*woman*	an bhean	*the woman*
máthair	*mother*	an mháthair	*the mother*
bileog	*leaflet*	an bhileog	*the leaflet*
oifig	*office*	an oifig	*the office*
uimhir	*number*	an uimhir	*the number*

An **s** preceding **l**, **n**, **r** or a vowel at the beginning of a feminine noun becomes **ts** (pron. t) after **an** (*the*).

sráid *street*   an tsráid   *the street*

It is useful to learn nouns with **an** before them.

There is no word corresponding to English *a* (the indefinite article):

| Tá cathaoir ansin. | *There is a chair there.* |
| Tá bileog ansin. | *There is a leaflet there.* |

2 The verb 'to be'

The present tense forms of the verb *to be* in Irish consists of **tá** followed by a pronoun (i.e. *he*, *she*, or *it*) referring to a person or thing:

tá mé *I am*	tá muid *we are*
tá tú *you are*	tá sibh *you are*
tá sé *he/it is*	tá siad *they are*
tá sí *she is*	

The verb **tá** is used to describe location or state (of a person or thing). The weather is always referred to by **Tá sé ...** *It is ...*

Conas **tá tú** inniu?	*How are you today?*
Tá mé go maith.	*I am well.*
Tá Máire anseo.	*Máire is here.*
Conas **tá sé** amuigh?	*How is it (the weather) outside?*
Tá sé fuar inniu.	*It is cold today.*

Tá used on its own means *there is* in sentences like these:

| Tá peann ansin. | *There is a pen there.* |
| Tá seoladh anseo. | *There is an address here.* |

3 *is* (it's)

This corresponds to some uses of the English verb *to be*. Remember that **tá** is used to say *where something is* or *what state it is in*. These are temporary qualities. Permanent qualities are referred to by using **is**, meaning roughly *it's* (this is not quite a verb and will be called by its traditional name of 'copula' here).

You use **Is mise** (lit. *It's me*) to introduce yourself by name or occupation:

| Cé tusa? | *Who are you?* |
| **Is mise** Pádraig. | *I am Patrick.* (lit. *It's me, Patrick*) |

Is mise an rúnaí.	*I am the secretary.* (lit. *It's me, the secretary*)

It is also possible to drop **is**:

Mise Deirdre.	*I am Deirdre.* (lit. *Me Deirdre*)

A special form of **mé** (**mise**) is used for *I/me* here.

4 How to say 'my', 'your', 'his', 'her'

These possessive pronouns are placed before the word they refer to:

mo	*my*	**a**	*his*
do	*your*	**a**	*her*

If the following word begins with a vowel **mo** and **do** become **m'** and **d'**:

m'ainm	*my name*
d'uimhir	*your number*

A following consonant is lenited after **mo** (*my*), **do** (*your*), **a** (*his*) (but not after **a** (*her*)). This is shown by writing an **h** after the consonant:

póca	*pocket*
mo phóca	*my pocket* (pron. mo fóca)
carr	*car*
mo charr	*my car*
máthair	*mother*
do mháthair	*your mother* (pron. do wáhir)
seoladh	*address*
a sheoladh	*his address* (pron. a hyóla)

But note:

a máthair	*her mother*
a seoladh	*her address*

Words which begin with **l, n, r, h** are not affected:

leabhar	*book*	**mo leabhar**	*my book*
nuachtán	*newspaper*	**mo nuachtán**	*my newspaper*
rothar	*bicycle*	**do rothar**	*your bicycle*
hata	*hat*	**a hata**	*his hat*

The expression used for *please* is **le do thoil** (pron. le do hul), which literally means *with your will*; notice that **do** + **toil** gives **do thoil**.

His or *her* are distinguished by the way in which they affect following words. **A** (*her*) does not lenite:

a mháthair *his mother* (pron. **a wáhir**)
a máthair *her mother* (pron. **a máhir**)
a sheoladh *his address* (pron. **a hyóla**)
a seoladh *her address* (pron. **a shóla**)

If the following word begins with a vowel **a** (*her*) puts an **h** in front of it:

a ainm   *his name*
a hainm   *her name*

In speech **a** (*his*) is often lost before a word beginning with a vowel. These sound much the same:

Tá ainm anseo.   *There is a name here.*
Tá a ainm anseo.   *His name is here.*

A very important point about these markers of possession is that they are *never* stressed, unlike English *my*, etc. Emphasis is supplied by adding a special ending:

mo charr	*my car*
mo charrsa.	*MY car (and not yours).*
m'ainm	*my name*
Tá m'ainmse ansin.	*MY name is there.*

The form **-sa** is used if the last vowel of the preceding word is **a**, **o**, or **u**; **-se** is used if that vowel is **i** or **e**.

5 *Cónaí* (residence)

You may say in Irish that *you live somewhere* by saying that you are *in your living in it*. This requires the preposition **i** (*in*) and the possessives given in 4 above. Placing **i** (*in*) before **a** (*his/her*) gives **ina**.

Tá mé i mo chónaí i Luimneach. *I live in Limerick.* (lit. *I am in my living in Limerick*)
Tá Seán ina chónaí i Londain. *John lives in London.* (lit. *John is in his living in London*)

Tá Máire ina cónaí i Meiriceá.   *Mary lives in America.* (lit.
                                 *Mary is in her living in
                                 America*)

6 *Conas?* (how?)

	tú	*you?*	
Conas tá	do mháthair	*your mother?*	(pron. **do wáhir**)
How is/are	d'athair	*your father?*	(pron. **dahir**)
	do shlaghdán	*your cold?*	(pron. **do hloydán**)
	an aimsir	*the weather?*	(pron. **an amshir**)

7 *Agus* (and)

This has a short form **is**, when you have met in the formal
greeting **Dia is Muire dhuit** (*God and Mary to you*) for **Dia agus
Muire ...** Be careful not to confuse this with the copula **is** which,
though usually at the beginning of a sentence, sometimes isn't,
for example:

Cad is ainm duit? *What's your name*   (lit. *What is name to
                                       you?*)

8 Word order

Unlike in English, the verb comes before its subject in Irish.
Compare the order of elements in these Irish and English
sentences:

Tá Seán anseo.   *John is here.*
Tá sé anseo.   *He is here.*

A word qualifying another word comes after it:

uimhir teileafóin   *telephone number* (lit. *number of
                                        telephone*)
fón póca   *mobile phone* (lit. *pocket phone*)
Sráid Mhór   *Main Street* (lit. *street big*)

Practice

1   Make up a dialogue similar to the one on page 2 using this
    information:
    Ainm Peadar Ó Néill   **Fón** 765489
    Seoladh 9 Sráid Mhór

2 Write about yourself:

Is mise…
M'uimhir teileafóin …
Mo sheoladh …

3 Reorder this jumbled dialogue:

- Dia is Muire dhuit.
- Tá mé go maith.
- Conas tá tú?
- Dia dhuit.
- Go raibh maith agat.
- Tar isteach.

4 Put these words in the right order:

a Muire/ is/ dhuit/ Dia
b maith/ go/ agat/ raibh
c is/ duit/ ainm/ cad?
d mise/ Peadar/ is
e maith/ tá/ go/ mé
f mé/ i/ chónaí/ Luimneach/ tá/ mo/ i

5 Add in the missing forms of **tá**:

a Conas tá tú?
_____ go maith.
b Conas tá sibh?
_____ go maith.
c Conas tá an aimsir?
_____ fuar inniu.
d Conas tá do mháthair?
_____ go maith.
e _____ i mo chónaí i Luimneach.

6 Put **seo mo** (*this is my*) before the following words. Some of these words will need an **h** after their first consonant to show lenition. Check the list in the **Pronunciation guide** (page xviii) if necessary.

	máthair (*mother*)
	carr (*car*)
	árasán (*flat*)
Seo mo (*This is my*)	seoladh (*address*)
	rothar (*bicycle*)
	uncail (*uncle*)
	uimhir teileafóin (*telephone number*)
	hata (*hat*)

If you have the recording, listen to the sentences and check your pronunciation or look at the **Pronunciation guide** on pages x–xviii.

7 Practise saying these telephone numbers. (You can check them on the recording if you have it.) Can you figure out the towns? (See the map below.) Their English forms are listed in the wrong order.

a	021–54237	Corcaigh
b	091–63421	Gaillimh
c	0502–6938	Baile Átha Luain
d	061–23145	Luimneach
e	065–27645	Cill Airne
f	01–765489	Baile Átha Cliath
g	048–7114562	Doire

(*Athlone, Cork, Dublin, Galway, Derry, Killarney, Limerick*)

Listen and repeat/take down these places and telephone numbers from the recording if you have it; the answers are at the back of the book.

Doire

Baile Átha Luain
Gaillimh
Baile Átha Cliath

Luimneach

Cill Airne
Corcaigh

▶ 8 Listen and check your pronunciation of these surnames. (Look at the **Pronunciation guide** if necessary.)

Ó Mathúna	Mac Mathúna
Ó Loingsigh	Mac Cárthaigh
Ó Cinnéide	Mac Craith
Ó Dochartaigh	Ó Murchú

Comprehension

Léigh an comhrá agus freagair na ceisteanna (*Read the conversation and answer the questions*).

Úna Dia dhuit, is mise do chomharsa nua, in árasán a deich.

Máire Ó, conas tá tú?

Úna Tá mé go breá, go raibh maith agat.

Máire Tar isteach. Cad is ainm duit? Is mise Máire.

Úna Mise Úna.

Máire Suigh síos.

Úna Go raibh maith agat.

comharsa	*neighbour*
nua	*new*

Questions
a Where does the conversation take place?
b What is the number of Úna's flat?

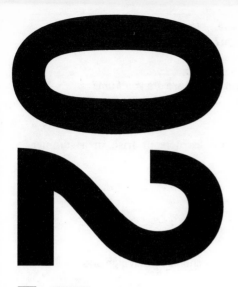

02 is múinteoir mé

I am a teacher

In this unit you will learn how to

- state your nationality and occupation
- check somebody else's nationality or occupation
- say where you work

Is ... mé.	I am (a) ...
An ... tu?	Are you (a) ...?
Is ea.	Yes.
Ní hea.	No.
Cad as duit?	Where are you from?
As ...	From ...

Here are two interviews with learners of Irish in a summer college.

▶ Interview 1

Rúnaí	Cad is ainm duit, le do thoil?
Áine	Áine Ní Chonaill is ainm dom.
Rúnaí	Cad as duit?
Áine	As Trá Lí, ach tá mé i mo chónaí i gCorcaigh anois.
Rúnaí	I gcathair Chorcaí?
Áine	Is ea.
Rúnaí	Agus do shlí bheatha?
Áine	Is múinteoir mé.
Rúnaí	Tuigim. Go raibh maith agat.
Áine	Tá fáilte romhat.

Cad is ainm (m) **duit?**	What is your name?
le do thoil	please
Áine Ní Chonaill is ainm dom.	My name is Ann O'Connell.
Cad as duit?	Where are you from?
As Trá Lí.	From Tralee.
Ach tá mé i mo chónaí i gCorcaigh.	But I live in Cork.
anois	now
I gcathair (f) **Chorcaí?.**	In Cork City?
is ea.	Yes (lit. That's it)
Agus do shlí bheatha (f)**?**	And your occupation? (lit. way of life)
Is múinteoir mé.	I am a teacher.
Tuigim.	I understand.
Go raibh maith agat.	Thanks.
Tá fáilte romhat.	You are welcome.

Questions

a Cad as d'Áine (= do + Áine)?
b An múinteoir í?

▶ Interview 2

Students attending a language class in Dublin meet their new teacher. She introduces herself and asks the students who they are and where they come from.

Caitlín Is mise Caitlín Ní Cheallaigh… agus… cé tusa?
Bob Bob Mac Mathúna is ainm dom.
Caitlín An Meiriceánach tú?
Bob Is ea. Is as Boston dom.
Caitlín An bhfuil an Ghaeilge deacair, dar leat?
Bob Níl. Tá na ranganna suimiúil, agus tá na múinteoirí go deas.
Caitlín Go raibh maith agat.

Agus cé tusa?	*And who are you?*
An Meiriceánach tú?	*Are you American?*
is ea.	*Yes.* (lit. *it's that*)
An bhfuil an Ghaeilge deacair?	*Is Irish difficult?*
dar leat	*in your view*
Níl.	*It isn't.*
ranganna (m)	*classes*
suimiúil	*interesting*
na múinteoirí	*the teachers*
go deas	*nice*

Questions
a Cad as do Bob?
b Conas tá na ranganna?

Language notes

1 Women's surnames

There are distinct prefixes for women's surnames. These female prefixes vary in form according to whether a woman is married or single. All cause lenition. Here are the male forms and unmarried female forms of two typical surnames:

Seán Ó Conaill   Áine Ní Chonaill
Pádraig Mac Mathúna   Máire Nic Mhathúna

The married forms are based on the male forms; if Seán Ó Conaill's wife is named Máire she will be known formally as **Máire Bean Uí Chonaill** (lit. *wife of O Connell*), or Máire Uí Chonaill for short. Pádraig Mac Mathúna's wife, Síle, would be called Síle Bean Mhic Mhathúna or Síle Mhic Mhathúna. **Bean Uí Chonaill** on its own means *Mrs OConnell* and **Bean Mhic Mhathúna** means *Mrs MacMahon*. In traditional Irish-speaking society women tend to be known informally by their maiden names (due to a strong sense of family affiliation).

▶ Here are some common Irish surnames in their three widely used forms:

Man's surname	Woman's surname	
	Maiden name	*Married name*
Ó Conaill (*O Connell*)	Ní Chonaill	Uí Chonaill (*í chonuil*)
Ó Murchú (*Murphy*)	Ní Mhurchú	Uí Mhurchú (*í vurachú*)
Ó Dónaill (*O Donnell*)	Ní Dhónaill	Uí Dhónaill (*í ghónuil*)
Ó Ceallaigh (*Kelly*)	Ní Cheallaigh	Uí Cheallaigh (*í hyaluí*)
Ó Sé (*O Shea*)	Ní Shé	Uí Shé (*í hé*)
Mac Mathúna (*McMahon*)	Nic Mhathúna	Mhic Mhathúna (*vik vahúna*)

Note that exceptionally **Nic** and **Mhic** do not cause lenition when the following name begins with **C** or **G**:

Mac Cárthaigh	*MacCarthy*	Nic Cárthaigh	Mhic Cárthaigh
Mac Gearailt	*Fitzgerald*	Nic Gearailt	Mhic Gearailt

▶ 2 Names of countries and nationalities

Countries fall into two groups. Nationalities always end with **-ach**.

(*a*) without the article:

Éire *Ireland*	Éireannach *Irish*
Sasana *England*	Sasanach *English* (lit. Saxon)
Albain *Scotland*	Albanach *Scottish*
Meiriceá *America*	Meiriceánach *American*

(*b*) with the article (causing lenition). These are treated like any other feminine noun:

An Fhrainc *France*	Francach *French*
An Ghearmáin *Germany*	Gearmánach *German*
An Spáinn *Spain*	Spáinneach *Spanish*
An Iodáil *Italy*	Iodálach *Italian*
An Rúis *Russia*	Rúiseach *Russian*

Grammar

1 Stating your nationality and occupation

These details remain permanent for most people and therefore they must be introduced with **is**.

nationality occupation	pronoun	name	
Is Éireannach	mé		*I am Irish.*
múinteoir	mé		*I am a teacher.*
feirmeoir	(é)	Seán	*Seán is a farmer.*
dochtúir	(í)	Máire.	*Mary is a doctor.*
Gardaí	(iad)	Tomás agus Pól.	*Tom and Paul are policemen.*

Notice that a pronoun may be used even when a person's name is given – **Is feirmeoir é Seán** (*Seán he is a farmer*). The pronouns meaning *he, she, they* are **é, í, iad**. When combined with a verb they become **sé, sí, siad**, as you saw in Unit 1 – **tá sé** (*he is*), **tá sí** (*she is*), **tá siad** (*they are*).

2 Asking somebody's nationality or occupation

Replace **is** with **an** to form a question. A special pronoun, **ea** *that/it*, is used in reply to such questions. (**Is ea** is pronounced ish a.)

An Éireannach tú?	*Are you Irish?*
Is ea.	*Yes.* (lit. *It's that*)
or	
Ní hea. Is Meiriceánach mé.	*No.* (lit. *Not that*) *I'm an American.*
An dochtúir í Máire?	*Is Mary a doctor?*
Is ea.	*Yes.*
or	
Ní hea. Ní dochtúir í.	*No. She's not a doctor.*

3 *As* (from)

The basic meaning of this is *out of*. It is also used to indicate one's place of origin:

Cad **as** duit?   *Where are you from?*
As Corcaigh.   *From Cork.*
or
Is **as** Corcaigh dom.   *I am from Cork.*

Other examples – with the word **duine** (*person*):

Duine as Corcaigh.   *A person from Cork*
Tá **duine as** Meiriceá i mo rang. *There is a person from America in my class.*

4 Plural forms of nouns

There are various ways of putting a noun in the plural, and for the most part you just have to learn the correct plural form when you learn the singular. Some of the most common are shown here. The plural of **an** (*the*) is **na**, and it puts an **h** before a noun which begins with a vowel:

a Add -í

an múinteoir *the teacher*	na múinteoirí *the teachers*
an oifig *the office*	na hoifigí *the offices*
an siopa *the shop*	na siopaí *the shops*
an Garda *the policeman*	na Gardaí *the policemen, the police*

b Add -anna/-eanna

an rang *the class*	na ranganna *the classes*
an áit *the place*	na háiteanna *the places*

c Add -a to -óg/-eog

an spúnóg *the spoon*	na spúnóga *the spoons*
an bhileog *the leaflet*	na bileoga *the leaflets*

d Add -acha/-eacha

an cineál *the kind, sort of*	na cineálacha *the kinds, varieties*
an chathaoir *the chair*	na cathaoireacha *the chairs*

e Make the final consonant slender (e.g. -**án** becomes -**áin**)

an t-árasán *the flat*	na hárasáin *the flats*
an leabhar *the book*	na leabhair *the books*
an clár *the programme*	na cláir *the programmes*

f Change -ach to -aigh

Éireann**ach** *an Irish person*   Éireann**aigh** *Irish people*
leathan**ach** *page*   leathan**aigh** *pages*

Some of the most frequently used nouns have irregular plurals.

an fear *the man*	na **fir** *the men*
an bhean *the woman*	na **mná** *the women*
an duine *the person*	na **daoine** *the people*
an teach *the house*	na **tithe** *the houses*

Although **cláir** is recommended as the plural form of **clár** (*programme*) an alternative form, **cláracha**, is widely used.

5 The verb 'to be' in questions

Replace tá with **an bhfuil** (pron. un wil). There are no words for *yes* and *no* in Irish, and the reply echoes the verb instead (without its pronoun).

An bhfuil sé deacair?	*Is it difficult?*
Tá.	*It is.*
Níl.	*It isn't*
An bhfuil Siobhán istigh?	*Is Joan in?*
Tá.	*Yes.* (lit. *Is*)
Níl. Tá sí amuigh.	*No.* (lit. *Is not*) *She's out.*
An bhfuil tú i do chónaí i Luimneach.	*Do you live in Limerick?*
Tá.	*Yes.*
Níl. Tá mé i mo chónaí i bPort Láirge.	*No. I live in Waterford.*

6 The preposition *i* (in)

This is pronounced like the *a* in *about*. It causes eclipsis (see **Pronunication guide**) of a following consonant:

Tá mé i mo chónaí

(I live)

{
- i gCorcaigh (pron. **gorkuí**) *in Cork*
- i dTrá Lí (pron. **drá lí**) *in Tralee*
- i mBéal Feirste (pron. **mél fershte**) *in Belfast*
- i nDoire (pron. **n"ere**) *in Derry*
- i gContae na Mí (pron. **gontae na mí**) *in Country Meath*
- i dteach mór (pron. **dyach**) *in a big house*

If the following word begins with a vowel, **i** becomes **in**:

Tá sé ina chónaí (*He lives*)   **in** árasán   *in a flat*

Éire (*Ireland*) becomes **Éirinn** after prepositions, e.g.:

Tá sí ina cónaí (*She lives*)   **in** Éirinn   *in Ireland*

7 Asking somebody's name and giving your own

Cad is ainm **duit**?   *What's your name?* (lit. *What is name to you?*)

Cén t-ainm atá ort?   *What's your name?* (lit. *What name is*
Tomás.   *on you?*)*Thomas.*

or

Tomás is ainm **dom**.   *Thomas is my name.* (lit. *Thomas is name to me*)

The forms **dom** (*to me*), **duit** (*to you*) combine preposition (*to*) and pronoun (*me*) in one word. They are often lenited after a word which ends with a vowel, e.g. **Dia dhuit** *hello*. Such forms are common in Irish and you will meet them again.

You may also ask:

Cé **tusa**?   *Who are you?*
Mise Seán.   *I am Seán.*
Is **mise** Áine.   *I am Anne.*

Tusa and **mise** are special 'emphatic' forms of **tú** and **mé**.

8 *Mise* (I, me), *tusa* (you) – emphatic forms of pronouns

The forms **mise** and **tusa** are obtained from **mé** and **tú** by adding **-se** and **-sa**, which you have already met in Unit 1 (the changes to the vowels are irregular). These special forms are used when emphasis or contrast are required. Compare these:

Is rúnaí mé.   *I am a secretary.*
Is rúnaí **mise** freisin.   *I am also a secretary.*
An múinteoir tú?   *Are you a teacher?*
An múinteoir **tusa**?   *Are **you** a teacher?*

It would not do just to stress the **mé** or **tú** in the first and third sentences here; the 'emphatic' forms are needed as well as added stress. Another example involving contrast is **mise agus tusa** (*me* *and you*), where the basic **mé/tú** are not possible. Naming, and enquiries about names, also require these special forms, as you have seen.

The full set of emphatic forms is:

mise	*me*	**sinne**	*us*
tusa	*you*	**sibhse**	*you*
(s)eisean	*him, her, its*	**(s)iadsan**	*them*
(s)ise			

Here are some examples.

Tá mé réidh.	*I am ready.*
Tá **mise** réidh.	*I am ready.*
Tá siad go deas.	*They are nice.*
Tá **siadsan** go deas.	***They** are nice.*

Apart from **mise** and **tusa** you will not need to be very familiar with these forms at the moment.

9 Nouns denoting occupations

Corresponding to English -*er*, -*or* Irish also has endings with **-r**. These names of occupations are all masculine – so no lenition after **an** (*the*). Those on the right are formed from the words to their left:

-eoir	feirm (f)	*a farm*	an feirmeoir	*the farmer*
-teoir	múin	*teach*	an múinteoir	*the teacher*
-óir	léacht (f)	*a lecture*	an léachtóir	*the lecturer*
	stiúir (f)	*direction*	an stiúrthóir	*the director*
-(a)dóir	dlí (m)	*a law*	an dlíodóir	*the lawyer*
	siopa (m)	*a shop*	an siopadóir	*the shopkeeper*

Some other names of occupations have different **r** endings and are not formed from any simpler word:

-úir	an dochtúir	*the doctor*
-éir	an siúinéir	*the carpenter*

All of these have plurals in **í**, e.g. **na múinteoirí** (*the teachers*).

Other words denoting occupations (also masculine) are formed with -(a)í.

| rún (m) *a secret* | rúnaí *a secretary* |
| amhrán (m) *a song* | amhránaí *a singer* |

These have plurals in **-ithe**, e.g. **na rúnaithe** (*the secretaries*).

Practice

1 Find the missing versions of these surnames:

Male	Female (single)	Female (married)
Ó Conaill	**a** _____	Uí Chonaill
b _____	Ní Shé	**c** _____
d _____	**e** _____	Mhic Mhathúna
Mac Cárthaigh	**f** _____	**g** _____

2 Combine the woman's name on the left with the surnames on the right below, replacing **Ó** and **Mac** with **Ní** and **Nic** respectively. Don't forget to include lenition:

Úna Ó Briain (O Brien)
     Ó Conchúir (O Connor)
     Ó Máille (O Malley)
     Ó Gráda (O Grady)
     Ó Conaill (O Connell)
     Ó Murchú (Murphy)
     Mac Dónaill (McDonnell)
     Mac Mánais (McManus)

3 Match the people and nationalities. Then state each person's correct nationality along the lines of **Is Éireannach é Seán** (*Seán is Irish*). (Remember to use the pronouns é, í, corresponding to their names):

a Seán	Gearmánach
b Ludwig	Spáinneach
c Maria	Rúiseach
d Yuri	Éireannach
e Máire	Francach
f Michelle	Éireannach

4 a Complete the column on the right:

Country	Nationality
Sasana	
Éire	
Alba	
Meiriceá	

b Complete the column on the left:

An Spáinn	Spáinneach
	Francach
	Gearmánach
	Iodálach

5 Answer these questions in the affirmative, both by using the echo form of answer and with a full statement.

a An Meiriceánach tú?

Is _____. _____ Meiriceánach mé.

b An Éireannach tú?

c An Francach é Pierre?

d An Rúiseach í Raisa?

6 Make up introductions like this example:

Séamas Ó Máille is ainm dom.
Tá mé i mo chónaí i dTrá Lí.
Is Garda mé.

a Bob O Mara/Boston/siúinéir.

b Colette Fortin/Páras/múinteoir.

c Jürgen Heim/Frankfurt/siopadóir (shopkeeper).

d Ian Campbell/Glaschú/amhránaí (singer).

e Nancy Giles/Nua Eabhrac (NY)/rúnaí.

7 Place names: match the Irish and English versions of these place names using the map overleaf.

a	Béal Feirste	**i**	Waterford
b	Trá Lí	**ii**	Galway
c	Doire	**iii**	Killarney
d	Port Láirge	**iv**	Belfast
e	Cill Airne	**v**	Derry
f	Gaillimh	**vi**	Tralee

Doire

Béal Feirste

Sligeach

Baile Átha Luain

Gaillimh

Port Láirge

Trá Li

Cill Airne

8   The preposition **i** + eclipsis. (NB ag obair *working*.)

   a Say that you live in the places **a–f** in Exercise 7.
      For example: Tá mé i mo chónaí i mBéal Feirste.
   b Complete these sentences with **i** + place.
      Tá mé ag obair i (banc).
                        (garáiste).
                        (siopa).
                        (oifig).
                        (Éire).

9   **Líon isteach na bearnaí** (*fill in the gaps*):
   a An bhfuil Séamas anseo?
      _____ Tá _____ i gCorcaigh.
   b An bhfuil tú i do chónaí i ___ Trá Lí?
      _____ Tá mé i _____ chónaí i bPort Láirge.
   c _____ _____ tú i do chónaí _____ árasán?
      Níl. Tá mé i mo chónaí i _____ teach.
   d An Meiricéanach é Bill?
      _____ _____. Is _____ Boston dó.

e An léachtóir í Máire?
   _____ _____. Is dlíodóir í.

10 Complete the interview:
    – Cad is ainm _____ ?
    • Seán Ó Laoire is ainm _____ .
    – Agus cad as duit?
    • _____ Corcaigh.
    – An bhfuil tú _____ _____ chónaí i gCorcaigh?
    • Tá.

▶ Comprehension

First read these brief introductions:

a Dia dhuit. Tomás Ó Dónaill is ainm dom. Is Garda mé. Tá mé
   i mo chónaí i nGaillimh.

b Dia dhuit. Is mise Síle Ní Chonaill. Is dochtúir mé. Tá mé i
   mo chónaí i Sligeach.

c Dia dhuit. Liam Mac Cárthaigh is ainm dom. Is feirmeoir mé.
   Tá mé i mo chónai i gCorcaigh.

d Dia dhuit. Is mise Máire Nic Gearailt. Is múinteoir mé. Tá mé
   i mo chónaí i mBaile Átha Luain.

Now match these four people's names, occupations and
addresses:

Names	Occupations	Places
Tomás Ó Dónaill	múinteoir	Corcaigh
Máire Nic Gearailt	Garda	Sligeach
Síle Ní Chonaill	feirmeoir	Luimneach
Liam Mac Cárthaigh	dochtúir	Baile Átha Luain

Now make up short interviews with each of them on the model
of the following:

An rúnaí	Cad is ainm duit?	*What is your name?*
Tomás	Tomás Ó Dónaill is ainm dom.	*My name is Tomás Ó Dónaill.*
An rúnaí	Cá bhfuil tú i do chónaí?	*Where do you live?*
Tomás	Tá mé i mo chónaí i nGaillimh.	*I live in Galway.*

03

an bhfuil tú pósta?

are you married?

In this unit you will learn how to
- talk about your family
- ask about someone else's family

An bhfuil tú pósta?	*Are you married?*
An bhfuil clann agat?	*Do you have children?*
duine (*1*), **beirt** (*2*), **triúr** (*3*)	*counting people*
se bliana d'aois	*six years of age*

▶ Dialogue 1

Ciarán and Dónall meet for the first time in a few years. They talk about their personal circumstances.

Ciarán	Dia dhuit, a Dhónaill. Conas tá cúrsaí?
Dónall	Go maith. An bhfuil tú fós i do chónaí in árasán?
Ciarán	Níl. Tá mo theach féin agam anois.
Dónall	An bhfuil tú pósta anois?
Ciarán	Níl. Cad fútsa?
Dónall	Tá, le cúpla bliain anuas.
Ciarán	Ó, comhghairdeas. An bhfuil clann agat?
Dónall	Tá leanbh óg againn le bliain.

Conas tá cúrsaí?	*How are things? (*cúrsaí *affairs, matters)*
fós	*still*
Tá mo theach (m) **féin agam.**	*I have my own house.*
pósta	*married*
Cad fútsa?	*What about you?*
le cúpla bliain (f) **anuas**	*for a couple of years past*
comhghairdeas	*congratulations*
Tá ... againn	*We have*
leanbh (m) **óg**	*a baby (lit.* young child*)*

Questions

Answer **is fíor** (*true*) or **ní fíor** (*false*):

a Tá Ciarán fós ina chónaí in árasán.
b Tá sé pósta.

▶ Dialogue 2

Séamas Mac Cárthaigh wants to rent a cottage in the Gaeltacht for a few weeks. He has been directed to Bean Uí Shé. They chat about his family over a cup of tea.

Bean Uí Shé	An bhfuil clann mhór agat, a Shéamais?
Séamas	Tá beirt mhac agus iníon againn.
Bean Uí Shé	Cén aois iad?
Séamas	Tá Cáit ocht mbliana d'aois. Tá Pól sé bliana d'aois agus tá dhá bhliain ag Nuala.
Bean Uí Shé	Tá beirt acu ar scoil mar sin?
Séamas	Tá.
Bean Uí Shé	Tá triúr mac againne.

clann (f) **mhór**	*a large family*
beirt mhac (m) **agus iníon** (f)	*two sons and a daughter*
Cén aois iad?	*What age are they?*
ocht mbliana (f)	*eight years*
sé bliana	*six years*
dhá bhliain	*two years*
Tá beirt acu ar scoil (f).	*Two of them are at school.*
mar sin	*therefore, so*
tá … againne	*We have*

Questions

Answer **is fíor** or **ní fíor** to these questions:

a Tá mac agus beirt iníon ag Séamas.
b Tá Pól agus Cáit ar scoil.
c Níl clann ag Bean Uí Shé.

Language notes

1 Family, children and household

Traditional Irish society thought of the family as the 'extended family' of three generations (grandparents, parents and children) rather than the conjugal family of two generations (parents and children). The following terms were, and still are, used:

| **teaghlach** (m) | from **teach** (*house*); means *household, extended family* |
| **líon tí** (m) | (lit. *complement of house*), same as above |

muintir (f)	used in **muintir an tí** (*the occupants of the house*), and in **mo mhuintir** (*my parents* – lit. *my folks*)
clann (f)	refers to a couple's children, so **mo chlann** is *my children*, and does not correspond to *my family*

There is no exact equivalent of the word **clann** in English, but it is the origin of the English word *clan*, a tribal or kin-group claiming descent from a presumed ancestor; so **Clann Chárthaigh** (*the MacCarthy clan*), would be descended from Cárthach (died AD 1045). The word for *children* in general is **leanaí** (also **páistí** or **gasúir**). The old word **tuismitheoir** (m), plural **-í** (*parent(s)*) has been revived and is used in official jargon. Likewise social change has increasingly led to the **teaghlach** being equated with the conjugal family.

2 The family and close relatives

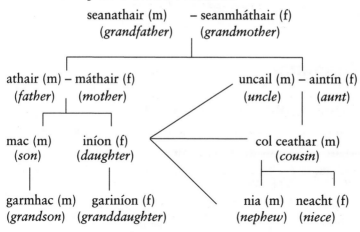

Na tuismitheoirí **(the parents)**

an fear (m) *the man*   an bhean (f) *the woman*
an fear céile *the husband*   an bhean chéile *the wife*

An chlann **(the children)**

an leanbh (m) *the child*
an páiste (m) *the child*
an buachaill (m) *the boy*   an cailín (m) *the girl*
an deartháir (m) *the brother*   an deirfiúr (f) *the sister*

▶ 3 Numbers above 20

Numbers in between tens follow the pattern of the twenties.

20–100

fiche *twenty*	caoga *fifty*	ochtó *eighty*
tríocha *thirty*	seasca *sixty*	nócha *ninety*
daichead *forty*	seachtó *seventy*	céad *a hundred*

21–29

fiche a haon *twenty-one*	fiche a sé *twenty-six*
fiche a dó *twenty-two*	fiche a seacht *twenty-seven*
fiche a trí *twenty-three*	fiche a hocht *twenty-eight*
fiche a ceathair *twenty-four*	fiche a naoi *twenty-nine*
fiche a cúig *twenty-five*	

100+

dhá chéad *two hundred*
trí chéad *three hundred*

Grammar

1 Addressing a person by name

You put **a**, which requires lenition, before the name:

Máire	**A** Mháire (pron. a váre)
Pádraig	**A** Phádraig (pron. a fádrig)
Síle	**A** Shíle (pron. a híle)
Siobhán	**A** Shiobhán (pron. a hován)

Not all consonants are affected by lenition:

Liam	**A** Liam
Niamh	**A** Niamh

Most male names ending with a broad consonant (one preceded by **a**, **o** or **u**) change that to slender (adding **i** before it):

Dónall	A Dhónaill (pron. a ghónuil)
Tomás	A Thomáis (pron. a homásh)
Séamas	A Shéamais (pron. a hémuish)
Peadar	A Pheadair (pron. a faduir)

2 Expressing possession with *ag* (at)

There is no verb *to have* in Irish. Instead you use a phrase which combines **tá** (*there is*) with **ag** (*at*) (pron. eg):

Tá carr **ag** Máire.	*Mary has a car.* (lit. *There is a car at Mary*)
Tá clann **ag** Síle.	*Sheila has children.*
Tá teach **ag** Seán i gConamara.	*John has a house in Connemara.*

3 The personal forms of *ag*

Ag cannot be followed by a pronoun (**mé, tú**, etc.). Instead there are special 'personal' forms of **ag** which incorporate both preposition and pronoun:

agam	*at me*
agat	*at you*
aige	*at him*
aici	*at her*
againn	*at us*
agaibh	*at you*
acu	*at them*

The **ai** in **aige** and **aici** is pronounced as **e** instead of **a**. Here are some examples:

Tá deartháir agus deirfiúr **agam**.	*I have a brother and sister*
Tá rothar nua **aige**.	*He has a new bicycle.*
Tá teach deas **acu**.	*They have a nice house.*
An bhfuil carr **aici**?	*Does she have a car?*
An bhfuil nóiméad **agat**?	*Do you have a minute?*

Most Irish prepositions have personal forms such as these – you have already met **dom** (*to me*) and **duit** (*to you*). They are often reinforced for contrast or emphasis (by adding **e** after **nn**, **sa** after broad consonants and **se** after slender consonants):

Tá Toyota ag m'athair ach tá Ford **agamsa**.	*My father has a Toyota but I have a Ford.*
An bhfuil carr **agaibhse**?	*Do **you** have a car?*
Tá feirm **againne**.	**We** *have a farm.*

To *know* is expressed by an idiom which literally means *to have knowledge*:

Tá a fhios agam. (pron. tás)   *I know.* (lit. *I have its knowledge*)

Níl a fhios agam. (pron. níleas). *I don't know.*

Tá a fhios againn é sin.   *We know that.*

or

Tá a fhios sin againn.

However, the ordinary word for *knowledge, information* is **eolas** (m).

4 *Féin* (self, own)

This means *self* when following a pronoun (it is usually pronounced **héin**):

Níl mé pósta.   *I am not married.*

Níl **mé féin** pósta. *I myself am not married.*

After a noun it means *own*:

mo theach   *my house*

mo theach **féin**   *my own house*

5 Order of noun and adjective

Adjectives normally follow the noun in Irish:

leanbh **óg**   *a young child*

rothar **nua**   *a new bicycle*

teach **mór**   *a big house*

A feminine noun lenites a following adjective which begins with a consonant other than **l, n, r**:

clann **mhór**   *a big family* (i.e. children)

oifig **bheag**   *a small office*

sráid **fh**ada   *a long street*

A few adjectives of one syllable precede the noun. **Sean** (*old*) is an example, and it causes lenition:

seanfhear   *old man*

seanbhean   *old woman*

N + d cancels out lenition:

seanduine — *old person* (often, in fact, *old man*)
seandaoine — *old people* (both men and women)

6 *Le* (with) referring to time

When used with periods of time this preposition means *for the past*:

Tá mé anseo **le** seachtain. — *I have been* (lit. *I am*) *here a week.*
Tá muid anseo **le** tamall. — *We have been here for some time.*
Tá leanbh aici **le** mí. — *She has had a child this past month.*
Tá sé marbh **le** fada. — *He has been dead a long time.*
(**fada** = *long*)

It is often reinforced with **anuas** (lit. *from above* but meaning *hitherto* in this context):

Tá Liam pósta **le** bliain **anuas**. — *Liam has been married for a year.* (lit. *with a year down*)

7 Counting years

The word for *year* is **bliain**. After the number **dhá** (*two*), which causes lenition, it becomes **bhliain** (pron. **vlíen**). A special counting form **bliana** is used with the numbers from 3 to 10. Following 7 to 10, an **m** is put before *year* to give **mbliana** (pron. **mlíana**). You add **déag** (*teen*) to get the numbers 11 to 19, but **aon** (*one*) is added in 11 and causes lenition:

bliain — *a year, one year*
dhá bhliain — *two years*
trí bliana — *three years*
ceithre bliana — *four years*
cúig bliana — *five years*
sé bliana — *six years*
seacht mbliana — *seven years*
ocht mbliana — *eight years*
naoi mbliana — *nine years*
deich mbliana — *ten years*

aon **bhliain** déag — *eleven years*
dhá **bhliain** déag — *twelve years*
trí **bliana** déag — *thirteen years*
ceithre **bliana** déag — *fourteen years*

8 *Aois* (age)

You ask a person's age as follows – **cén** combines **cé?** (*what/who?*) and **an** (*the*):

Cén aois	tú?	What age are you?
	é?	What age is he?
	é Seán?	What age is John?
	í Máire?	What age is Mary?
	iad?	What age are they?

The answer in years is followed by **d'aois** (*of age*) – **de** (*of*) + **aois** (*age*):

Tá mé fiche bliain **d'aois**.	I am twenty (years of age).
Tá m'athair caoga bliain **d'aois**.	My father is fifty.
Tá mo dheirfiúr tríocha a cúig bliain **d'aois**.	My sister is thirty-five.

or

... cúig bliana is tríocha **d'aois**.

Note that the vowel of **de**, like that of **do** (*to, for*), is dropped before a word which begins with a vowel.

Two useful expressions are **os cionn** (*over*) and **faoi bhun** (*below*):

Do lucht féachana **os cionn** 18 bliain.	For audiences over 18 (notice in cinemas)
leanaí faoi bhun deich mbliana **d'aois**	children under the age of ten

9 Counting people

There are special forms of the numbers for this purpose, mostly ending in **-r**. It is sufficient for the moment to know the forms from 1 to 3, and to be able to recognize the others. In counting people in a group, or in counting their names on a list, you say:

duine	(one) person	seisear	six people
beirt	two people	seachtar	seven people
triúr	three people	ochtar	eight people
ceathrar	four people	naonúr	nine people
cúigear	five people	deichniúr	ten people

Here is how you count sons and daughters. Notice that **amháin** (*one*) follows the word when it is used (it isn't always necessary):

mac **amháin**	*just one son*	iníon **amháin**	*just one daughter*
beirt mhac	*two sons*	beirt iníon	*two daughters*
triúr mac	*three sons*	triúr iníon	*three daughters*

Notice that **beirt** (*two*) causes lenition.

10 The word *clann* (children of family)

Tá **clann** mhór acu.   *They have a large family.*

After **beirt, triúr** and other numbers referring to people **clann** takes the form **clainne** (remember that **beirt** causes lenition):

Tá beirt chlainne againn.   *We have two children.*

Tá triúr clainne ag mo dheirfiúr.   *My sister has three children.*

The word **clann** is also used when referring to sons or daughters collectively, as follows:

a mhac	*his son*	a chlann mac	*his sons*
a hiníon	*her daughter*	a clann iníon	*her daughters*

Mac is lenited after **clann**, which is a feminine noun.

Practice

1   **Líon isteach na bearnaí** (*fill in the gaps*):

    a Seán   Dia dhuit, a _____!

      Máire   Dia is Muire dhuit, a _____!

    b Tomás   Conas tá tú, a _____?

      Síle   Go breá, conas tá tú féin, a _____?

      Tomás   Tá mé go maith.

▶ **2 a Léigh an téacs agus líon isteach na hainmneacha** (*read the text and supply the names of i–viii*):

Is é Dónall an t-athair, agus is í Áine an mháthair. Tá siad pósta le tríocha a cúig bliain. Tá beirt mhac acu, Eoghan agus Mícheál. Níl siad pósta. Tá iníon amháin acu, Muireann. Tá sí pósta le Pól. Tá beirt chlainne acu, Sinéad agus Brian.

b Freagair na ceisteanna seo (*answer these questions*). Use **is fíor** or **ní fíor**:

i Tá Dónall agus Áine pósta le tríocha a cúig bliain.

ii Tá beirt chlainne acu.

iii Níl Eoghan pósta.

iv Níl clann ag Muireann agus Pól.

v Is seanmháthair í Áine.

vi Is uncail é Eoghan.

3 An bhfuil tú …? An bhfuil … agat?

What would you say if you wanted to know if someone:

a has a minute to spare?

b has a car?

c is married?

d has any children?

An bhfuil	tú pósta?	Tá/Níl
	carr agat?	
	nóiméad agat?	
	clann agat?	

4 Líon isteach na bearnaí:

Seámas Conas tá tú, a _____?

Seán Tá mé go maith. Agus tú féin?

Seámas Tá mé go breá. Cá bhfuil tú i do _____ anois?

Seán Tá mé i mo chónaí i _Corcaigh.

Seámas An bhfuil tú pósta?

Seán _____. Tá beirt (mac) agus _____ amháin againn.

Seámas Tá sé sin go hiontach (pron. híntuch).

Seán Agus tú féin? Cad fútsa?

Seámas Tá mé fós i mo chónaí i _ Port Láirge.

Seán An bhfuil tú pósta?

Seámas _____, le bliain anuas.

---

go hiontach   *great* (pron. híntuch)

---

5 Counting

a Aois (age)

Complete the following on the pattern of **Tá Seán deich mbliana d'aois** using the picture above:

i Tá Seán _____ _____ d'aois.

ii Tá Neasa _____ _____ d'aois.

iii Tá Barra _____ _____ d'aois.

iv Tá Antaine _____ _____ d'aois.

v Tá Máire _____ _____ d'aois.

b How many children do Máire and Antaine have?

Tá _____ clainne acu: _____ mhac agus iníon.

▶ **6** Link the words in the left column with those in the right column to indicate kinship or ownership as in the example. Then, if you have the recording, listen to check your pronunciation, if not or check the **Pronunciation guide** on pages x–xviii

Example: múinteoir Phádraig (*Pádraig's teacher*)

muintir	Pádraig
iníon	Eibhlín
mac	Máire
deirfiúr	Síle
deartháir	Tomás
teach	Liam
clann	Gearóid

7 Supply the missing forms of **ag**.

a An bhfuil carr ag Máire?
Tá, cinnte. Tá 'Mini' _____.

b An bhfuil Séan pósta?
Níl, ach tá cailín _____. (cailín = *girlfriend* here)

c An bhfuil clann ag Pól agus Máiréad?
Tá. Tá beirt mhac agus iníon amháin _____.

d An bhfuil teach agat.
Tá árasán _____.

8 Reorder the words in these jumbled sentences:

a beirt agam Tá mhac

b bhfuil An pósta tú

c agam clainne Tá cúigear   (**gnóthach** *busy*)

d clann An agat bhfuil

e gnóthach bhfuil An tú

04

seo

this is ...

In this unit you will learn
how to
- introduce other people
- offer and accept a drink
- explain to others where you
live and work

Aon scéal (m)?	*Any news? a familiar greeting*
Seo ...	*This is ...*
Tá áthas orm bualadh leat.	*I am pleased to meet you.*
An mbeidh deoch agat?	*Will you have a drink?*
Beidh ... agam, go raibh maith agat.	*I'll have ...*
Ní bheidh, go raibh maith agat.	*No thanks.*
Tá mé ag obair/ag léamh, etc.	*I am working/reading, etc.*

▶ Dialogue 1

Pádraig has taken his cousin Máire to the local pub (**teach tábhairne**, also **teach ósta**). They speak briefly to Séamas, who is on his way home.

Pádraig	Dia dhuit, a Shéamais. Aon scéal?
Séamas	Diabhal scéal. Conas tá agat?
Pádraig	Go breá. Seo col ceathar dom, Máire Ní Mhuirí. A Mháire, seo Séamas Ó Dónaill, deartháir Eibhlín.
Máire	Cén chaoi a bhfuil tú, a Shéamais?
Séamas	Tá áthas orm bualadh leat, a Mháire.
Pádraig	Tá Máire ag fanacht linn faoi láthair.
Máire	Tá mé ag lorg poist.
Séamas	Níl aon phost agat faoi láthair?
Máire	Tá mé ag obair mar rúnaí páirtaimseartha.
Pádraig	An mbeidh deoch agat, a Shéamais?
Séamas	Ní bheidh, go raibh maith agat. Tá mé ag dul abhaile. Beidh mé ag caint libh arís.
Pádraig	Slán. Céard a bheidh agat, a Mháire?
Máire	Beidh gloine beorach agam, le do thoil.

Aon scéal (m)?	*Any news? (lit. story)*
Diabhal (m) **scéal.**	*The devil a thing. (meaning nothing at all)*
Conas tá agat?	*How are things? (lit. How do you have?)*
Seo col ceathar (m) **dom ...**	*This is a cousin of mine ...*
deartháir (m) **Eibhlín**	*Eileen's brother*
Cén chaoi a bhfuil tú?	*How do you do? (lit. What state are you in?)*

ag fanacht linn faoi láthair	*staying with us at present*
Tá áthas orm.	*I am pleased.*
bualadh leat	*to meet (with) you*
Tá mé ag lorg poist (m).	*I am looking for a job.*
Níl aon phost agat?	*You don't have any job?*
Tá mé ag obair mar ...	*I am working as ...*
páirtaimseartha	*part-time*
Tá mé ag dul abhaile.	*I am going home.*
Beidh mé ag caint libh aris.	*I'll be talking to you (both) again.*
Céard a bheidh agat?	*What will you have?*
Beidh gloine (f) beorach agam.	*I'll have a glass of beer.*

Questions

Answer **is fíor** (*true*) or **ní fíor** (*false*):

a Is col ceathar í Máire do Phádraig.
b Tá Máire ag obair in oifig.
c Beidh gloine beorach ag Séamas.

▶ Dialogue 2

Pádraig and Máire have got their drinks. They see somebody approaching them.

Máire	Cé atá ag teacht i leith?
Pádraig	Donncha de Brún is ainm do. Tá sé ag obair liom.
Donncha	Conas tá agaibh?
Pádraig	Seo Máire, a Dhonncha – is col ceathar dom í.
Donncha	Cén chaoi a bhfuil tú, a Mháire?
Máire	Tá mé go maith.
Pádraig	An bhfuil aon scéal agat?
Donncha	Beidh Cathal ag pósadh go luath.
Pádraig	Tá a fhios agam. Bhí sé an raidió áitiúil. Beidh deoch agat?
Donncha	Beidh gloine oráiste agam, sin uile.
Pádraig	Seo dhuit.
Donncha	Sláinte.

Cé atá ag teacht i leith?	Who is (that) coming this way?
is ainm dó	is his name (lit. is name to him)
ag obair liom	working with me
ag pósadh go luath	getting married soon
Tá a fhios agam.	I know.
ar an raidió (m) áitiúil	on the local radio
gloine oráiste (m)	a glass of orange (juice)
sin uile	that's all
Seo dhuit.	Here you are. (lit. this to you)
Sláinte (f)!	Cheers! (lit. Health)

Questions

Answer with **is fíor** (*true*) or **ní fíor** (*false*):

a Tá Donncha ag obair le Máire. (le = *with*)
b Beidh deoch mheisciúil (*alcoholic*) ag Donncha.

Language notes

1 Kinship

There is no simple word for *cousin* in Irish. Instead kinship is reckoned as follows. A first cousin is related to you through a parent who is a brother or sister of one of your parents. That involves four people – you, your first cousin, and one parent from each side. So using a special word **col** (*degree of kinship*) you call your first cousin **col ceathar** (m) (4), that is somebody related to you by a four-person chain of kinship. A second cousin is **col seisir** (m) (6), because there are six people involved.

2 Social life

Public houses are important social centres in Ireland. The Irish word for *pub* is **teach** (m) **tábhairne** (lit. *tavern house*) or **teach ósta**, but the English word *pub* is often used in Irish as well – one may say **sa phub** (m) (*in the pub*). The custom of reciprocal buying of drinks, known as *standing one's round*, is well entrenched despite generations of condemnation by clergymen and health boards. The traditional drinks of the country are beer and whiskey (so spelt in English, in contrast to Scotch *whisky*). The names of some common drinks are:

beoir (f)	*beer*	uisce (m) beatha	*whiskey*
leann (m) dubh	*stout*	fíon (m)	*wine*
pórtar (m)	*porter, stout*	branda (m)	*brandy*

The dark beer called *stout* was first brewed in Ireland by Arthur Guinness in the eighteenth century. It has two Irish names, **leann dubh** (*black beer*) – **leann** is an old word for *beer* – and (more often) **pórtar**, from an older English name, *porter beer*. **Uisce beatha** means *water of life*, and is based on Latin *aqua vitae*. The English word *whisk(e)y* was borrowed from **uisce** (**beatha**) in the fifteenth century, in either Ireland or Scotland, or both. Its English form reflects the earlier pronunciation of **uisce** as *uske*.

Grammar

1 Using *seo* (this) to indicate people or things

You can introduce a person, or present a thing, by using **seo** (*this*). Notice that no verb is used:

Seo Tomás.	*This is Tomás.* (lit. *This, Thomas*)
Seo mo dheirfiúr.	*This is my sister.*
Seo do dheoch.	*Here is your drink.*
Seo peann.	*Here is a pen.*

In Munster and Connacht a pronoun is placed before names and other definite nouns (those marked by *the*, *my*, etc.). It is not necessary for you to apply this rule.

Sing.	é	Seo é Tomás.	*This is Tomás.*
		Seo é do dheoch.	*Here is your drink.*
	í	Seo í Áine.	*This is Áine.*
Pl.	iad	Seo **iad** Tomás agus Liam.	*This is Tomás and Liam.*

2 How to say a friend, etc. 'of mine'

This becomes *a friend to me* in Irish, using **dom** (*to me*), which you have met earlier.

Seo cara **dom**.	*This is a friend of mine.*
Is cara **dom** é.	*He is a friend of mine.*
Is col ceathracha **dom** iad.	*They are cousins of mine.*
Ní deirfiúr **dom** í.	*She isn't a sister of mine.*

3 'Will be': the future tense of *tá*

The form is **beidh**. This may be pronounced **be** before pronouns and **bay** otherwise.

> Ní **bheidh** (pron. **ve**) mé anseo.   *I won't be here.*
> **Beidh** (pron. **bay**) Máire anseo.   *Mary will be here.*

4 'To be doing, saying': the progressive form of the verb

Actions which are in progress or under way are referred to by the progressive form of the verb, which has an exact equivalent in English. It consists of **tá** (*is*) + doer of action + **ag** + the form of the verb called the verbal noun:

> **Tá – mé – ag** scríobh.   *I am writing.*
> **Tá – Niamh – ag** canadh.   *Niamh is singing.*
> **Tá – Maria – ag** foghlaim – Gaeilge.   *Maria is learning Irish.*

These are the verbal nouns of **scríobhann** (*writes*), **canann** (*sings*) and **foghlaimíonn** (*learns*) respectively. The **g** of **ag** is only pronounced before a vowel in this construction, so one says **a' scríobh**, **a' foghlaim**, with a weak *a* as in earlier English *a-going*, etc.

Some ordinary nouns (ones not closely related to verbs) are also used in this construction. Note especially the following:

> Tá mé ag obair anseo.   *I am working here.*
> Tá duine éigin ag caint.   *Somebody is speaking.*

Replacing **tá** with **an bhfuil?** gives a question:

> An bhfuil tú ag foghlaim Gaeilge?   Tá/Níl.
> An bhfuil tú ag obair i nDoire?   Tá/Níl.

Here are some more examples, including past progressive with **bhí** (*was*) and future progressive with **beidh** (*will be*):

> An bhfuil tú ag imeacht?   *Are you leaving?*
> Tá muid ag dul abhaile.   *We are going home.*
> An mbeidh tú ag tiomáint abhaile?   *Will you be driving home?*
> Bhí muid ag ithe béile.   *We were eating a meal.*
> Beidh siad ag teacht amárach.   *They'll be coming tomorrow.*

One further point to note is that since the verbal noun is essentially a noun it requires the genitive case of a noun depending on it (if the noun has one):

Tá mé ag ullmhú dinnéir.	*I am preparing dinner.*
Tá mise ag lorg poist freisin.	*I am seeking a job also.*
Bhí mé ag ithe mo lóin.	*I was eating my lunch.*

However, if the noun is accompanied by an adjective, it is left in the basic form.

Tá siad ag íoc airgead maith.	*They are paying good money.*

5 The formation of the verbal noun

There are various distinctive endings. Notice how **e** or **a** is inserted before some of them to agree with a preceding slender or broad consonant.

ith (*eat*)	+ **e**	ag ithe (*eating*)
tiomáin (*drive*)	+ **t**	ag tiomáint (*driving*)
déan (*do, make*)	+ **amh**	ag déanamh (*doing, making*)

caith (*spend*)	+ **amh**	ag caith**e**amh (*spending*)
fág (*leave*)	+ **áil**	ag fágáil (*leaving*)
feic (*see*)	+ **áil**	ag feic**e**áil (*seeing*)
féach (*look*)	+ **int**	ag féach**a**int (*looking*)
lean (*follow*)	+ **úint**	ag leanúint (*following*)
fan (*stay*)	+ **acht**	ag fanacht (*staying*)
éist (*listen*)	+ **acht**	ag éist**e**acht (*listening*)
tosaigh (*begin*)	+ **ú**	ag tosú (*beginning*)
bailigh (*collect*)	+ **ú**	ag bailiú (*collecting*)

In some cases no ending is used:

ól (*drink*)	ag ól (*drinking*)
foghlaim (*learn*)	ag foghlaim (*learning*)

Some verbal nouns are irregular in form:

téigh (*go*)	ag **dul** (*going*)
tar (*come*)	ag **teacht** (*coming*)

As mentioned, some ordinary nouns serve as verbal nouns without having any special ending added to them, e.g. **obair** (*work, working*). Compare:

Tá mé ag obair.	*I am working.*
Tá an obair ag tosú.	*The work is beginning.*

6 The preposition *le* (*with*)

This is required with certain verbs (given in the form of the verbal noun):

ag caint le	*talking to* (lit. *with*)
ag bualadh le	*meeting (with)*
ag fanacht le	*staying with/waiting for*
ag éisteacht le	*listening to*

These are its personal forms (notice again how the preposition **le** combines with the personal pronoun):

liom	*with me*	**linn**	*with us*
leat	*with you*	**libh**	*with you*
leis	*with him*	**leo**	*with them*
léi	*with her*		

Here are some examples:

Beidh mé ag caint **leat** arís.	*I'll be talking to you again.*
Beidh tú ag bualadh **léi**.	*You'll be meeting her.*
Tá sí ag fanacht **leo**.	*She is staying with them.*
Tá Seán ag obair **liom**.	*Seán works with me* (or *Seán is working with me*, i.e. *right now*).

7 *Mar* (as)

This can be used to refer to part-time or temporary employment, as distinct from one's normal profession. It causes lenition:

Tá mé ag obair mar   *I am working as a teacher at*
   mhúinteoir faoi láthair.   *present.*

8 More about *cé?* (who?)

You have already met this in **Cé tusa?** (*Who are you?*). It is a rule of the written language that it be separated from a following verb by an **a** (and **tá** becomes **atá**), but this **a** is not pronounced and one says **Cé 'bhí, Cé 'tá**:

Cé a bhí ag caint leat?   *Who was talking to you?*
Cé a bhí leat?   *Who was with you?*
Cé a bheidh ann?   *Who will be there?*
Cé atá amuigh?   *Who is outside?*

9 Expressing 'of', e.g. a cup 'of' tea

The *of* relation between two words is conveyed in Irish by putting one immediately after the other and, usually, changing the shape of the second (the grammatical term is 'putting it in the genitive case'). There is no word corresponding to *of* in Irish. Here are some examples:

gloine (*glass*) + fíon (*wine*)   **gloine fíona** (*a glass of wine*)
mórán (*a lot*) + am (*time*)   **mórán ama** (*a lot of time*)

There are various ways of forming the genitive case, and the most important of these will be described in the next section. If a word does not have a genitive case (e.g. nouns which end with a vowel), word order alone is sufficient to show the *of* relation:

cupán (*cup*) + tae (*tea*)   **cupán tae** *a cup of tea*

Ownership and kinship are expressed by using this pattern (so in Irish *John's house* will become something like *house of John*). Personal names are lenited if they begin with a consonant:

teach Áine   *Anne's house* (lit. *house of Anne*, Áine
                       unchanged)
teach Mháire   *Mary's house* (Máire marked by lenition only)
teach Shéain   *John's house* (Séan lenited and in genitive case)

10 Forming the genitive case

There are various ways of putting a noun in the genitive case, according to whether it is masculine or feminine.

a   A broad consonant at the end of a masculine noun becomes slender (shown by writing an **i** before it)

eolas *information*	pointe eol**ai**s *a point of information*
pórtar *stout*	pionta pórt**ai**r *a pint of stout*
Séan *John*	muintir She**ái**n *John's parents*

b   Add **a** to a noun

fíon (m) *wine*   buidéal fíon**a** *a bottle of wine*

c   Add **e** to a feminine noun

seachtain *week*   deireadh seachtain**e** *weekend* (lit. *end of the week*)

d   Replace **(e)ach** with **(a)igh** in masculine nouns

leathanach *page*   bun an leathana**igh** *the bottom of the page*

e   Replace **(e)ach** with **(a)í** in feminine nouns

báisteach *rain*   móran báist**í** *a lot of rain*

f   Make the final consonant of a feminine noun broad and add **ach**

an bheoir *the beer*   pionta beor**ach** *a pint of beer*

Most words which end in a vowel do not have a genitive case:

gloine branda	*a glass of brandy*
gloine uisce	*a glass of water*
cupán caife	*a cup of coffee*
leathghloine uisce beatha	*a half-glass of whiskey*

(See section 9 in Unit 17 for another genitive formation.)

11 Offering and accepting a drink

A common way of offering a drink is to ask the equivalent of *Will you have a drink?* This involves the possessive phrase **tá ... ag** (*has*) which you met in the previous unit, but with future **beidh** instead of **tá**. Compare:

Tá deoch agam cheana.	*I have a drink already.*
An **mbeidh** deoch agat?	*Will you have a drink?*
Beidh.	*Yes.*
Ní bheidh.	*No.*

Note also, using **cad?** or **céard?** (*what?*):

Cad/céard a bheidh agat?	*What will you have?*
Beidh pionta agam.	*I'll have a pint.*

12 Drink measures

Drink is sold by the following measures:

buidéal (m)	*a bottle*
gloine (f)	*a glass*
leathghloine (f)	*a half-glass (= a small measure of spirits)*
pionta (m)	*a pint*
leathphionta (m)	*a half-pint*

13 *Leath-* (half)

This causes lenition and is joined to the word it modifies:

gloine *a glass*	leath**gh**loine *a half-glass*
lá *a day*	leathlá *a half-day*

14 *Aon* (any)

The numeral **aon** (*one*) is used in the sense of *any*:

Aon scéal?	*Any news?*
An bhfuil **aon** scéal agat?	*Do you have any news?*

Another way of saying *any* is to put **ar bith** (*at all*) after a word:

An bhfuil scéal **ar bith** agaibh?	*Do you (pl.) have any news?*

It is usual to use either **aon** or **ar bith** when saying that you haven't got something. Notice that **aon** causes lenition:

Níl **aon** charr agam.	*I don't have a car.* (lit. *I haven't got any car*)
Níl **aon** phost aige.	*He doesn't have a job.* (lit. *He doesn't have any job*)
Níl post **ar bith** aici.	*She doesn't have a job.*

Practice

1 Sort out each of the jumbled utterances to make a short
   dialogue:

   a **Introduction:** mo/Nuala/seo/chol ceathar/a Pheig
   b **Greeting:** tú/conas/a Nuala/tá
   c **Response:** a Pheig/orm/bualadh leat/tá/áthas

2 **Líon isteach na bearnaí;** (c) and (d) involve the optional use
   of é or í.

   a **Seán**   Dia dhuit, a _____!
     Máire   Dia is _____ dhuit, a _____!

   b **Liam**   _____ tá tú, _____ _____?
     Síle   Go breá, conas _____ _____ féin, a Liam?
     Liam   Tá mé go maith.

   c **Dónall** A _____, seo (é) mo chol ceathar Pádraig.
     Tomás   Tá áthas orm bualadh leat, _____ _____.
     Pádraig Dia dhuit, a _____.

   d **Áine**   A _____, seo (í) mo chol ceathar Siobhán.
     Siobhán Conas tá tú, a _____?
     Seosamh Tá áthas orm bualadh leat, _____ _____.

3 **Sa teach tábhairne.** Líon isteach na bearnaí.

   a **Eoin**   An mbeidh deoch _____, a Pheadair?
                  _____, go raibh maith agat.

   b **Diarmaid** An mbeidh deoch _____?
     Síle   Beidh pionta beorach _____, le do thoil.
     Sean   Agus _____ gloine beorach _____, a
                  Dhiarmaid.

   c **Ciarán**   An _____ pionta agat, a Phádraig?
     Pádraig Tá mo charr liom. Beidh _____ beorach
       agam.

   d **Pól**   _____ mbeidh deoch eile agat, a Eilís?
     Eilís   Ní _____, go raibh maith agat.

   e **Eoghan**   An mbeidh _____ agat, a Bhreandáin?
     Breandán _____ bheidh, go raibh maith agat. Tá mé
                  ag imeacht anois.

150

seo ...

04

4 Cá bhfuil siad? (*where are they?*)

Check that you know the meaning of these expressions (you can guess most of them and check them in the **Irish–English vocabulary**). Then match one of them with each sentence.

sa dioscó	sa charr
ar saoire	sa bhaile
sa teach tábhairne	ag an aerfort
in Oifig an Phoist	

a Tá siad ag caint agus ag ól.
b Tá sé ag cur (*putting, sending*) litreach sa phost.
c Tá sé ag scríobh cárta poist.
d Tá siad ag féachaint ar an teilifís.
e Tá sí ag dul go Meiriceá.
f Tá siad ag damhsa.
g Tá sé ag tiomáint.

5 Líon isteach na bearnaí. The missing words are given below each text on this page and the following.

a Seán is working late and sends a note to Máire, his wife:

> *A Mháire, a stór,*
> *Tá mé ag _____ an nóta seo*
> *mar tá an fón as ord. Beidh mé*
> *ag _____ go dtí a seacht a chlog anocht.*
> *Bhí mé ag _____ le Diarmaid agus*
> *beidh sé ag _____ go Páras amárach.*
> *Tá mé ag _____ an nóta seo le*
> *Máiréad.*
> > *Seán.*

cur	caint	dul	scríobh	obair

b Pádraig is on holiday and sends a card to Liam (ag seinm (ceoil) = *playing music*).

CORCAIGH, DÉ MÁIRT

A Liam, a chara,

Tá mé ag ____ ón óstán. Tá mé ag seisiún sa bheár le cúpla cara dom agus tá on ceol go hiontach. Tá muid ag ____ pionta Murphy's (Tá sé go deas). Tá muid ag canadh agus ag ____ .
Beidh grúpa ceoil ag seinm níos déanaí. Beidh Síle ag ____ anocht agus beidh muid ag ____ go Cill Airne amároach.

   Slán agus beannacht,

      Pádraig.

| dul | damhsa | ól | scríobh | teacht |

6 The genitive case.

Where necessary change the word in brackets to indicate kinship, possession, or quantity:

a bean (Séamas)
b carr (Dónall)
c teach (Máire)
d cupán (tae)
e mac (Ciarán)
f gloine (uisce)
g árasán (Áine)

7 Insert the appropriate form of **le**:

a
– Beidh Áine ag teacht amárach.
• An mbeidh tú ag bualadh _____ ?
– Beidh.

b
– Tá Pól ag teacht anocht.
• An mbeidh sé ag fanacht _____ ?
– Beidh.

c
- Beidh Peadar ag caint ar an raidió amárach.
- An mbeidh tú ag éisteacht _____ ?
- Ní bheidh. Beidh mé ag obair.

▶ Comprehension

Léigh an comhrá seo agus freagair na ceisteanna (*read this conversation and answer the questions*).

A visitor to the Gaeltacht has called at a hotel looking for a friend. He is addressed by the receptionist (**fáilteoir**). (Some new words are given below.)

Micheál	Dia dhuit.
Fáilteoir	Dia is Muire dhuit.
Micheál	Tá cara dom ag fanacht anseo, is dóigh liom. Séamas Ó Ceallaigh is ainm dó.
Fáilteoir	Níl sé istigh anois.
Micheál	An mbeidh sé ar ais tráthnóna?
Fáilteoir	Beidh, cinnte. Beidh sé anseo ag a sé a chlog.
Micheál	Beidh mé ag ais ag a sé. Micheál Ó Conaill is ainm dom.

istigh	*in*
ar ais	*back*
ag a sé a chlog	*at six o'clock*

Questions

a Cad is ainm do chara Mhichíl?
b An bhfuil sé istigh?

05

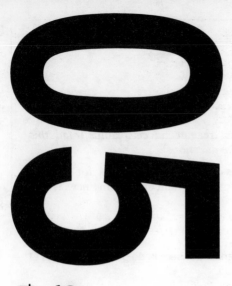

seo do sheomra

this is your room

In this unit you will learn how to
- welcome somebody to a house
- talk about the different rooms and their location

Tar isteach.	*Come in.*
Tá fáilte romhat.	*You are welcome.*
Go raibh maith agat.	*Thank you.*
Tá sé fuar/tirim.	*It is cold/dry.*
Tá, cinnte.	*It is, indeed.*
Seo do sheomra.	*This is your room.*
Tá an tae réidh.	*The tea is ready.*

▶ Dialogue 1

Seán is going to attend a summer language course in the Gaeltacht. Here he arrives at the house where he will be staying. The landlady (**Bean an tí**) comes to the door.

Séan   Dia dhuit, an tusa Bean Uí Bhriain?

Bean an tí   Is mé.

Séan   Is mise Séan Mac Mathúna.

Bean an tí   Dia is Muire dhuit, a Sheáin. Tar isteach. Tá fáilte romhat.

Séan   Go raibh maith agat.

Bean an tí   Conas tá tú? Tá sé fuar tráthnóna.

Séan   Tá, cinnte, ach tá sé tirim.

Bean an tí   Seo do sheomra.

Séan   An-mhaith. Teach breá é seo.

Bean an tí   Is ea. Tá sé sheomra leapa ann. Tá ocras ort, is dócha.

Séan   Tá, cinnte.

Bean an tí   Tá an tae réidh sa chistin.

Séan   Beidh mé ann láithreach. Cá bhfuil an seomra folctha?

Bean an tí   Sin é, ag bun an halla.

Tá sé fuar tráthnóna (m).	*It is cold this evening.*
cinnte	*indeed*
ach	*but*
tirim	*dry*
Seo do sheomra (m).	*This is your room.*
ag bun (m) **an halla** (m)	*at the end of the hall*
Tá ocras (m) **ort, is dócha.**	*You are hungry, probably.*
réidh	*ready*
cistin (f)	*kitchen*
Beidh mé ann láithreach.	*I'll be there immediately.*

Questions

Answer **is fíor** or **ní fíor** to the following statements:

a Tá se fuar amuigh.
b Tá ocras ar Sheán.
c Tá seacht seomra leapa sa teach.

▶ Dialogue 2

Micheál calls on his aunt, Síle. It is early evening.

Síle	Conas tá tú, a Mhichíl? Tar isteach.
Micheál	Conas tá tú féin, a Shíle?
Síle	Tá mé go han-mhaith.
Micheál	Tá áthas orm faoi sin. Tá tamall ó bhí mé anseo. Tá brón orm.
Síle	An bhfuil ocras ort?
Micheál	Níl. Tá mo dhinnéar ite agam.
Síle	Beidh cupán tae agat mar sin.
Micheál	Beidh sé sin go deas. Tá sé an-fhuar tráthnóna.
Síle	Brioscaí nó píosa císte?
Micheál	Píosa císte.

tú féin	*yourself*
Tá áthas (m) **orm.**	*I am delighted.*
faoi sin	*about that*
tamall (m)	*a while, some time*
ó	*since*
Tá brón orm (m).	*I am sorry.*
ite	*eaten*
briosca(í) (m)	*biscuit(s)*
píosa (m) **císte**	*a piece of cake*

Questions

a Conas tá aintín Mhichíl?
b An mbeidh dinnéar ag Micheál.
c Cad a bheidh aige?

Language notes

1 *An teach* (the house)

Na seomraí (the rooms)

an chistin (f)	*the kitchen*
an seomra (m) **suite**	*the sitting room*
seomra leapa (m)	*bedroom*
an seomra folctha	*the bathroom*
an leithreas (m)	*the toilet*
an halla (m)	*the hall*
an staighre (m)	*the stairs*
an t-urlár (m)	*the floor*
teach dhá urlár	*two-storey house*
an fhuinneog (f)	*the window*
an doras (m)	*the door*
an tine (f)	*the fire*

2 *Lóistín* (accommodation)

teach (f) **cónaithe**	*dwelling house*
teach lóistin	*guest house*
teach saoire	*holiday home*
óstán (m)	*hotel*
brú (m)	*hostel*

Grammar

1 Using *sin* (that) to indicate people or things

You saw in Unit 4 that **seo** is used to present or indicate things which are nearby. **Sin** is used for those which are more distant:

Sin Liam thall.	*That is Liam over there.*
Seo do sheomra.	*This is your room.*
Sin an seomra folctha.	*That is the bathroom.*
Seo do leabasa.	*This is **your** bed* (**leaba** *bed* + **sa**)
Sin leaba Shéamais.	*That is Séamas's bed.*
Seo an chistin.	*This is the kitchen.*
Sin an seomra suite.	*That is the sitting room.*

Remember that in some varieties of Irish **é** or **í** will be added after **seo** (*this*) and **sin** (*that*), e.g. Seo é do sheomra (**seomra** is masculine), Sin í do leaba (**leaba** is feminine). It is sufficient to recognize this practice if you come across it.

2 Another use of *seo* and *sin*

The Irish equivalents of *this room*, *that room*, etc. consist of **an/na** *the* + noun + **seo/sin**. The noun is emphasized in such phrases, never **seo/sin**:

an seomra	*the room*	an seomra seo	*this room*
		an seomra sin	*that room*
		na seomraí seo	*these rooms*
		na seomraí sin	*those rooms*

Seo and **sin** can also follow a pronoun:

Cé hé **seo**?	*Who is this?*	Céard é **seo**?	*What is this?*
Cé hé **sin**?	*Who is that?*	Céard é **sin**?	*What is that?*
Cé hiad **seo**?	*Who are these?*	Céard iad **seo**?	*What are these?*
Cé hiad **sin**?	*Who are those?*	Céard iad **sin**?	*What are those?*

Remember that **é**, **í**, **iad** become **sé**, **sí**, **siad** when following a verb as subject:

Tá **sé** seo go deas.	*This is nice.*
Bhí **sé** sin go maith.	*That was good.*

Seo and **sin** are sometimes used on their own:

Tá áthas orm faoi **seo**.	*I am delighted about this.*
Tá brón orm faoi **sin**.	*I am sorry about that.*

3 How to express 'of the'

In the previous unit you met phrases in which the second word is in the genitive case (another example is **fógra bóthair** *road sign* (lit. *sign of road*)). If the second noun is masculine, and preceded by **an** (*the*), a further change is needed: lenition is added after **an**:

barr (*top*) + bóthar (*road*)	barr **an bh**óthair (*the*) *top of the road*
bun (*bottom*) + bóthar (*road*)	bun **an bh**óthair (*the*) *end of the road*

An (*the*) does not lenite **t** or **d**; **l, n, r** are never lenited:

bean (*woman*) + teach (*house*) bean **an tí** *the woman of the house*
lár (*middle*) + lá (*day*)   lár **an lae** *the middle of the day*

If a masculine noun begins with **s** that becomes **ts** (pron. t) in this construction after **an**:

lár (*middle*) + seomra (*room*) lár   **an ts**eomra *the middle of the room*

Notice that **an** (*the*) is only used once in such phrases, although both words are felt to be definite (*the top, the road*). As many words do not have a genitive case the *of the* relation can be conveyed simply by word order, plus lenition if the second word begins with a consonant other than **t, d**:

bun an halla   *the end* (lit. *bottom*) *of the hall*
barr an staighre   *the top of the stairs*
lár an ghairdín *the centre of the garden*

4 Prepositions with the article

The prepositions **ag** (*at*) and **i** (*in*) are very important in saying where things are:

ag bun an halla   *at the end of the hall*
ag barr an staighre   *at the top of the stairs*
i do sheomra   *in your room*

The sequence preposition + **an** causes mutation of a following noun, provided that it does not begin with **t** or **d**. In the Official Standard the recommended mutation here is eclipsis:

ag an bhfuinneog   *at the window*
ag an mbanc   *at the bank*
ag an gcoláiste   *at the college*

However, you will encounter (and you may prefer) the Ulster practice of using lenition instead:

ag an fhuinneog   *at the window*
ag an bhanc   *at the bank*
ag an choláiste   *at the college*

Words beginning with **t, d** are not affected:

ag an teach   *at the house*
ag an doras   *at the door*

When combined with **an** (*the*) the preposition **i** (*in*) takes a quite irregular shape, **sa** (*in the*), which causes lenition:

sa chistin	*in the kitchen*
sa pháirc	*in the field/park*
sa chófra	*in the cupboard*
sa ghairdín	*in the garden*

In addition to words beginning with **l, n, r** (never lenited) those beginning with **t, d, s** are not affected by **sa**:

sa leithreas	*in the toilet*
sa teach	*in the house*
sa dorchadas	*in the dark* (adj. **dorcha** = *dark*)
sa seomra folctha	*in the bathroom* (lit. *room of washing*)

Before vowels and **fh** (which is silent) followed by a vowel, **san** is used:

san oifig	*in the office*
san oíche	*at night*
san fharraige	*in the sea*

Contrast **sa Fhrainc**, *in France*.

5 Location

Here are two important words:

thíos	*below*	**thíos** an staighre	*downstairs*
thuas	*above*	**thuas** an staighre	*upstairs*

The phrase meaning *next to* is **in aice le** (lit. *in proximity with*). This combines with **an** (*the*) to give **in aice leis an**, which causes eclipsis (like **ag an** in the previous unit):

in aice leis an **g**cistin	*next to the kitchen*
in aice leis an **bh**fuinneog	*next to the window*
in aice leis an **m**banc	*next to the bank*

But again there is no eclipsis of **t** or **d**:

in aice leis an teach	*next to the house*
in aice leis an doras	*next to the door*

6 The preposition *ar* (on)

iness is on Seán). Note that **ar** (*on*) causes lenition, so **Seán**
becomes **Sheán** (pron. hyán). The forms of **ar** (*on*) are:

orm	*on me*	orainn	*on us*
ort	*on you*	oraibh	*on you*
air	*on him*	orthu	*on them*
uirthi	*on her*		

The **ai** in **air** is pronounced **e** instead of **a**.

Using these you can say that you feel cold, hungry, etc:

	fuacht		*I feel cold.*
	ocras		*I am hungry.*
	tart		*I am thirsty.*
Tá	tuirse	orm	*I feel tired.*
	eagla		*I am afraid.*
	brón		*I am sorry.*
	áthas		*I am happy/delighted.*

Tá brón orm (*I am sorry*) can be used to apologize or
sympathize over something. This construction is also used for
physical ailments:

Tá slaghdán orm.	*I have a cold.*
Tá tinneas cinn orm.	*I have a headache.*
Tá tinneas fiacaile orm.	*I have toothache.*

However certain physical and mental states are expressed using
adjectives:

Tá Úna **go maith** arís.	*Úna is well again.*
Tá sé **tinn**.	*He is sick.*
Bhí mé **buartha**.	*I was worried.*
Tá mé **cinnte**.	*I am sure.*

7 An- (very)

This causes lenition:

maith   *good*   **an-mh**aith   *very good*
fuar   *cold*   **an-fh**uar   *very cold*

However, there is no lenition if the adjective begins with **t, d,** or **s**:

an-te   *very hot*   an-sásta   *very satisfied*
an-dorcha   *very dark*

8 Ann (there)

This literally means *in it*, but often corresponds to English *there*:

Bhí mé **ann** inné.   *I was there yesterday.*
Tá banc agus siopaí **ann**.   *There's a bank and shops
                                   there.*

It is also used (with **tá**) to describe the contents or size of a property:

Tá sé sheomra **ann**.   *It has six rooms* (a house). (lit. *there
                          are six rooms in it*)

Tá trí árasán **ann**.   *There are three flats in it* (a building).

Tá céad acra **ann**.   *It is a hundred acres in size* (a farm).
                          (lit. *there are a hundred acres in it*)

9 Cá bhfuil? (Where is?)

Cá? (*where?*), like the question marker **an?**, requires the dependent form of **tá**, i.e. **bhfuil**. Here are some examples:

Cá **bhfuil** an chistin?   *Where is the kitchen?*
Cá **bhfuil** an leithreas?   *Where is the toilet?*
Cá **bhfuil** tú ag dul?   *Where are you going?*

Cá **bhfuil** is often pronounced **cá'il**.

10 The perfect tense

This corresponds to English *I have done, I have eaten*, etc. As there is no verb *to have* in Irish the phrase **tá … agam** is used instead, with the verbal adjective (an adjective formed from a verb, like *eaten, closed*). The perfect is not always used in Irish where it would be required in English, but here are some common examples:

Tá an dinnéar **ite** agam.	*I have* eaten *dinner.*
Tá cúpla pionta **ólta** agam.	*I have* drunk *a couple of pints.*
Tá sé **déanta** aige.	*He has* done *it.*
Tá mí **caite** agam anseo.	*I have* spent *a month here.*
Tá an féar **bainte** agam.	*I have* mown *the grass.*

11 The formation of the verbal adjective

There are some distinctive endings. Notice how their form depends on whether the previous consonant is broad or slender (e.g. **ta** after broad and **te** after slender):

déan (*do, make*)	+ **ta**	déanta (*done, made*)
ól (*drink*)	+ **ta**	ólta (*drunk*)
bain (*mow, harvest*)	+ **te**	bainte (*mown*)
ith (*eat*)	+ **te**	ite (*eaten*) (**th** + **t** gives **t**)
caith (*spend*)	+ **te**	caite (*spent*)
fág (*leave*)	+ **tha**	fágtha (*left*)
lig (*let*)	+ **the**	ligthe (*let*)
tosaigh (*begin*)	+ **the**	tosaithe (*begun*)
bailigh (*collect*)	+ **the**	bailithe (*collected*)

Practice

▶ **1** Point these out to a visitor:

a *Nearby*
  mo charr (m)
  an gairdín (m)
  an siopa (m)

b *More distant*
  mo theach (m)
  an scoil (f)
  mo mháthair (f)

2 **Seomraí agus troscán** (*rooms and furniture*)

Complete the word puzzle using the Irish words for the following horizontally. You will find the word for an important room in one of the vertical columns.

a sitting room
b room
c window
d kitchen
e chair

f table
g bed
h hall
i door

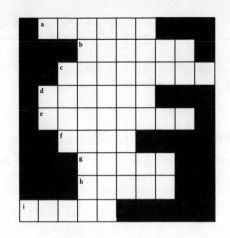

3 Cá bhfuil sé? (*where is he?*)

c i an leithreas

4 What are they saying or thinking? Match the pictures and expressions:

a Tá tart orm.   d Tá ocras orm.
b Tá brón orm.   e Tá fuacht orm.
c Tá tuirse orm.   f Tá slaghdán orm.

5   What would you say in these situations?

a You ask somebody if he or she is tired.
b You ask somebody if he or she is hungry.
c You enquire if somebody (a third party) is afraid.
d You ask several people if they are hungry.

▶ Comprehension 1

Éist leis na fógraí seo ó Raidió na Gaeltachta nó léigh iad. Listen to, or read, these announcements from the Irish-language radio station, in which holiday homes are offered for rent. See how much you can understand before looking at the vocabulary.

Announcement 1

'Tá teach deas á ligean ar cíos don samhradh i gCarna. Trí sheomra leapa atá ann, cistin mhór, seomra suite deas. Tá sé míle ón bhfarraige. Glaoigh ar Shéamas Ó Néill ag (091) 765489.'

teach á ligean ar cíos	*a house being let (for rent)*
deas	*nice*
samhradh	*summer*
mór	*big*
míle	*a mile*
ón bhfarraige	*from the sea*
glaoigh ar	*phone*

Announcement 2

'Tá fógra eile anseo agam. Teach mór á ligean ar cíos ag Bríd Bean Uí Dhónaill sa Spidéal. Ceithre sheomra leapa atá sa teach seo. Cistin mhór, seomra suite, seomra folctha thuas an staighre agus leithreas thíos an staighre. Níl sé ach leathmhíle ón trá. Gach eolas ó Bhean Uí Dhónaill ag 091-83142.'

Tá … agam	I have
fógra eile	another announcement
níl sé ach	it is only
leathmhíle	half a mile
trá	beach
gach eolas ó …	all information from …

Announcement 3

'Anois, teach beag i dTír Chonaill, in aice le Mín an Chladaigh. Dhá sheomra leapa atá ann. Cistin bheag agus seomra suite. Níl sé ach caoga slat ón trá. Gach eolas ó Hiúdaí Phádraig Ó Baoill ag 071-29160.'

beag	small
in aice le	beside
slat	yard (measurement)

a How many bedrooms are there in each house?

i Séamas Ó Néill.

ii Bríd Bean Uí Dhónaill.

iii Hiúdaí Phádraig Ó Baoill.

b Which house is nearest to the beach?

Comprehension 2

Here is an extract from a brochure outlining the possibilities for accommodation in An Spidéal, Conamara, which is a Gaeltacht area on the west coast (County Galway):

Campáil agus Carabháin
Páirc Saoire an Spidéil, Bóthar na hAbhann, An Spidéal
Co. na Gaillimhe. 091-83372. Tóg campa nó carabhán leat!

Brúnna
Brú an Spidéil. An Spidéal. 091-83555

Óstáin
Óstán na Páirce, An Spidéal. Co. na Gaillimhe. 091-83159

Tithe Saoire (Seallaithe & rl)
Caítlín Uí Chonghaile, Doire an Fhiaidh, Casla. 091-72437, 091-74100.
    2 theach ar cíos

Máirín Uí Thuairisg. Lochán Beag, Indreabhán. 091-93218. Seallaí ar cíos.
Tithe Saoire an Spidéil, An Cnoc agus An Spidéal. 01-593138
Tithe Saoire na Páirce. Óstán na Páirce. An Spidéal 091-83159

**Tithe Lóistín
(Leaba agus Bricfeasta ó €20 – leathphraghas do pháistí)**
Bairbre Ui Churraidhín, "Ard-Aoibhinn", Cnocán Glas, An Spidéal.
   091-83179. 6 sheomra (le háiseanna príobháideacha)
Máiréad Uí Neachtain, "Tearmann", Baile an tSagairt, An Spidéal.
   091-83214. 4 sheomra
Áine Uí Mháirtín, "Breifne", Sidheán, An Spidéal. 091-83143. 6 sheomra
Máirín Uí Chéidigh, "Cois-Mara". Saile Chúna. An Spidéal. 091-83247.
   5 sheomra
Máire Uí Neachtain. "Cois na Coille", Seanabhóinín. An Spidéal.
   091-83352. 4 sheomra
Peig Uí Chonchubhair. "Radharc an Chláir", Coilleach. An Spidéal.
   091-83267. 4 sheomra
Máire Ní Chonghaile, "An Caladh Gearr", An Cnoc. Indreabhán.
   091-93124. Teach ceann tuí, 3 sheomra le háiseanna.
Sile Uí Mhaoláin, "Doirekyle House", Doire Choill. Casla. 091-72412.
   4 sheomra (1 le háiseanna)
Nancy Uí Neachtáin, "Cloch na Scíth", Coilleach. An Spidéal
   091-83364. Teach ceann tuí.
Sally Uí Fhlatharta, "Cois Caoláire", Baile an tSléibhe. An Spidéal.
   091-83176. 6 sheomra
Máire Uí Iamáin, Ros a'Mhil, Baile na hAbhann. 91-72158.
   4 sheomra. Gar do na báid go hArainn

**Rátaí speisialta taistil agus bia do Ghrúpaí/
Eagraíochtaí**
Gach eolas:
**Foras na Gaeilge 01-6398400
nó
ó do Ghrúpa Áitiúil**

(*From*: Cósta Chonamara Teo/Foras na Gaeilge)

tithe saoire	*holiday homes*
tithe lóistín	*houses offering bed and breakfast*
brú(nna)	*hostel(s)*
seallaí	*chalet*
gar do	*close to*
teach ceann tuí	*thatched cottage*

Answer is **fíor** or **ní fíor**:

a There is no campsite.

b There is a hotel.

c There is a reduction for children in B & B.

06

tá sé go breá inniu
inniu

it is fine today

In this unit you will learn how to
- talk about the weather, a frequent topic of conversation in Ireland given the variable nature of the climate

Tá sé go breá/go dona inniu.	*It's fine/terrible today.*
Is breá/olc an aimsir í.	*It's fine/terrible weather.*
Tá sé le bheith fuar.	*It is expected to be cold.*

Ag caint faoin aimsir (*talking about the weather*). Here are some brief exchanges about the weather. Note what the weather is like in each conversation.

▶ Dialogue 1

– Tá sé go breá inniu.
• Tá, buíochas le Dia. Tá gá againn leis.
– Ní raibh báisteach againn le tamall.
• Ní haon dochar é sin.

Buíochas (m) le Dia.	*Thanks be to God.*
tá gá (m) againn le	*we need* (lit. *we have need of*)
Ní raibh báisteach (f) againn.	*We haven't had rain.* (lit. *we didn't have rain*)
le tamall	*for some time*
dochar (m)	*harm*

▶ Dialogue 2

– Is olc an aimsir í.
• Is olc. Tá sé mar seo le seachtain.
– Bhí an-ghála ann aréir.
• Beidh feabhas air an tseachtain seo chugainn, cloisim.

olc	*bad*
aimsir (f)	*weather*
mar seo	*like this*
le seachtain (f)	*for the past week*
bhí an-ghála (m) ann.	*There was quite a gale.*
Beidh feabhas (m) air ...	*It will be better ...*
an tseachtain (f) seo chugainn	*next week* (lit. *this week towards us*)
cloisim	*I hear*

▶ Dialogue 3

– Tá sé go dona tráthnóna.
• Tá, ach ní raibh sé go holc ar maidin.
– Tá sé le bheith fliuch arís an tseachtain seo chugainn.

go dona/go holc	*bad*
Tá sé le bheith fliuch. (f)	*it is (predicted) to be wet.*
an tseachtain seo chugainn	*next week* (lit. *this week towards us*)

▶ Dialogue 4

– Nach breá an lá é.
• Is breá. Is fada ó bhí sé chomh te agus chomh tirim.
– Ní raibh báisteach ann le coicís, beagnach.

Nach breá an lá é?	*isn't it a fine day?*
is fada ó ...	*It's a long time since ...* (lit. *it's long since*)
chomh te	*so hot*
chomh tirim	*so dry*
le coicís (f)	*for a fortnight*
beagnach	*almost*

▶ Dialogue 5

– Tá sé fuar amuigh inniu.
• Tá, go deimhin, ach tá sé breá te istigh anseo.
– Tá sé meirbh anseo, ceart go leor.

amuigh/istigh	*outside/inside*
tá sé breá te	*it is nice and warm* (lit. *it is fine warm*)
meirbh	*warm, close, humid*
ceart go leor	*all right* (lit. *right enough*)

Réamhfhaisnéis na haimsire (the weather forecast)

Here are two weather forecasts from Raidió na Gaeltachta (the radio service for Irish-speaking areas). Study the **Language notes** before reading them, and then try to figure out as much as you can.

▶ 12 Eanáir

'Seo Réamhfhaisnéis na hAimsire ó Raidió na Gaeltachta. Tá báisteach ar fud na tíre faoi láthair ach beidh sé ag glanadh san iarnóin. Tá an teocht faoi láthair thart ar chúig chéim Celsius. Beidh corrchith san iarthar anocht, agus beidh an teocht thart ar thrí chéim Celsius. Beidh sé ag éirí fuar san oirthear, agus beidh sioc in áiteanna.'

ó	*from*
ar fud na tíre (f)	*throughout the country*
faoi láthair	*at present*
thart ar	*about*
céim (f)	*degree*
ag glanadh	*clearing* (lit. *cleaning*)
corrchith (m)	*occasional shower*
iarnóin (f)	*afternoon*
ag éirí	*becoming*
áit (f)	*place*

True or false?

a Beidh báisteach ar fud na tíre san iarnóin.
b Beidh sé tirim san iarthar anocht.

▶ 12 Iúil

'Beidh Réamhfhaisnéis na hAimsire againn ar dtús. Tá ceo in áiteanna ar fud na tíre ar maidin ach beidh an ghrian ag teacht amach ar ball. Beidh an teocht timpeall fiche céim Celsius. Beidh sé scamallach sa tuaisceart níos déanaí, agus beidh ceathanna in áiteanna.'

ar dtús	*first*
timpeall	*around*
ar ball	*later*
teocht (f)	*temperature*
níos déanaí	*later*
tréimhse (f)	*spell of time, period*

True or false?

a Tá ceo ann ar maidin.
b Beidh an aimsir go breá sa tuaisceart níos déanaí.

Language notes

1 *Cineálacha aimsire* (types of weather)

	Plural	Adjective
báisteach (f) *rain*		
cith (m) *shower*	**ceathanna**	**ceathach** *showery*
ceo (m) *fog*		**ceoch** *foggy*
ceobhrán (m) *drizzle*		**ceobhránach** *drizzly*
brádán (m) *drizzle*		
gaoth (f) *wind*		**gaofar** *windy*
gála (m) *gale*	**gálaí**	
stoirm (f) *storm*	**stoirmeacha**	**stoirmiúil** *stormy*
grian (f) *sun*		**grianmhar** *sunny*
scamall (m) *cloud*	**scamaill**	**scamallach** *cloudy*
sioc (m) *frost*		
sneachta (m) *snow*		

Some of these words either lack an adjective or their corresponding adjective is rarely used. Instead the genitive case may be used (the various ways in which it is formed here are reviewed at the end of the grammar section):

lá (m) gréine	*a sunny day* (lit. *a day of sun*; **an ghrian** *the sun*)
tréimhsí gréine	*sunny spells*
lá báistí	*a rainy day* (lit. *a day of rain*)
lá seaca	*a frosty day* (lit. *a day of frost*)
oíche (f) stoirme	*a stormy night* (lit. *a night of storm*)
lá gaoithe	*a windy day* (lit. *a day of wind*)

Notice that words ending with a vowel typically do not change:

| lá sneachta | *a snowy day* (lit. *a day of snow*) |

2 *Teocht* (temperature)

> **Tá sé te.**   *It is hot.*
> **Tá sé fuar.**   *It is cold.*
> or
> **Tá teas ann.**   *There is heat.*
> **Tá fuacht ann.**   *There is cold.*

| Tá sé timpeall sé chéim Celsius. | *It is six degrees Celsius.* |
| Tá sé beagnach deich gcéim Celsius. | *It is almost ten degrees Celsius.* |

3 *Pointí an chompáis* (the points of the compass)

Look at the compass: to say *in the north*, etc. use **sa** before consonants and **san** before vowels:

| sa tuaiseart (m) | *in the north* | san oirthear (m) | *in the east* |
| sa deisceart (m) | *in the south* | san iarthar (m) | *in the west* |

an tuaisceart

an t-iarthar

an t-oirthear

an deisceart

▶ 4 *Laethanta na seachtaine* (the days of the week)

The basic names are given on the left here. When referring to a particular one you must use **Dé** before it (notice, however, that **Dé** is already incorporated in the word **Déardaoin**):

Luan	*a Monday*	Dé Luain	*on Monday*
Máirt	*a Tuesday*	Dé Máirt	*on Tuesday*
Céadaoin	*a Wednesday*	Dé Céadaoin	*on Wednesday*
Déardaoin	*a Thursday*	Déardaoin	*on Thursday*
Aoine	*a Friday*	Dé hAoine	*on Friday*
Satharn	*a Saturday*	Dé Sathairn	*on Saturday*
Domhnach	*a Sunday*	Dé Domhnaigh	*on Sunday*

The distinction involving **Dé** can be seen here:

| Beidh lón againn Luan éigin. | *We'll have lunch some Monday.* |
| Beidh lón againn Dé Luain. | *We'll have lunch on Monday.* |

5 *Na séasúir* (the seasons)

The names of the seasons are given here, along with their genitive forms (all are masculine, so **fómhar** (*autumn*) and **geimhreadh** (*winter*) are lenited after **an** (*of the*), and **samhradh** has a **t** prefixed to it):

an t-earrach	*the spring*	tús an earraigh	*the beginning of spring*
an samhradh	*the summer*	lár an tsamhraidh	*the middle of summer*
an fómhar	*the autumn*	tús an fhómhair	*the beginning of autumn*
an geimhreadh	*the winter*	lár an gheimhridh	*the middle of winter*

6 *Na míonna* (the months of the year)

Eanáir	*January*	Iúil	*July*
Feabhra	*February*	Lúnasa	*August*
Márta	*March*	Méan Fómhair	*September*
Aibreán	*April*	Deireadh Fómhair	*October*
Bealtaine	*May*	Samhain	*November*
Meitheamh	*June*	Nollaig	*December*

The words for September and October mean *mid-autumn* and *end of autumn* respectively. The word for December is the same as that for Christmas. These names are usually preceded by **mí** (*month*), so that one speaks of **Mí Eanáir** *the month of January*, etc. **Mí** requires the genitive case, so the following changes are required.

Mí an Mhárta	*the month of March*
Mí Aibreáin	*the month of April*
Mí na Bealtaine	*the month of May*
Mí an Mheithimh	*the month of June*
Mí Iúil	*the month of July*
Mí Mhéan Fómhair	*the month of September*
Mí Dheireadh Fómhair	*the month of October*
Mí na Samhna	*the month of November*
Mí na Nollag	*the month of December*

Grammar

1 The present, past and future of *tá* (is)

Here is a table showing the various forms of **tá**. You have already met most of them, except for past tense **raibh** (pron. **rev**):

Statement	Negative statement	Question
tá mé *I am*	níl mé *I am not*	an bhfuil mé? *am I?*
bhí mé *I was*	ní raibh mé *I was not*	an raibh mé? *was I?*
beidh mé *I will be*	ní bheidh mé *I won't be*	an mbeidh mé? *will I be?*

The forms **bhfuil** and **raibh** are called 'dependent' forms of **tá**, as their use depends on the presence of **ní** or **an**.

2 Adjectives referring to the weather

The following adjectives are used with **tá** (*is*) to comment on the weather:

		go maith	*good*		
		go breá	*fine*		
		go hálainn	*beautiful*		
		bog	*mild*		
Tá sé	It is	fuar	*cold*	ar maidin	*this morning*
		fliuch	*wet*	inniu	*today*
		ceathach	*showery*	tráthnóna	*this evening*
		tirim	*dry*	anocht	*tonight*
		gaofar	*windy*		
		scamallach	*cloudy*		

Bhí sé (*it was*) is used for past time and **beidh sé** (*it will be*) for future time:

Bhí sé fliuch inné.	*It was wet yesterday.*
Beidh sé fuar anocht.	*It will be cold tonight.*

3 Using *go* with adjectives

You will have noticed that some adjectives require **go**, which is untranslatable, before them. There are only a few of these, but they are quite frequent, and they tend to express approval or disapproval rather than just describing actual conditions. **Go** prefixes **h** to adjectives which begin with a vowel:

maith	*good*
olc	*bad*
dona	*bad*
deas	*nice*
álainn	*beautiful*
ainnis	*awful*

Tá an aimsir	**go** maith.	*The weather is*	*good.*
	go holc.		*bad.*
	go dona.		*bad.*
Tá an lá	**go** deas	*The day is*	*nice.*
	go hálainn.		*beautiful.*
	go hainnis.		*awful.*

The great majority of adjectives stand on their own without **go**, for example:

Tá an tráthnóna **fuar**.	*The evening is cold.*
Tá an oíche **dorcha**.	*The night is dark.*

4 Expressions of time

Some nouns referring to periods of time are given on the left and the corresponding adverbs on the right.

Noun		Adverb	
maidin	*morning*	**ar maidin**	*this morning*
tráthnóna	*evening*	**tráthnóna**	*this evening*
oíche	*night*	**anocht**	*tonight*
		aréir	*last night*
		oíche amárach	*tomorrow night*
lá	*day*	**inniu**	*today*
		inné	*yesterday*
		amárach	*tomorrow*

Tráthnóna is used for any time after 4pm or so, and its meaning overlaps with that of English *afternoon* (it originally meant *noontide*, as shown by the **nóna** part).

5 Adjectives normally follow the noun

You saw in Unit 3 that adjectives are lenited after feminine nouns (unless of course they begin with a vowel, or **l, n, r**). Here are some further examples, describing weather conditions:

Masculine		Feminine	
lá breá	*a fine day*	oíche bhreá	*a fine night*
tráthnóna fuar	*a cold evening*	maidin fhuar	*a cold morning*
sioc trom	*heavy frost*	báisteach throm	*heavy rain*

The word **aimsir** (*weather*) is feminine, so the various kinds of weather include:

aimsir	bhreá	*fine weather*
	bhog	*mild weather*
	fhuar	*cold weather*
	ghránna	*horrible weather*

The expression **Oíche mhaith** (*good night*) is used for saying farewell at night.

6 More ways of expressing 'of the'

In the previous unit you met phrases such as **barr an bhóthair** (*the top of the road*). If the second noun is feminine **an** (*the*) becomes **na**, which does not cause lenition:

an chistin	*the kitchen*	doras **na** cistine	*the door of the kitchen*
an mhaidin	*the morning*	nuacht **na** maidine	*the morning news*
an tsráid	*the street*	barr **na** sráide	*the top of the street*
an tseachtain	*the week*	tús **na** seachtaine	*the beginning of the week*

Na prefixes an **h** to vowels:

aimsir	*weather*	Réamhfhaisnéis na **h**Aimsire	*the weather forecast*
oíche	*night*	lár na **h**oíche	*the middle of the night*

7 *Tá* with *ann* (there)

Some weather states are more usually described by nouns. To say: *there is/will be rain*, etc. you must use **tá** (or future **beidh**) with the adverb of place **ann** *there*. You say (lit.) *is rain there* for *it is raining*. You will hear the following on the weather forecast:

	báisteach throm	*heavy rain*		
	ceo	*mist*		
Beidh	tréimhsí gréine	*sunny spells*	ann	*there*
	gaoth láidir	*strong wind*		
	sioc	*frost*		

8 *Feabhas* (improvement, excellence, etc.)

a **Feabhas** = *improvement*

The noun **feabhas** is normally used, in combination with prepositions, instead of the corresponding verb (**feabhsaíonn** *improves*):

Tá **feabhas** ar an aimsir.	*The weather has improved.* (lit. *There is an improvement on the weather*)
Tá **feabhas** ort.	*You are better* (e.g. as regards health).

Tá sé ag dul **i bhfeabhas**.	*It is improving.* (lit. *It is going into improvement*)
or	
Tá **feabhas** ag teacht air.	*It is improving.* (lit. *An improvement is coming upon it*).

b Ar fheabhas = *excellent*

| Tá an leabhar seo ar fheabhas. | *This book is excellent.* |

9 Emphasizing an adjective

Comments such as *it's a fine day*, *it's bad weather* are concerned mainly with the quality expressed by the adjective. It would be possible to translate them into Irish as **is lá breá é, is aimsir olc í**, but the adjective is usually brought forward for extra emphasis (in addition **an** is inserted before the noun); this requires the adjective to be preceded by the copula **is**:

Is breá an lá é.	*It's a fine day.*
Is breá an oíche í.	*It's a fine night.*
Is dona an lá é.	*It's a bad day.*
Is maith an aimsir í.	*It's good weather.*
Is olc an aimsir í.	*It's terrible weather.*

Notice how **é** or **í** is used according to the gender of the noun (**é** for masculine, **í** for feminine).

This word order is also used for more general comments:

Is mór an trua é.	*It's a great pity.*
Is ait an rud é.	*It's a strange thing.*
Is bocht an scéal é.	*It's bad news.* (lit. *It's a poor story*)

The last of these may be used to sympathize on a bereavement.

Adjectives are repeated in answers and in agreements:

Is mór.	*It is.*
Is ait.	*It is.*
Is bocht.	*It is.*

The negative **ní** is sometimes used in this way:

| Ní maith an rud é. | *It isn't desirable/ideal.* (lit. *a good thing*) |
| Ní maith. | *It isn't.* |

A negative question is formed with **nach**:

Nach breá an aimsir í?	*Isn't it great weather?*
Nach ait an rud é?	*Isn't is a strange thing?*
Nach maith an rud é?	*Isn't it just as well?*

10 Forming adjectives from nouns

There are number of endings for this purpose:

a -mhar

grian (*sun*) + **mhar**	grian**mhar**	*sunny*
gaoth (*wind*) + **mhar**	gao**far**	*windy* (note the spelling change)
ciall (*sense*) + **mhar**	ciall**mhar**	*sensible*

b -ach

scamall (*cloud*) + **ach**	scamall**ach**	*cloudy*
ceobhrán (*drizzle*) + **ach**	ceobhrán**ach**	*drizzly*
cith (*shower*) + **ach**	ceath**ach**	*showery*
compord (*comfort*) + **ach**	compord**ach**	*comfortable*
tábhacht (*importance*) + **ach**	tábhacht**ach**	*important*

c -úil (-iúil after a slender consonant)

stoirm (storm) + **iúil**	stoirm**iúil**	*stormy*
lá (day) + **úil**	laeth**úil**	*daily*
cáil (fame) + **iúil**	cáil**iúil**	*famous*

11 More on the use of the genitive

The genitive case is required after **ar fud** (*throughout*), **timpeall** (*around, about*) and **i rith** (*during*):

an tír (*the country*)	**ar fud** na tíre	*throughout the country*
an spéir (*the sky*)	**ar fud** na spéire	*all over the sky*
an pháirc (*the field*)	**timpeall** na páirce	*around the field*
an tseachtain (*the week*)	**i rith** na seachtaine	*during the week*

12 *Droch-* **(bad)**

This is prefixed to nouns and causes lenition:

drochaimsir *bad weather*	**droch**thalamh *bad land*
drochshamhradh *a bad summer*	**droch**bhia *bad food*

13 S to *ts*

Feminine nouns beginning with s prefix a t after **an** (*the*) (including **Cén?** *what?* = **cé + an**).

seachtain (*week*)	an tseachtain seo	*this week*
	an tseachtain seo caite	*last week*
	an tseachtain seo chugainn	*next week*
	(cén tseachtain? week?)	*what/which*
seanbhean (*old woman*)	an tseanbhean	*the old woman*
seirbhís (*service*)	an tSeirbhís Phoiblí	*the Public Service*
súil (*eye*)	an tsúil dheas	*the right eye*
	an tsúil chlé	*the left eye*

Practice

1 Match these pairs of opposites:

   a maidin   **i** inné
   b amárach   **ii** oíche
   c lá   **iii** tráthnóna

2 What can you say about the weather? Here is the weather map for tomorrow.

Beidh _____ sa tuaisceart.
Beidh _____ san iarthar.
Beidh _____ san oirthear.
Beidh _____ sa deisceart.

Note

i   an tuaisceart – sa tuaisceart
    (*the north – in the north*)
ii Use **Beidh sé** (*it will be*) with adjectives: **beidh sé** fliuch.
    Use **Beidh** (*there will be*) with nouns: **beidh** báisteach sa …

▶ 3 **Léigh an téacs seo** (*read this text*):

> *Cill Airne*
> *Déardaoin*
>
> *A Mháire,*
> *Tá muid anseo le cúpla lá anuas.*
> *Tá teach ar cíos againn. Tá an*
> *aimsir go dona inniu ach bhí sé go*
> *deas Dé Máirt agus Dé Céadaoin.*
> *Bhí sé tirim agus bhí teas ann. Bhí*
> *muid ag imirt gailf agus ag*
> *snámh.*
> *Beidh muid ar ais Dé Sathairn.*
> *Slán agus beannacht,*
> *Deirdre agus Pól*

ar cíos	*rented*

What was the weather like in Killarney on each of the days
mentioned in the postcard?

4   Match up these expressions with what the weather was like:

a Bhí sioc ann aréir.
b Bhí gaoth láidir ann inné.
c Bhí báisteach ann inné.
d Bhí tréimhsí gréine ann ar
   maidin.

i   Bhí sé gaofar.
ii   Bhí an aimsir go deas.
iii Bhí an aimsir fuar.
iv   Bhí sé fliuch.

5 Deirdre is just back from a holiday in the sun. Complete her conversation with Niamh:

Niamh   An _____ an aimsir go deas sa Phortaingéil?
Deirdre _____, cinnte. Bhí sé _____ 30 °.
Niamh   Ní _____ báisteach ar bith ann, is dócha?
Deirdre Bhuel, bhí ceathanna ann cúpla oíche ach bhí sé _____ gach lá.

ar bith	any
bhuel	well
gach	every

6 Postcards can be very brief, like the one below. Try to write it out in full to include the verbs **tá** and **bhí**.

> *Dia dhaoibh*
> *Aimsir go hálainn. Bia go maith. Óstán go hiontach – dioscó maith.*
> *Ag damhsa aréir. Ag dul síos ag snámh anois.*
> *Slán*
> *Muireann*

7 Ná míonna (months)

Put **Mí** before each of these as in the examples.
mar shampla: Aibreán – Mí Aibreáin
Meitheamh – Mí an Mheithimh

a Nollaig
b Meán Fómhair
c Bealtaine
d Samhain
e Iúil

8 Position of adjective and agreement with noun

Put these adjectives with each of the nouns below and make any necessary changes to the adjectives:

adjectives: **breá, fuar**
nouns: **lá** (m); **oíche** (f); **tráthnóna** (m); **maidin** (f).

9 Emphasizing an adjective.
Make statements as in the example:
mar shampla: lá breá – Is breá an lá é

a lá bog
b oíche bhreá
c maidin fhuar
d tráthnóna breá
e aimsir mhaith

10 Make adjectives from these nouns:

a Regular forms
grian – _____
scamall – _____
stoirm – _____

b Irregular forms
gaoth – _____
cith – _____

▶ Comprehension

Réamhfhaisnéis na haimsire (*the weather forecast*)

Here are some weather forecasts which you might hear on the
radio. Match each with the appropriate weather map overleaf.

a 'Seo Réamhfhaisnéis na hAimsire. Tá sé fuar tráthnóna sa
tuaisceart ach tá sé tirim. Beidh sioc ann anocht. Beidh sé fuar
fós maidin amárach ach beidh tréimhsí gréine ann. Báisteach
níos déanaí sa lá.'

ach	*but*
níos déanaí	*later*

a i 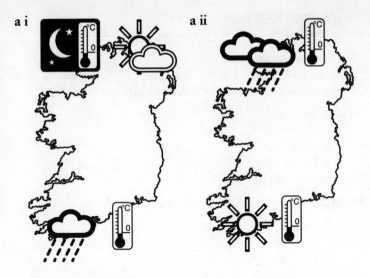 **a ii**

b 'Seo Réamhfhaisnéis na hAimsire do chósta theas na hÉireann. Tá ceo ann ar maidin. Beidh sé gaofar níos déanaí agus beidh trémhsí gréine ann. Beidh sé go breá tráthnóna agus beidh sé te. Ceo arís anocht.'

theas	*southern*
arís	*again*

b i 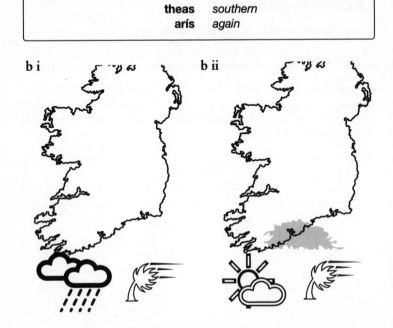 **b ii**

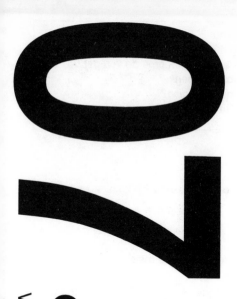

07

cén t-am é?

what time is it?

In this unit you will learn how to
- talk about the activities which make up your daily routine
- state the time at which you do them

Cén post (m)/**tslí** (f) **bheatha atá agat?**	*What is your occupation?*
Cén t-am a éiríonn tú?	*What time do you get up?*
a thosaíonn	*begin?*
a chríochnaíonn	*finish?*
Cad/Céard a dhéanann tú?	*What do you do?*

▶ Dialogue 1

People of different occupations are asked by Úna, a researcher, about their daily routine.

Úna Cén post atá agat?

Niall Is fear poist mé.

Úna Cén t-am a thosaíonn tú ag obair ar maidin?

Niall Tosaím ag a sé a chlog.

Úna Tá sé sin luath go leor. Agus cén t-am a chríochnaíonn tú?

Niall Críochnaím ag a dó a chlog.

Cén post atá agat?	*What do you work at? (lit. what job do you have?)*
fear poist	*postman*
Tá sé sin ...	*That is ...*
luath go leor	*fairly early (lit. early enough)*
Críochnaím ag a dó a chlog.	*I finish at two o'clock.*

▶ Dialogue 2

Úna Cén post atá agat?

Dónall Is feirmeoir mé.

Úna Cén t-am a éiríonn tú ar maidin?

Dónall Éirím ag leath i ndiaidh a sé nó tamaillín roimhe.

Úna Céard a dhéanann tú ansin?

Dónall Téim amach agus crúim na ba.

Úna Cén t-am a chríochnaíonn tú?

Dónall Ó, bhuel, ní chríochnaím go dtí thart ar a naoi a chlog sa tráthnóna.

Éirím ag leath i ndiaidh a sé.	I get up at half past six.
nó tamaillín (m) roimhe	or a little while before
Céard a dhéanann tú ansin?	What do you do then?
téim amach	I go out
agus crúim na ba (f)	and I milk the cows
Ó, bhuel	Oh, well
ní chríochnaím go dtí	I don't finish until
... thart ar a naoi a chlog	... around nine o'clock

▶ Dialogue 3

Úna	Cén tslí bheatha atá agat?
Siobhán	Is banaltra mé.
Úna	An dtosaíonn tú ag obair go luath?
Siobhán	Déanaim. Tosaím ag a hocht a chlog ar maidin.
Úna	Cén t-am a théann tú abhaile?
Siobhán	Téim abhaile ag a hocht a chlog sa tráthnóna de ghnáth ... ach uaireanta críochnaím ag a ceathair a chlog sa trathnóna.

Cén tslí bheatha atá agat?	What's your occupation? (lit. What way of life do you have?)
banaltra (f)	nurse
An dtosaíonn tú ag obair go luath?	Do you begin work(ing) early?
Déanaim	I do
Tosaím ag a hocht a chlog.	I begin at eight o'clock.
Ag a hocht a chlog sa tráthnóna.	At eight o'clock in the evening.
de ghnáth	usually
ach uaireanta	but sometimes

Questions

a Cén t-am a thosaíonn siad agus cén t-am a chríochnaíonn siad? (*what time do they start and what time do they finish?*):

	Tosaíonn	Críochnaíonn
fear poist		
feirmeoir		
banaltra		

b Who works the longest hours?
c Whose hours are sometimes irregular?

An t-am (the time)

▶ 1 Asking and telling the time

Cén t-am é?	*What time (is) it?*
Tá sé a trí a chlog.	*It is three o'clock.*

In telling the time the numbers from 1 to 10 are preceded by **a** (see Unit 1). This prefixes an **h** to the two numbers which begin with a vowel:

Tá sé a **h**aon a chlog.	*It is one o'clock* (**aon** = 1).
Níl sé a **h**ocht a chlog fós.	*It isn't eight o'clock yet* (**ocht** = 8).
Tá sé beagnach a naoi.	*It is almost nine.*

▶ 2 Stating the time at which you do something

Put **ag** (*at*) before the expression of time:

Téim abhaile **ag** a trí a chlog.	*I go home at three o'clock.*
Éirím **ag** a seacht a chlog.	*I get up at seven o'clock.*

3 Units of time

uair (f) an chloig	*an hour* (lit. *an hour of the clock*)
nóiméad (m)	*a minute*
soicind (m)	*second*

An clog (the clock)

The expressions used to state the time precisely are shown here:

a trí a chlog

15:15

ceathrú i
ndiaidh a trí

fiche i
ndiaidh a trí

```
3:45
```

leath i ndiaidh a trí	ceathrú chun a ceathair	a deich chun a ceithair

▶ Tá sé **a** cúig i ndiaidh a trí.   *It is five past three.*
Tá sé ceathrú chun a deich.   *It is quarter to ten.*
Tá sé leath i ndiaidh a sé.   *It is half past six.*

The following expressions are also important:

Beidh mé ann **roimh** a sé.   *I'll be there before six.*
Tá sé i **ndiaidh** a sé.   *It's after six.*
Beidh mé ann **idir** a sé is a   *I'll be there between six*
    seacht a chlog.   *and seven.*
Bhí mé ann **óna** sé **go dtí** a   *I was there from six to*
    seacht a chlog.   *to seven o'clock.*

In the last example **óna = ó + a.**

▶ Dialogue 4

What time is it now?

– Cén t-am é?
• Tá sé beagnach leath i ndiaidh a hocht.
– Déan deifir. Beidh muid déanach.
• Tóg bog é. Tá mé beagnach réidh.

---

beagnach	*almost*
déanach	*late*
Déan deifir! (f)	*Hurry up!* (lit. *Make haste!*)
Tóg bog é.	*Take it easy.* (**bog** = *soft*)

▶ Dialogue 5

What time are they meeting Cathal?

– Cén t-am a bheidh muid ag bualadh le Cathal?
• Ag ceathrú i ndiaidh a hocht.
– Tá sé sin go breá. Tá go leor ama againn.

ag bualadh le	*meeting with*
go leor ama (m)	*plenty of time*

Grammar

1 How to say 'past' and 'to' with reference to time

To say *five past, ten past, quarter past*, etc. you use one or other of the so-called 'compound prepositions' **i ndiaidh** (you can pronounce this *i nia*) and **tar éis**, which mean *after*. Both are widely used and it is as well to learn and practise each of them.

Tá sé a cúig i ndiaidh/tar éis a ceathair.	*It is five past four.*
Bhí mé ann ag ceathrú i ndiaidh/tar éis a dó.	*I was there at quarter past two.*
Beidh mé ar ais ag leath i ndiaidh a trí.	*I'll be back at half past three.*
Beidh mé anseo go dtí leath tar éis a ceathair.	*I will be here until half past four.*

These compound prepositions are used in other contexts also. The elements **diaidh** and **éis** are originally nouns and therefore a following noun is put in the genitive case if it has one.

i ndiaidh an lóin	*after lunch* (**lón** (m) *lunch*)
tar éis an dinnéir	*after dinner* (**dinnéar** (m) *dinner*)
tar éis na báistí	*after the rain* (**báisteach** (f) *rain*)

You will meet other compound prepositions such as **i rith** *during*, **ar feadh** *during*, and **ar fud** *throughout* in other units. They have the same effect on following nouns as the two dealt with here.

To say *five to, ten to, quarter to,* etc. you use the preposition **chun**:

Tá sé a cúig chun a trí.　　*It is five to three.*
Beidh mé anseo go dtí　　　*I'll be here until quarter to five.*
　　ceathrú chun a cúig.

2 Verbs in the present tense

The endings of the verb in the present tense can be seen clearly in the forms of the verb **téann** (*goes*), given below. Apart from the *I* (first person singular) and *we* (first person plural) forms the ending is **-ann**, to which a pronoun (see Unit 1) is added.

téim	=	té + im	*I go*
téann tú	=	té + **ann** tú	*you go*
téann sé	=	té + **ann** sé	*he goes*
téann sí	=	té + **ann** sí	*she goes*
téann muid	=	té + **ann** muid	*we go*

or

téimid	=	té + imid	*we go*
téann sibh	=	té + **ann** sibh	*you go*
téann siad	=	té + **ann** siad	*they go*

You now meet an ending **-imid**, meaning *we*, which is the traditional literary form and is still used in speech in Munster.

When these endings are added to a verb which ends with a consonant some spelling adjustments are required. If the consonant is preceded by **a/o/u**, an **a** is placed before **im** and **imid**. If, however, the consonant is preceded by **i**, an **e** is placed in front of **ann**. This follows from the spelling rule of '*slender with slender and broad with broad*' (see **Introduction**), and can be seen in the present tense forms of **fágann** (*leaves*) and **cuireann** (*puts, sends*). The vowels added have been capitalized here:

fágAim	*I leave*	cuirim	*I put*
fágann tú	*you leave*	cuirEann tú	*you put*
fágann sé	*he leaves*	cuirEann sé	*he puts*
fágann sí	*she leaves*	cuirEann sí	*she puts*
fágAimid	*we leave*	cuirimid	*we put*
fágann sibh	*you leave*	cuirEann sibh	*you put*
fágann siad	*they leave*	cuirEann siad	*they put*

The contrast found in English between *I write* (novels) and *I am writing* (this very minute) also occurs in Irish. You have met the second type already, in Unit 4.

scríobhaim	*I write*	tá mé ag scríobh	*I am writing*
téim	*I go*	tá mé ag dul	*I am going*
fágaim	*I leave*	tá mé ag fágáil	*I am leaving*

3 The two verb classes

Irish verbs fall into two different classes according to whether they have an **í** before the ending in the present tense. This **í** becomes **aí** after a broad consonant, as may be seen by comparing the forms of **imíonn** (*goes away*) and **ceannaíonn** (*buys*), given below. Notice also:

í + im	becomes **ím**
í + imid	**ímid**
í + ann	**íonn**

	Type 1		Type 2 (í verbs)
	fanann (*stays*)	imíonn (*goes away*)	ceannaíonn (*buys*)
I	fanAim	imím	ceannAím
you	fanann tú	imíonn tú	ceannAíonn tú
he	fanann sé	imíonn sé	ceannAíonn sé
she	fanann sí	imíonn sí	ceannAíonn sí
we	fanAimid	imímid	ceannAímid
you	fanann sibh	imíonn sibh	ceanAíonn sibh
they	fanann siad	imíonn siad	ceannAíonn siad

All verbs follow either the Type 1 or Type 2 pattern:

Type 1	déanann *makes/does*	fanann *stays*	itheann *eats*
	cuireann *puts*	fágann *leaves*	léann *reads*
	tugann *gives*	tagann *comes*	creideann *believes*
	ligeann *lets*	téann *goes*	tuigeann *understands*
	faigheann *gets*		

Type 2	éiríonn *gets up*
	oibríonn *works*
	imíonn *goes away*
	bailíonn *collects*
	críochnaíonn *finishes*
	tosaíonn *starts*

4 The negative marker *ní* and the question marker *an*

A negative statement is made by putting **ní**, which causes lenition, before the verb, and a question by putting **an**, which causes eclipsis, before it. (See Unit 13 for the past tense forms of these.)

Negative		Question	
Ní théim.	*I don't go.*	An dtéim?	*Do I go?*
Ní théann tú.	*You don't go.*	An dtéann tú?	*Do you go?*
Ní théann sé.	*He doesn't go.*	An dtéann sé?	*Does he go?*
Ní théann sí.	*She doesn't go.*	An dtéann sí?	*Does she go?*
Ní théann muid.	*We don't go.*	An dtéann muid?	*Do we go?*
Ní théimid.	*We don't go.*	An dtéimid?	*Do we go?*
Ní théann sibh.	*You don't go.*	An dtéann sibh?	*Do you go?*
Ní théann siad.	*They don't go.*	An dtéann siad?	*Do they go?*

Some examples of questions and answers are given here. There are no equivalents of *yes* and *no* in Irish; one echoes the verb instead. Almost any verb can be replied to by using the appropriate form of **déanann** (*does*) (just as in English one says I *do* or I *don't*).

An itheann tú cáis?	*Do you eat cheese?*
Ithim.	*Yes.* (lit. *I eat*)
Déanaim.	*I do.*
An bhfanann tú in óstán i gcónaí?	*Do you always stay in a hotel?*
Ní fhanaim.	*I don't (stay).*
Ní dhéanaim.	*I don't.*
An gceannaíonn tú páipéar nuachta?	*Do you buy a newspaper?*
Ní cheannaím.	*I don't (buy).*
Ní dhéanaim.	*I don't.*

5 Forms with pronouns and forms without pronouns

You have seen that one-word verbal forms are used when the subject is *I, we*, and two-word forms when other persons are involved:

> téim   I go
> téimid   we go
> téann tú/sé/sí/sibh/siad   *goes you/he/she/you* (pl.)/*they*

This distinction of one-word and two-word forms acquires special importance in answering questions; the pronoun of the two-word form is normally dropped:

An dtéann tú abhaile go luath?	*Do you go home early?*
Téim.	*I go/I do.*
An dtéann tú a chodladh go luath?	*Do you go to bed early?*
Téim.	*I go/I do.*
An dtéann sibh ag obair go luath?	*Do you go to work early?*
Téimid	*We go/We do.*
An dtéann sé ag obair go luath?	*Does he go to work early?*
Téann.	*Goes/Does.*
An dtéann Seán agus Síle libh?	*Do Seán and Síle go with you?*
Téann.	*Goes/Does.*

However, the pronoun can be repeated in an emphatic answer, and it is then given equal stress with the verb:

An dtéann sí ann?	*Does she go there?*
Téann sí.	*She does (indeed).*
An dtéann Seán agus Síle libh?	*Do Seán and Síle go with you?*
Téann siad.	*They do (indeed).*

6 *Cén ...? (what ...?)*

This is a combination of cé (normally = *who?*) and an (*the*). The following word shows the normal effects of an, according to (*a*) its gender, and (*b*) the kind of sound it begins with:

No effect:	Cén post atá agat? *What is your job?*
	Post (*post, job*) is masculine and begins with a consonant.
T before a vowel:	Cén t-am é? *What time is it?*
	Am (*time*) is masculine and begins with a vowel.

Lenition:	Cén fhuinneog? *What window?*
	Fuinneog is feminine and begins with a lenitable consonant.
T before s:	Cén tslí bheatha atá agat? *What is your occupation?*
	Slí (*way*) is feminine and begins with s.

7 Putting *a* before verbs

Questions which begin with expressions such as **Cad?/Céard?** (*What?*), **Cé?** (*Who?*) and **Cén t-am?** (*What time?*) require the verb to be preceded by **a**, which causes lenition:

Tosaíonn tú …	*You begin …*
Cén t-am a thosaíonn tú?	*What time (which) you begin?*
Críochnaíonn tú …	*You finish …*
Cén t-am a chríochnaíonn tú?	*What time (which) you finish?*
Déanann tú …	*You do …*
Céard a dhéanann tú?	*What (do) you do?*
Cé a bhí leat?	*Who was with you?*

Tá is not lenited, and **a** + **tá** are written **atá**:

Tá post agat, an bhfuil?	*You have a job, do you?*
Cén post atá agat?	*What job (is it which) you have?*

8 *Go leor* (enough, plenty)

This gives the English word *galore*. It is used in two ways in Irish: Before a noun to mean *enough*, *sufficient*. Nouns that have a distinct genitive case take that form after **go leor**:

bia	*food*
airgead	*money*
go leor bia	*enough food*
go leor airgid	*enough money*

After an adjective to mean *fairly*:

Éirím luath go leor.	*I get up fairly early.*
Téim a chodladh déanach go leor.	*I go to sleep fairly late.*
Tá mé tuirseach go leor.	*I am fairly tired.*

9 Expressions of time

a These indicate frequency:

uaireanta *sometimes*
corruair *sometimes*
anois is arís *now and again*
ó am go ham *from time to time*
go minic *often*
de ghnáth *usually*

b These indicate the sequence in which things are done:

ar dtús *at first*
ansin *then*
níos déanaí *later*

c These refer to periods of the day:

ar maidin *in the morning*
sa tráthnóna *in the afternoon/evening*
istoíche *at night*
san oíche *at night*

10 Nouns ending in -*ín*

The ending -**ín** means *small, little*. It makes the final consonant of a noun slender.

tamall *a while*	tamaillín *little while*
capall *horse*	capaillín *pony*
fear *man*	firín *small man*
bean *woman*	beainín *small woman*

It is is often added to names to give familiar forms:

Séan   Séainín
Tomás   Tomáisín

Other words end in -**ín** but are not derived from any more basic word, and do not suggest smaller size:

cailín *girl*
aintín *aunt*
gairdín *garden*
meaisín *machine*

Some female names end with **-ín**:

Máirín   *Maureen*
Caitlín *Cathleen*
Eibhlín *Eileen*

Practice

1   Cén t-am é i bPáras? Nuair atá sé a cúig a chlog i mBaile Átha Cliath, cén t-am é:

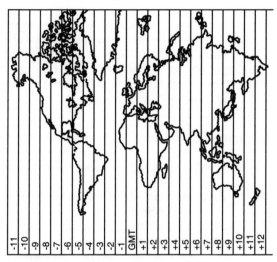

i bPáras? (+ 1)
i Moscó? (+ 3)
i dTokyo? (+ 9)
i Nua Eabhrac? (–5)

▶ 2 Programme signpost

The continuity announcer is looking ahead to the main programmes of the afternoon and evening. It is not necessary to understand everything – just mark the missing programme times on the screen overleaf:

a Na cláir (*the programmes*):

Séimí agus Páidí
Nuacht
An Aimsir
Cúrsaí
Dráma na
  Seachtaine

'Dia dhaoibh. Fáilte romhaibh isteach tráthnóna. Seo
príomhchláracha an lae. Beidh clár againn do pháistí ag ceathrú
tar éis a trí – Séimí agus Páidí. Beidh Nuacht againn daoibh ina
dhiaidh sin, agus an Aimsir ag ceathrú tar éis a sé. Beidh an clár
polaitíochta "Cúrsaí" ag siúl ag a cúig tar éis a seacht. Craolfar
Dráma na Seachtaine ag fiche tar éis a hocht.'

Fáilte romhaibh tráthnóna.	*(You are) welcome this afternoon*
príomhchláracha an lae	*the main programmes of the day*
Beidh clár againn	*We'll have a programme*
páiste	*child*
Beidh nuacht againn daoibh.	*We'll have the news for you.*
ar siúl	*on*
craolfar	*will be broadcast*

  b Can you work out which programme is:

    i for children?
    ii about current affairs?
    iii a play?

3 Match the letters and numbers to make meaningful
   sentences:

a Fágaim	**i** ag leathuair tar éis a seacht
b Téim	**ii** ag a naoi a chlog
c Éirím	**iii** an teach ag a hocht a chlog
d Oibrím	**iv** ag an deireadh seachtaine
e Tosaím	**v** chuig an siopa roimh dhinnéar

f Ní oibrím

vi óna naoi go dtí a cúig a
chlog

(deireadh seachtaine = *weekend*)

4 **Gnáthlá Áine** (*Áine's usual day*)

Describe Áine's day in her own words, e.g. Éirím ag a …

5 **Ní + lenition.** Complete the answers in the negative. Some require the plural form of the verb.

Example: An dtosaíonn tú ag obair go luath ar maidin? Ní thosaím. *Do you start work early in the morning? No.* (lit. *I don't start*)

a An dtéann tú chuig an siopa gach lá?
Ní _____. Téim ann ag an deireadh seachtaine.

b An itheann tú bricfeasta mór gach maidin?
Ní _____.

c An bhfanann sibh istigh san oíche?
Ní _____. Téimid amach minic go leor.

d An dtosaíonn sibh ag a naoi gach maidin?
Ní _____. Tosaímid ag a hocht de ghnáth.

e An gceannaíonn tú páipéar nuachta gach lá?
Ní _____.

f An mbailíonn tú stampaí?
Ní _____.

g An gcreideann tú é sin?
Ní _____.

h An dtuigeann tú an focal sin?
Ní _____ ró-mhaith é.

▶ 6 **Obair an lae** (*the day's work*)
Léigh é seo ar dtús (*read this first*):

Peadar is ainm dom. Tá mé i mo chónaí in árasán i mBaile Átha Cliath. Tá mé ag obair in oifig. Éirím ag leath i ndiaidh a seacht ar maidin. Oibrím óna naoi go dtí a cúig a chlog gach lá. Ní théim amach ag am lóin - ithim ceapaire san oifig ag ceathrú chun a haon agus léim an páipéar. Ní oibrím ag an deireadh seachtaine. Téim a chodladh de ghnáth timpeall méan oíche.

Try to complete these from memory:

a Éiríonn Peadar ag _____
b Tosaíonn sé ag obair ag _____
c Oibríonn sé óna _____ go dtí _____
d Itheann sé ceapaire san oifig ag _____
e Téann sé a chodladh de ghnáth timpeall _____

| **ceapaire** *sandwich* | **de gnáth** *usually* |

7 **An …? Líon isteach na bearnaí thíos** (*fill in the gaps below*). **Ar dtús féach ar ais ar 5** (*first look back at Exercise 5*).

Remember the rules of eclipsis: An dt-
                                      gc-
                                      nd-
                                      mb-
                                      bhf-

a An _____ tú tae?   Ólaim, cinnte.
b An _____ tú páipéar nuachta gach lá?   Ceannaím.
c An _____ tú do dhinnéar sa tráthnóna?   Déanaim.
d An _____ tú chuig an siopa gach lá?   Téim, de ghnáth.
e An _____ tú ag obair go luath ar maidin?   Tosáim ag a naoi a chlog.
f An _____ tú ag an deireadh seachtaine?   Ní oibrím.
g An _____ tú déanach san oifig?   Fanaim, ó am go ham.

▶ Comprehension 1

Cuairteoir	Dia dhuit.
Bádóir	Dia is Muire dhuit.
Cuairteoir	Cén t-am a bheidh an bád ag fágáil?
Bádóir	Ag a dó a chlog.
Cuairteoir	An bhfuil bialann anseo?
Bádóir	Tá, gairid don séipéal.
Cuairteoir	Maith go leor. Beidh mé ar ais ar ball.

cuairteoir	*visitor*
bád	*boat*
bialann	*restaurant*
gairid do	*close to*
an séipéal	*the chapel, church*
ar ball	*later*

Questions

a When does the next boat leave?
b Does the visitor have time for lunch?

Comprehension 2

This is a notice promoting an Irish-language radio station.
What were the dates and times of transmission when the advert
appeared?

Raidió na
Life
103FM

**ag craoladh ó stiúideo
Bhord na Gaeilge ó 6.30
go dtí 10.30 gach oíche ón
19ú Deireadh Fómhair go
dtí 1 Samhain.**
Comharchumann
Raidió Átha Cliath

(*From*: *Saol*, Deireadh Fómhair, 1991)

ag craoladh	*broadcasting*
comharchumann	*co-operative*

08

cé leis é seo?

who does this belong to?

In this unit you will learn how to
- talk about your personal possessions (clothes, books, records, etc.)
- describe other people
- express likes and dislikes

Cé leis ...?	Who owns ...?
Is liomsa é seo.	This is mine.
An leatsa é seo?	Is this yours?
Is liom.	Yes.
Ní liom.	No.
Is maith liom ...	I like ...
Ní maith liom ...	I don't like ...

▶ Dialogue 1

Aoife visits Dónall at his house.

Dónall Dia dhuit, a Aoife. Tar isteach. Bain díot do chóta.

Aoife Go raibh maith agat. Is maith liom an seomra seo. Tá sé go hálainn.

Dónall Is breá liomsa é freisin, mar tá solas breá ann.

(*Dónall puts on some music*)

Aoife Cé leis na dioscaí agus na téipeanna go léir?

Dónall Liomsa agus le mo dheirfiúr an chuid is mó díobh. Is léise na cinn chlasaiceacha. Is le m'athair cuid díobh freisin – na cinn jazz. Tá tuilleadh i seomra eile.

Aoife Éisteann sibh le mórán ceoil, mar sin.

Dónall Éistimid. Is mac léinn ceoil í mo dheirfiúr.

Aoife Ó, an ea? Ní raibh a fhios agam é sin. Cén uirlis a sheinneann sí?

Dónall Seinneann sí an veidhlín go maith, agus an pianó, ar ndóigh.

bain díot	take off
mar	because
le	with*
diosca (m)	disc
téip (f)	tape
le mo dheirfiúr (f)	my sister's (lit. with my sister)
an chuid (f) **is mó díobh**	the greater part of them
cuid díobh	some of them
tuilleadh	more
uirlis (f) **(ceoil)**	(musical) instrument
go maith	well
ar ndóigh	of course

* here meaning possession – see **Grammar section** on page 111)

True or false?

a Is maith le deirfiúr Dhónaill an ceol clasaiceach.
b Seinneann sí an pianó.

▶ Dialogue 2

Eibhlín is in a clothes shop, looking for a present for a friend.

Eibhlín	Tá mé ag lorg bronntanais do chara dom.
Freastalaí	Céard atá ar aigne agat?
Eibhlín	Bhí mé ag smaoineamh ar bhlús.
Freastalaí	Cén uimhir agus cén dath?
Eibhlín	Uimhir a hocht, agus rud ar bith ach uaine, mar ní maith léi éadaí uaine.
Freastalaí	Cén dath atá ar a cuid gruaige?
Eibhlín	Gruaig fhionn atá uirthi.
Freastalaí	Ceann gorm mar sin, nó liath.
Eibhlín	Oireann rudaí gorma di, is dóigh liom.
Freastalaí	Céard a shíleann tú de seo?
Eibhlín	Is maith liom é sin.

ag lorg	*looking for*
bronntanas (m)	*present*
do chara (m) dom	*for a friend of mine*
ar aigne (f)	*in mind*
ag smaoineamh ar	*thinking of*
uaine	*green*
a cuid (f) gruaige (f)	*her hair*
Gruaig (f) fhionn atá uirthi.	*She has fair/blond hair.*
gorm	*blue*
oireann...do	*suits*
síleann...de	*thinks of*

True or false?

a Caitheann cara Eibhlín uimhir a hocht.

b Tá gruaig liath ar a cara.

▶ Dialogue 3

Caitríona	Tá buachaill nua ag Áine.
Máiréad	An bhfuil? Cén cineál duine é?
Caitríona	Fear breá ard. Tá gruaig dhubh air, agus féasóg.
Máiréad	An bhfuil sé go deas?
Caitríona	Tá sé ciúin, agus an-chúirtéiseach, ach tá sé taitneamhach.
Máiréad	Cén t-ainm atá air?
Caitríona	Niall Ó Ceallaigh is ainm dó.
Máiréad	Cén tslí bheatha atá aige?
Caitríona	Is státsheirbhíseach é. Tá sé ag obair sa Roinn Oideachais.

buachaill (m)	*boy (here, boyfriend)*
féasóg (f)	*beard*
ciúin	*quiet, reserved*
cúirtéiseach	*polite, courteous*
taitneamhach	*pleasant*
státsheirbhíseach (m)	*civil servant*
roinn (f)	*department*
oideachas (m)	*education*

Question

Cén cineál duine é Niall?

▶ Dialogue 4

Bean Uí Chonaill	Is maith liom do chuid criostail.
Bean Uí Mhathúna	Go raibh maith agat. Taitníonn gloine go mór liom agus ceannaím píosa anois is arís, ach is le m'iníon cuid díobh.
Bean Uí Chonaill	Conas sin?
Bean Uí Mhathúna	Imríonn sí mórán spóirt, go háirithe leadóg. Is breá léi leadóg agus buann sí duaiseanna criostail ó am go ham.

criostal (m)	*crystal, glassware*
do chuid criostail	*your glassware*
gloine (f)	*glass*
ceannaím	*I buy*
anois is arís	*now and again*
Conas sin?	*How is that?*
imríonn	*plays*
go háirithe leadóg	*especially tennis*
buann	*wins*
duais (f)	*prize*
ó am (m) **go ham**	*from time to time*

Question

Cén spórt a imríonn iníon Bhean Uí Mhathúna?

Language notes

1 *Baill éadaigh* (items of clothing)

léine (f)	*shirt*
blús (m)	*blouse*
cóta (m)/**casóg** (f)	*coat/jacket* (including sports jacket)
culaith (f) **(éadaigh)**	*suit (of clothes)*
seaicéad (m)	*jacket*
geansaí (m)	*pullover*
treabhsar/bríste (f)	*trousers*
sciorta (m)	*skirt*
gúna (m)	*dress*
stoca(í) (m)	*stocking(s)*

2 *Dathanna* (colours)

dearg	*red*
buí	*yellow/orange*
uaine/glas	*green*
gorm	*blue*
corcra	*purple*
dubh	*black*
bán	*white*
liath	*grey*
donn	*brown*
fionn	*fair (of hair)*

Glas refers to grass and plants, **uaine** to manufactured things.

Dorcha (*dark*) or **éadrom** (*light*) may be placed before colours:
dorcha donn   dark brown
éadrom gorm   light blue

3 Words describing people

Appearance	Personality
ard *tall*	**taitneamhach** *pleasant*
íseal *short*	**gránna** *unpleasant, rude*
ramhar *fat*	**croíúil** *cheerful* (**croí** = *heart*)
tanaí *thin*	**cineálta** *kind*
láidir *strong*	**macánta** *honest, mild-mannered*
lag *weak*	**cúirtéiseach** *polite* (**cúirtéis** = *courtesy*)
	foighneach *patient* (**foighne** = *patience*)
	meabhrach *intelligent* (**meabhair** = *mind*)
	éirimiúil *intelligent*
	cliste *dexterous, smart*
	dáiríre *sincere*
	tuisceanach *understanding, considerate*
	díograiseach *diligent*
	dílis *loyal*
	stuama *level-headed*

Several of the adjectives describing personality have opposites indicated by **mí-** or **neamh-**:

mí-mhacánta *dishonest*   **neamh**thuisceanach *inconsiderate*
mí-chúirtéiseach *discourteous*   **mí**-fhoighneach *impatient*

Grammar

1 *Is liom* (I own/It's mine)

The phrase **is le** (lit. *is with*) is used to indicate ownership:

Is le Séan an carr sin.   *That car belongs to Seán.*

Le puts an **h** before a word beginning with a vowel:

Is le hÁine an cóta seo.   *This coat belongs to Áine.*

When the personal forms of **le** (*with*) are used you have:

Is liom an leabhar sin.	*That book is mine.*
Is leat é seo, is dócha.	*This is yours, presumably.*
Is leis an rothar.	*The bike is his.*
Is léi na leabhair.	*The books are hers.*
Is linn an pháirc seo.	*This field is ours.*
Is libh iad seo, nach ea?	*These are yours, aren't they?*
Is leo an fheirm sin.	*That farm belongs to them.*

These personal forms are reinforced to **liomsa, linne, leis-sean, léise, linne, libhse, leosan** when they are being emphasized, or contrasted with one another. This is very often the case. **Is** is optional before these reinforced forms.

(Is) liomsa an leabhar seo.	*This book is mine.*
Ní liomsa é.	*It isn't mine.*
(Is) liomsa é seo agus is **leatsa** é sin.	*This is mine and that is yours.*
(Is) leis-sean é.	*It is his.*
Ní léise iad.	*They aren't hers.*
(Is) linne an talamh seo.	*This land is ours.*

Here is how you ask if somebody owns something.

An **leatsa** an cóta seo?	*Is this coat yours?*
Is liom. Go raibh maith agat.	*Yes. Thanks.*
Ní liom. Is le Máire é.	*No. It's Mary's.*

An leatsa na bróga dubha?   *Are the black shoes yours?*
Ní liom. Is liomsa na cinn bhuí.   *No. The tan ones are mine.*

2 *Cé leis …?* (whose is …?)

You can ask who something belongs to by putting this phrase, which literally means *who with?*, before it:

Cé **leis** an mála seo?	*Who does this bag belong to?*
Is liomsa é.	*It's mine.*
Ní liomsa é.	*It isn't mine.*

Notice that **cé leis** is also used for *who with* in the literal sense:

Cé **leis** a raibh tú ag caint?	*Who were you talking to?*
Le cara dom.	*To a friend of mine.*
Leis an sagart.	*To the priest.*

3 How to say 'likes'

An idiom based on the adjective **maith** (*good*) and the preposition **le** (*with*) is commonly used in the sense *to like*. To say, for instance, *Sheila likes music* you use a phrase which literally means *music is good with Sheila*. To form negative statements or questions substitute **ní**, **an** or **nach** for **is**:

Is maith le Síle ceol.	*Sheila likes music.*
Ní maith le Síle ceol.	*Sheila doesn't like music.*
An maith le Síle ceol?	*Does Sheila like music?*
Nach maith le Síle ceol?	*Doesn't Sheila like music?*

Some related expressions are formed by substituting other words for **maith**:

Is breá liom é.	*I love it.* (**breá** = *fine*).
Is fuath liom é.	*I hate it.* (**fuath** = *hatred*)

4 Replying to *An maith le …?*

Remember that as there is no *yes* or *no* in Irish, a reply echoes the question. However, it drops the reference to the person:

An maith le Síle ceol?	
Is maith.	*Yes.* (lit. *does like*)
Ní maith.	*No.* (lit. *doesn't like*)
An maith leat spórt?	
Is maith, cinnte.	*Yes, indeed.*
Ní maith ar chor ar bith.	*No, (not) at all.*

A more enthusiastic form of reply substitutes **is breá le** (*loves*) for **is maith le** (*likes*). Such a reply takes a longer form:

An maith leat spórt?
Is breá liom é.   *I love it.*

This phrase **is breá le** (*loves*) can also be used as a statement in its own right but never in a question or negative sentence.

Is breá liom siúl.   *I love walking.*
Is breá liom peil.   *I love football.*
Is breá liom ceol.   *I love music.*

5 *Taitníonn le* (pleases)

This verb is often used to mean *likes*. (See also Grammar section 3 above)

Taitníonn ceol le Máire.   *Máire like music* (or *music pleases Máire*)
Is maith léi ceol.   *She likes music.*
Taitníonn spórt go mór liom.   *I like sport a lot* (**go mór** *greatly*).
Is maith liom spórt.   *I like sport.*
Ní thaitníonn spórt liom.   *I don't like sport.*
An dtaitníonn peil leat?   *Do you like football?*

6 The plural forms of adjectives

There are several ways of putting adjectives in the plural form.

a   The most common is to add **-a** after a broad consonant or **-e** after a slender consonant

bán	*white*	**éadaí bána**	*white clothes*
dubh	*black*	**... dubha**	*black ...*
gorm	*blue*	**... gorma**	*blue ...*
daor	*expensive*	**... daora**	*expensive ...*
deas	*nice*	**... deasa**	*nice ...*
compordach	*comfortable*	**... compordacha**	*comfortable ...*
mín	*smooth, fine*	**... míne**	*smooth, fine ...*
tirim	*dry*	**... tirime**	*dry ...*

bocht	poor	daoine bochta	poor people
ciallmhar	sensible	... ciallmhara	sensible ...
ciúin	quiet	... ciúine	quiet ...

However, **a** or **e** sometimes causes the loss of the previous vowel (e.g. **ir** changes to **re** and **ar** to **ra**):

saibhir	rich	daoine saibhre	rich people
láidir	strong	... láidre	strong ...
bodhar	deaf	... bodhra	deaf ...
ramhar	fat	... ramhra	fat ...
folamh	empty	tithe folmha	empty houses

b -úil becomes -úla

leisciúil	lazy	daoine leisciúla	lazy people
flaithiúil	generous	daoine flaithiúla	generous people
áisiúil	useful, handy	rudaí áisiúla	useful things

c The great majority of adjectives which end with a vowel do not change

stocaí uaine	green socks
stocaí fada	long socks
stocaí buí	yellow socks

7 Irregular plural forms of adjectives

Some adjectives show additional changes in the plural:

álainn	beautiful	pictiúir áille	beautiful pictures
uasal	noble	daoine uaisle	aristocrats
íseal	low	fallaí ísle	low walls
te	hot	cístí teo	hot cakes
breá	fine	laethanta breátha	fine days

8 Lenition after masculine nouns in the plural

You have already learnt that feminine nouns lenite a following adjective, except in the plural. Compare these:

| an oifig **mhór** | the big office |
| na hoifigí **móra** | the big offices |

The opposite is true of some masculine nouns, namely those which end in a slender consonant in the plural. These plural nouns lenite adjectives, as shown on the right.

No lenition of adjective		**Lenition of adjective**	
an teach mór	*the big house*	an bád mór	*the big boat*
na tithe móra	*the big houses*	na báid **mhóra**	*the big boats*

Here are some more examples:

an ceann gorm	*the blue one*	na cinn **ghorma**	*the blue ones*
an fear mór	*the big man*	na fir **mhóra**	*the big men*
an carr beag	*the small car*	na cairr **bheaga**	*the small cars*

9 Forming adverbs of manner from adjectives

You saw in Unit 6 that some adjectives require **go** before them when they are used with **tá** (is):

| Tá sé seo go maith. | *This is good.* |
| Tá an dinnéar seo go dona. | *This dinner is bad.* |

When referring to verbs **go** forms an adverb of manner, describing how an action is done. It puts **h** before a vowel:

Seinneann sí go maith.	*She plays well.*
Canann ...	*... sings ...*
Labhrann ...	*... speaks ...*
Ólann sé go trom.	*He drinks heavily.*
Ní chodlaím go maith.	*I don't sleep well.*
Codlaíonn tú go han-mhaith.	*You sleep very well.*
Tá sé ag obair go dian.	*He is working hard.*

10 De (of)

This preposition causes lenition:

an dara lá de **Bh**ealtaine	*the second (day) of May*
píosa de **dh**ráma	*a portion of a play*
iasacht de **ch**arr	*a loan of a car*
lán de **dh**aoine	*full of people*

Remember though that the *of* relation between two nouns must often be shown by putting the second in the genitive case:

leabhar filíochta	*a book of poetry* (**filíocht** = *poetry*)
mórán airgid	*a lot of money* (**airgead** = *money*)

Here are the personal forms:

díom *of me*	**dínn** *of us*
díot *of you*	**díbh** *of you*
de *of him/it*	**díobh** *of them*
di *of her*	

Here are some further examples:

ceann **de** na tithe	*one of the houses*
duine **de** mo chairde	*one of my friends* (**cara** = *friend*)
cuid **den** obair	*some of the work* (**den** = de + an the)
Cad a cheapann tú **de**?	*What do you think of it* (or *him*)?
Tá mé tuirseach **díobh**.	*I am tired of them.*
An bhfuil tú cinnte **de** sin?	*Are you sure of that?*

The combination **den** (*of the*) lenites consonants other than **d**, **t** and **s**:

cuid den **ch**eol	*some of the music*

Notice that *one* of is **ceann de** with reference to things and **duine de** with reference to people. **De** sometimes corresponds to *off* or *from*:

Bain **díot** do chóta.	*Take off your coat.*
Bain **de** é sin.	*Take that (away) from him.*

11 *Cuid* (part, portion)

This is a feminine noun which is followed either by the genitive case:

    cuid mhaith **airgid**   *a good amount of money*

or by **de** (*of*), when the noun is preceded by **an/na** (*the*).

cuid den airgead	*some of the money* (**den = de + an**)
cuid de **na** daoine	*some of the people*

Note also **cuid díobh** (*some of them*), which can alternatively be **cuid acu** (*some of them*); **cuid againn** means *some of us*.

The expression for *most of* is **an chuid is mó de** (lit. *the part which is greatest of*):

Tá **an chuid is mó de** na daoine anseo.	*Most of the people are here.*
Tá **an chuid is mó den** obair déanta.	*Most of the work is done.*

Mo chuid (*my portion of*) is used instead of **mo** (*my*) before nouns which refer to an indefinite mass or quantity of something:

ag cur **mo chuid** ama amú	*wasting my time* (**cuireann amú** = *puts astray*)
mo chuid airgid	*my money*
a chuid leabhar	*his books*
a cuid gruaige	*her hair*

The plural forms consist of **ár** (*our*), **bhur** (*your*), **a** (*their*) (all three causing eclipsis), combined with **cuid**:

ár gcuid ama	*our time*
bhur gcuid airgid	*your money*
a gcuid leabhar	*their books*

12 Expressing quantity

Words for quantities put singular nouns in the genitive case:

Tá go leor ama againn.	*We have plenty of time.*
Níl a lán ama againn.	*We don't have a lot of time.*
Tá beagán airgid aige.	*He has a small bit of money.*
Níl mórán airgid agam.	*I don't have much money.*

If a noun forms its plural by making the final consonant slender (e.g. **leabhar** (m) *book*, **leabhair** *books*) or by adding -a (**úll** (m) *apple*, **úlla**, *apples*) the basic form is used with plural meaning after quantities:

Tá roinnt leabhar agam.	*I have some books.*
Tá a lán leabhar agam.	*I have a lot of books.*
Tá mórán leabhar agam.	*I have many books.*
Tá tuilleadh leabhar agam.	*I have more books.*

This use of the apparent singular form with plural meaning is called the genitive plural. It is dealt with further in Unit 17.

Otherwise the regular plural form is used:

Tá mórán múinteoirí ann.	*There are many teachers there.*
Tá a lán ranganna agam.	*I have a lot of classes.*

There are three ways of saying *all*, and they follow the noun.

Tá na dioscaí **ar fad** anseo.	
Tá na dioscaí **go léir** anseo.	*All the discs are here.*
Tá na dioscaí **uile** anseo.	

Recall that this is the usual position for adjectives, and it is not confined to the above:

na leabhair seo	*these books*
na leabhair sin	*those books*
na leabhair eile	*the other books*
na leabhair mhóra	*the big books*

Compare **ar fad**, etc. (*all*) with **gach** (*each, every*) which is put before a singular noun:

Tá **gach** diosca anseo.	*Every disc is here.*
Tá **gach** ceann de na leabhair ann.	*Every one of the books is there.*

Practice

1 Find the word that doesn't fit in each of these lists:

   a dubh, gorm, daor, glas, dearg
   b léine, geansaí, cóta, rud, sciorta

2 Possession

Líon isteach na bearnaí.

a A. Cé leis na dioscaí go léir?
   Is _____ Tomás iad.

b A. An leatsa an chasóg seo?
   _____ _____ Go raibh maith agat.

c A. An leatsa an mála bán?
   _____ _____ Ceann gorm atá agamsa.

3 Likes and dislikes

Use the information in the grid to make conversations as in
the examples below. (✓ = like; ✗ = dislike)

	SPÓRT	CEOL	SIÚL
Proinnsias	✓ (peil)		
Orla		✓ (clasaiceach)	
Dáithí	✗ (leisciúil)		
Cáit			✗ (bacach)

a   – An maith leat sport?
  Proinnsias   Is maith, cinnte.
             – Cén sórt spóirt?
  Proinnsias   Is breá liom peil.
b   – An maith leat siúl?
  Cáit   Ní maith.
             – Cén fáth?
  Cáit   Tá mé bacach faoi láthair.

Now imagine the interviews with Orla and Dáithí.

4 Complete this text about what the people above like or
  don't like:

a Taitníonn _____ le Proinnsias. Is breá _____ peil.
b Taitníonn ceol _____ Orla. Is breá _____ ceol clasaiceach.
c Ní _____ spórt le Dáithí mar tá sé leisciúil.
d _____ _____ siúl le Cáit mar tá sí bacach faoi láthair.

5   Make likely combinations of nouns and adjectives:

duine   gorm
blús   ard
cóta   bocht
gruaig   folamh
fear   fionn
teach   fada

6   Put these in the plural form:

a   an fear mór
b   an stoca gorm
c   an leabhar fada
d   an bhean leisciúil

7   Using **de**

Reorder these jumbled sentences:

a   chóta díot bain do
b   mé de tá tuirseach
c   tú a shíleann de cad
d   anseo cuid tá de daoine na

8   Using **cuid**

Join up the left- and right-hand columns to make sentences:

a   Beidh cuid   i   a chuid airgid sa bhanc.
b   Tá cuid   ii   ag cailleadh a chuid gruaige.
c   Tá Pól   iii mo chuid dioscaí.
d   Cuireann Seoirse   iv   de na daoine déanach don chóisir.
e   Seo   v   díobh anseo cheana.

ag cailleadh	*losing*
déanach	*late*
cheana	*already*
cóisir (f)	*party*

Comprehension

These are notices about activities in a **Gaeltacht** parish. When and where are the activities on?

a Keep fit classes
b Annual dinner dance
c Cards
d Bingo

Keep fit San Ionad Pobail oíche Dé Luain an 17ú Feabhra
agus gach oíche Luain ina dhiaidh sin ag 7.00 p.m.

> Beidh an Dinnéar agus Damhsa bliantúil
> in Óstán Highlands
> Oíche Dé hAoine, ag tosú ag 9.00 p.m.
> Ticéid le fáil ó Shadhbh (342161)
> nó ón Athair Ó Gallchóir (32648)
> Beidh bus ar fáil.

Imirt San Ionad Pobail gach Satharn ag a 8.30 p.m.
chártaí '25'

Bingo Oíche Dé Domhnaigh san Ionad Pobail ag 8.00
p.m. Fáilte romhaibh uile.

09

cén caitheamh aimsire a bhíonn agat?

what pastime do you have?

In this unit you will learn how to
• talk about leisure activities

Bím ag imirt leadóige.	*I (often) play tennis.*
Imrím cluiche leadóige uaireanta.	*I sometimes play a game of tennis.*
An féidir leat … ?	*Are you able to … ?*
Is féidir.	*Yes.*
Ní féidir.	*No.*
Cén cineál ceoil?	*What kind of music?*
Cén cineál spóirt?	*What kind of sport?*
Is fearr liom … ná …	*I prefer … to …*

The secretary of a residential language course asks a number of participants about their pastimes.

▶ Interview 1

Rúnaí	Gabh mo leithscéal. An bhfuil nóiméad agat?
Pádraig	Tá.
Rúnaí	Tá mé ag lorg eolais faoi chaitheamh aimsire.
Pádraig	Maith go leor.
Rúnaí	Cén caitheamh aimsire a bhíonn agatsa?
Pádraig	Bím ag imirt gailf agus imrím cluiche leadóige uaireanta.
Rúnaí	An féidir leat snámh?
Pádraig	Is féidir.
Rúnaí	Tá linn snámha anseo, tá a fhios agat.
Pádraig	An-mhaith.
Rúnaí	Agus cad is ainm duit?
Pádraig	Pádraig Ó Dónaill is ainm dom.

Gabh mo leithscéal (m).	*Excuse me. (lit. Take my excuse)*
Tá mé ag lorg eolais (m).	*I am seeking information.*
faoi chaitheamh (m) **aimsire** (f)	*about pastimes (lit. about spending of time)*
Cén caitheamh aimsire a bhíonn agat?	*What pastime do you have?*
Bím ag imirt gailf.	*I (regularly) play golf.*
Agus imrím cluiche leadóige uaireanta.	*And I play a game of tennis sometimes.*
snámh (m)	*swimming*
linn snámha	*a swimming pool*
tá a fhios agat	*you know*
an-mhaith	*very good*

▶ Interview 2

Rúnaí	Agus tú féin? Cén caitheamh aimsire a bhíonn agatsa?
Deirdre	Bím ag éisteacht le ceol, agus téim ag siúl go minic.
Rúnaí	Cén cineál ceoil?
Deirdre	Ceol clasaiceach agus ceol traidisiúnta.
Rúnaí	An bhfuil tú in ann canadh?
Deirdre	Tá, réasúnta maith.
Rúnaí	Beidh seans agat canadh ag an Oíche Cheoil mar sin.
Deirdre	Maith go leor.
Rúnaí	Cathain a théann tú ag siúl?
Deirdre	Ag an deireadh seachtaine, nuair a bhíonn an t-am agam.
Rúnaí	Agus d'ainm?
Deirdre	Deirdre Ní Mháille.

Agus tú féin	*And yourself*
Cén caitheamh aimsire a bhíonn agatsa?	*What pastime do you have?*
téim ag siúl go minic	*I go walking often*
clasaiceach, traidisiúnta	*classical, traditional*
in ann canadh	*able to sing*
Beidh seans (m) **agat.**	*You'll have a chance (or opportunity).*
Cathain a théann tú ag siúl?	*When do you go walking?*
nuair a bhíonn an t-am (m) **agam**	*when I have time*
Agus d'ainm (m)**, más é do thoil é?**	*And your name, please?*

▶ Interview 3

Rúnaí	Cén caitheamh aimsire is fearr leat féin?
Máiréad	Bhuel, bím ag féachaint ar an teilifís agus téim chuig na pictiúir anois is arís.
Rúnaí	Feicim. Agus cén sórt cláir a thaitníonn leat?
Máiréad	Is fearr liom cláir ghrinn ná aon sórt eile cláir.
Rúnaí	Agus cén t-ainm atá ort?
Máiréad	Máiréad Nic Gearailt.

Cén caitheamh aimsire is fearr leat féin?	What pastime do you prefer?
Bhuel, bím ag féachaint ar an teilifís (f)	Well, I watch television
... agus téim chuig na pictiúir (m) anois is arís	... and I go to the pictures now and again
Feicim	I see
Agus cén t-ainm atá ort?	And what's your name?

Questions

Tick the pastimes of Pádraig, Deirdre and Máiréad:

	CEOL	NA PICTIÚIR	TEILIFÍS	SPÓRT
Pádraig	_____	_____	_____	_____
Deirdre	_____	_____	_____	_____
Máiréad	_____	_____	_____	_____

Grammar

1 The present habitual of *tá*

The English verb *to be* can refer either to something that is happening at the moment of speaking or to something that happens regularly. Therefore the same form *I am* is used in *I am at home now* and *I am (usually/normally) at home on Mondays*. The Irish equivalents of these sentences require two different forms of **tá** (*is*), namely the ordinary present **tá mé** (*I am*) and a special 'habitual' present **bím** (*I regularly am*). You also meet a one-word alternative to **tá mé**:

Táim sa bhaile anois.	I am at home now.
Bím sa bhaile ar an Luan.	I am at home on Mondays.
Bím sa bhaile uaireanta ar an Luan.	I am sometimes at home on Mondays.
Bím sa bhaile de ghnáth ar an Luan.	I am usually at home on Mondays.
Bím sa bhaile i gcónaí ar an Luan.	I am always at home on Mondays.

As you can see, any degree of recurrence over a considerable period of time, be it frequent or infrequent, requires the habitual form. The full set of present habitual forms of **tá**, translated here for convenience as *tends to be*, is as follows:

bím	*I tend to be*	**bímid**	*we tend to be*
bíonn tú	*you tend to be*	**bíonn sibh**	*you tend to be*
bíonn sé	*he tends to be*	**bíonn siad**	*they tend to be*
bíonn sí	*she tends to be*		

Typical uses of these are:

Bím anseo gach lá.	*I am here every day.*
Bím ar saoire i Mí Lúnasa.	*I am on vacation in August (annually).*
Bíonn sé go breá anseo.	*It tends to be fine here.*
Bíonn an aimsir go breá sa Spáinn.	*The weather tends to be good in Spain.*
Bíonn an bia go deas anseo.	*The food is (invariably) nice here.*
Ní **bhíonn** ocras orm ar maidin.	*I don't feel hungry in the morning.*
Bíonn sé tinn go minic.	*He is often sick.*
Bíonn siad déanach i gcónaí.	*They are always late.*
Bíonn céilí anseo ar an Aoine.	*A céilí is held here on Fridays.*
Bíonn Aifreann anseo ar a deich.	*Mass takes place here at ten.*

The distinction between **tá** and **bíonn** is very important in Irish and needs to be mastered. However, the basis for it is not difficult to understand and with practice it sinks in.

2 Using *bíonn* with the verbal noun: the habitual progressive

Corresponding to **táim/tá mé ag obair** (*I am working*) one may say **bím ag obair** (*I tend to be working, I regularly work*). Further examples are:

Bím ag obair san oíche.	*I work nights.*
Bím ag féachaint ar an teilifís sa tráthnóna.	*I watch television in the evening.*

Bím ag imirt leadóige ar an Satharn.   *I play tennis on Saturdays* (for much of the day).

These can be more literally translated as *I tend to be working at night/watching television in the evening/playing tennis on Saturdays*. The activities involved last a good while. Recurrent events of briefer duration, including single games, are referred to using the simple present form of the verb, which has habitual meaning (as in English):

Féachaim ar an nuacht gach tráthnóna.   *I watch the news every evening.*

Imrím cluiche leadóige gach tráthnóna.   *I play a game of tennis every evening.*

Imrím cluiche leadóige uaireanta.   *I play a game of tennis sometimes.*

Ceannaím páipéar nuachta gach maidin.   *I buy a newspaper every morning.*

Léim an páipéar gach tráthnóna.   *I read the paper every evening.*

3 How to say 'I prefer'

You substitute **fearr** (*better*) for **maith** (*good*) in the phrase for liking (see Unit 8) above (giving the equivalent of *is better with me*). In expressing a preference for one thing over another use **ná** (*than*):

Is **fearr** liom tae ná caife.   *I prefer tea to coffee.*

Is **fearr** liom iománaíocht ná peil. *I prefer hurling to football.*

Is **fearr** liom siúl ná snámh.   *I prefer walking to swimming.*

Is **fearr** liom drámaí ná scannáin. *I prefer plays to films.*

4 *Faoi* (under, about)

The basic meaning of this preposition is *under*, but it also means *about*. It is followed by lenition:

eolas **faoi** cheol   *information about music*

eolas **faoi** spórt   *information about sport*

5 Nouns following the verbal noun

A noun which immediately follows the verbal noun appears in the genitive case (if it has one):

galf (m) *golf*	ag imirt gailf *playing golf*
peil (f) *football*	ag imirt peile *football*
leadóg (f) *tennis*	ag imirt leadóige *playing tennis*
iománaíocht (f) *hurling*	ag imirt iománaíochta *hurling*
eolas (m) *information*	ag lorg eolais *seeking information*
airgead (m) *money*	ag lorg airgid *seeking money*
obair (f) work	ag lorg oibre *seeking work*
lóistín (m) *accommodation*	ag lorg lóistín *seeking accommodation*

(See Unit 4.4.)

6 How to say 'Can you ...?' and 'I can'

The phrase is **féidir le** (lit. *is possible with*) expresses ability:

Is féidir liom tiomáint.	I can drive. (lit. *Driving/to drive is possible with me*)
Ní féidir liom canadh.	I can't sing.
An féidir leat snámh?	Can you swim?
Is féidir.	Yes. (lit. *is possible*)
Ní féidir.	No. (lit. *isn't possible*)

Notice that **le** is dropped in replies.

A more idiomatic way of asking *Can you swim?* is:

| An bhfuil snámh agat? | (lit.) *Do you have swimming?* |

This construction is also used in:

| An bhfuil ceol agat? | Can you play music? |

Two simpler expressions meaning *able to* are **ábalta** and **in ann**:

An bhfuil tú **in ann** tiomáint?	Can you drive?
Níl mé in ann tiomáint.	I can't drive.
Ní raibh mé **in ann** siúl.	I wasn't able to walk.
An bhfuil tú **ábalta** snámh?	Can you swim?
Níl mé **ábalta** dul ann.	I can't go there.

7 Cén cineál ... (What kind (of) ...)

This phrase is followed by the genitive case:

ceol *music*   Cén cineál ceoil? *What kind of music?*

clár	*programme*	Cén cineál cláir?	*What kind of programme?*
eolas	*information*	Cén cineál eolais?	*What kind of information?*
post	*a job*	Cén cineál poist?	*What kind of job?*
aimsir	*weather*	Cén cineál aimsire?	*What kind of weather?*

Alternative forms of this question are **Cén sórt?** and **Cén saghas?** The three forms belong to different dialects but are used interchangeably by many people who have learnt Irish as a second language (giving a choice like that in English between *What kind/sort/type?*).

8 Stating and asking 'When'

You ask *when?* differently according to whether the clock or the calendar is meant:

Cén t-am a bheidh tú saor?	*When will you be free?*
Ag a haon a chlog.	*At one o'clock.*
Ag am lóin.	*At lunchtime.*
Cathain a bheidh tú ar saoire?	*When will you be on holidays?*
I Mí Iúil.	*In July.*
I gceann seachtaine.	*In a week's time.*

When a statement rather than a question is involved one uses **nuair a**:

Bhí mé ann **nuair a** bhí mé óg.	*I was there when I was young.*
Beidh mé leat **nuair a** bheidh mé saor.	*I'll be with you when I'm free.*
Téim ag siúl **nuair a** bhíonn an t-am agam.	*I go out walking when I have the time.*

9 Putting *a* before the verb (continued)

You saw in Unit 7 that question words such as **cad?** or **céard?** (*what?*) require the verb to be preceded by **a** (+ lenition). You can see above that other words, such as **cathain?** (*when?*), **nuair** (*when*) also require **a**. This **a** also corresponds to *which* and *who* in English relative clauses, as in these examples:

an obair **a** dhéanaim	*the work* which *I do*

| an ceol **a** thaitníonn liom | *the music* which *I like* |
| an duine **a** bhí ann | *the person* who *was there* |

A + **tá** gives **atá**:

| an cluiche **atá** ar siúl. | *the game which is in progress* |

The copula **is** does not change shape in relative clauses:

| **Is** fearr liom an dath sin. | *I prefer that colour.* |
| Sin an dath **is** fearr liom. | *That is the colour which I prefer.* |

Clauses introduced by **a** in Irish are more frequent than English relative clauses, for two reasons. One is that question words require them, as you have seen. The other is that when a word or phrase is brought to the beginning of the sentence for emphasis (as is very often done) the verb must be preceded by **a**. Compare these:

Cén sort cairr **atá** agat?	*What kind of car do you have?*
Carr dearg **atá** agam.	*The car I have is a red one.*
Cén cineál tinnis **atá** ort?	*What kind of ailment do you have?*
Tinneas cinn **atá** orm.	*A headache is what's bothering me.*
Cén dath **atá** ar a casóg?	*What colour is her coat?*
Casóg bhán **atá** uirthi.	*It's a white coat she is wearing.*
Cé **atá** amuigh?	*Who is outside?*
Tomás **atá** amuigh.	*It's Tom who is outside.*

10 More on the genitive case

a Some masculine nouns which form the genitive case by making the last consonant slender also change **ea** to **i**.

fear	*man*	éadach fir	*men's clothing* (lit. *clothes of a man*)
greann	*humour*	clár grinn	*a humorous programme*
		scannán grinn	*a comedy film*
ceann	*head*	tinneas cinn	*a headache*

Mac (*son*) becomes **mic**:

| seoladh a **mhic** | *his son's address* |

b Feminine nouns ending in **-óg** have **-óige** in the genitive

leadóg *tennis*   cluiche leadóige   *a game of tennis*

fuinneog *window*   ag oscailt na fuinneoige   *opening the window*

c The word **obair** (*work*) drops its second vowel, e.g. lá **oibre** *a day's work*

11 Verbs with prepositions

Many Irish verbs are accompanied by prepositions, in exactly the same way as English *listen to, look at*. However, the use of prepositions often does not correspond in the two languages. Compare these:

Is maith liom éisteacht **le** ceol.	*I like to listen to music.*
bualadh **le** daoine.	*meet people.*
cabhrú **le** daoine.	*help people.*
Beidh mé ag féachaint **ar an** teilifís.	*I'll be watching television.*
Beidh mé ag freastal **ar** léacht.	*I'll be attending a lecture.*
Beidh mé ag iarraidh **ar** Sheán cabhrú **liom.**	*I'll be asking Seán to help me.*

12 Another way of saying 'What's your name?'

Alongside **Cad is ainm do ...?** there is also **Cén t-ainm atá ar ...?** (lit. *what name is on ...?*)

Cén t-ainm atá ar do chara?	*What is your friend's name?*
Cén t-ainm atá ort féin?	*What is your own name?*

Practice

1 Cuir na ceisteanna agus na freagraí le chéile (*match the questions and answers*):

a	An maith leat ceol?	**i**	Bíonn.
b	An maith leat spórt?	**ii**	Ní théim.
c	An mbíonn tuirse ort go minic?	**iii**	Uair sa seachtain.
d	An dtéann tú amach sa tráthnóna de ghnáth?	**iv**	Thart ar a sé a chlog.
e	An imríonn sibh galf go minic?	**v**	Ní bhím.
f	An mbíonn tú anseo gach lá?	**vi**	Is breá liom ceol traidisiúnta.
g	Cén t-am a théann tú abhaile?	**vii**	Ní maith.

2 **Cuir na habairtí seo le chéile** (*match each sentence on the left with one on the right to make a meaningful combination*):

a Bíonn ocras mór orm ar maidin.   i   Téim a chodladh.

b Bíonn tart orm uaireanta.   ii   Téim chuig an dochtúir.

c Bíonn tuirse orm sa tráthnóna.   iii   Ithim bricfeasta mór.

d Bím tinn ó am go ham.   iv   Ólaim gloine uisce.

3 **Líon na bearnaí** (*fill the gaps with the correct form of* **bíonn**):

a Nuair a _____ tart orm, ólaim cupán tae.

b Nuair a _____ ar saoire, tógaim bog é.

c Nuair a éirím go luath, _____ tuirse orm.

d Nuair a _____ saor, téimid chuig na pictiúir.

e Nuair a thagaim abhaile, _____ an teach fuar.

---

nuair (a) ...	*when ...*
chuig	*to*
tógaim bog é	*I take it easy*

---

4 Describe the events illustrated or indicated in the pictures, as in the examples:

Example

tráthnóna
Bím ag féachaint ar an teilifís sa tráthnóna.

ó am go ham
Téim ag siúl ó am go ham.

CÉILÍ
Gach Aoine
dul isteach
€5

EAGLAIS
NAOMH PÓL
Aifreann
11.30

a ar an Satharn   b   c

d gach tráthnóna   e gach lá

5 Make interviews with Bríd and Proinsias using the
   information in the chart. The interview with Dónall
   provides a model:

	Peil	Galf	Ceol clasaiceach	Ceol traidisiúnta	Scannáin ghrinn
Dónall	X		X		
Bríd		X		X	
Proinsias	X				X

– Cén caitheamh aimsire a bhíonn agat?

Dónall Bím ag imirt peile. Is maith liom ceol freisin.

– Cén sórt ceoil?

Dónall Is fearr liom ceol clasaiceach.

6 **Líon isteach na bearnaí. (teacht = to come)**

a – An féidir _____ snámh?

  • _____ _____ (*can*).

b – An bhfuil tú _____ _____ tiomáint?

  • _____ (*can*).

c – _____ féidir leat canadh?

  • _____ (*cannot*).

d – An _____ tú in ann teacht?

  • _____ (*cannot*).

7 Relative clause

Reorder these jumbled sentences:

a an ceann/thaitníonn/liom/a/seo

b an t-am/de ghnáth/thagann sí/a/sin

c fhionn/uirthi/atá/gruaig

d ghorm/atá/casóg/uirthi

e carr/agam/bán/atá

▶ Comprehension

Brian phones Máiréad to invite her to go to see a film with him.

Brian Haló, a Mháiréad. Seo Brian. Conas tá tú?

Máiréad Haló, a Bhriain. Táim go maith.

Brian Cogar. Ar mhaith leat dul chuig na pictiúir oíche amárach?

Máiréad Ba mhaith, cinnte. Ó, tá brón orm. Ní bheidh mé saor. Céard faoi Dé Céadaoin?

Brian Tráthnóna Dé Céadaoin? Is ea. Tá sé sin go breá. Feicfidh mé thú ag a hocht a chlog, taobh amuigh.

Máiréad Maith go leor. Beidh mé ann.

Brian Slán go fóill. Go n-éirí leat.

Máiréad Slán.

Question

Cathain a bheidh Brian agus Máiréad ag dul chuig na pictiúir?

10

ar mhaith leat cupán tae?

would you like a cup of tea?

In this unit you will learn how to
• offer and accept hospitality

Ar mhaith leat ...?	Would you like ...?
Ba mhaith/Níor mhaith.	I would/I wouldn't
Cé acu ab fhearr leat?	Which (of them) would you prefer?
Tá sé seo go breá/an-bhlasta.	This is fine/very tasty

▶ Dialogue 1

Seán is called to his evening meal by the landlady.

Bean an tí	A Sheáin! Tá an dinnéar réidh.
Seán	Beidh mé ann láithreach.
Bean an tí	Ar mhaith leat anraith?
Seán	Níor mhaith, go raibh maith agat.
Bean an tí	Tá breac úr anseo agam duit.
Seán	Tá sé sin go breá.
Bean an tí	Cad a bheidh agat le hól?
Seán	Beidh gloine uisce agam, le do thoil.
Bean an tí	Seo dhuit.
Seán	Go raibh maith agat. Tá sé seo an-bhlasta.
Bean an tí	An bhfuil do dhóthain agat?
Seán	Tá breis is mo dhóthain agam.
Bean an tí	Tá císte anseo. Ar mhaith leat píosa?
Seán	Ba mhaith, go raibh maith agat.
Bean an tí	Cé acu ab fhearr leat, tae nó caife?
Seán	B'fhearr liom tae, más é do thoil é.
Bean an tí	An maith leat láidir é?
Seán	Láidir go leor.

Ar mhaith leat ...?	Would you like ...?
Níor mhaith, go raibh maith agat.	I wouldn't, thanks.
Ba mhaith, go raibh maith agat.	I would, thanks.
anraith (m)	soup
Tá breac (m) úr anseo agam duit.	I have a fresh trout here for you.
Le hól?	To drink?
Tá sé seo an-bhlasta.	This is very tasty.

do dhóthain	*enough (for you)*
breis is mo dhóthain	*more than enough (for me)*
Cé acu ab fhearr leat, tae nó caife?	*Which (of them) would you prefer, tea or coffee?*
B'fhearr liom tae.	*I'd prefer tea.*
láidir	*strong*

True or false?

a Ólann Seán gloine beorach.
b Ólann sé cupán tae tar éis an bhéile.
c Taitníonn an béile le Séan.

▶ Dialogue 2

Gearóid and Eibhlín are looking at the menu in a coffee shop. The waitress arrives.

Freastalaí	Dia dhaoibh. Céard a bheidh agaibh? Dála an scéil, níl aon phióg úll fágtha. Tá brón orainn.
Eibhlín	Beidh cupán caife agamsa, agus císte seacláide, más é do thoil é.
Freastalaí	Ar mhaith leat uachtar ar an gcíste?
Eibhlín	Ba mhaith. Beagán.
Gearóid	Tae a bheidh agamsa, agus císte seacláide freisin.
Freastalaí	Agus uachtar ar an gcíste?
Gearóid	Gan uachtar, más é do thoil é.
Freastalaí	Tá fáilte romhat. An bhfuil bhur ndóthain bainne ansin?
Eibhlín	Tá.
–	
Eibhlín	Tá an císte seo go hálainn. Cá ndéantar é?
Freastalaí	Faighimid é ó bhácús atá in aice linn.

Dála an scéil.	*By the way.*
Níl aon phióg úll fágtha.	*There is no apple pie left.*
císte (m) **seacláide** (f)	*chocolate cake*
uachtar (m)	*cream*
Cá ndéantar é?	*Where is it made?*
bácús (m)	*bakery*
in aice linn	*near us*

True or false?

a Itheann Gearóid agus Eibhlín píóg úll.
b Ólann Eibhlín agus Gearóid cupán caife.

Language notes

Béilí (meals)

The main meals of the day are:

béile (m)	meal
an bricfeasta (m)	breakfast
an lón (f)	lunch
an dinnéar (m)	dinner
an tae (m)	tea (as an evening meal)
an suipéar (m)	supper (a light snack late in the evening)

Some other useful words:

pláta (m)	plate
scian (f)	knife
forc (m)	fork
spúnóg (f)	spoon

Grammar

1 Ar mhaith leat ...? Would you like ...?

Here are the forms with the copula which are used for offering things and replying to offers:

Ar mhaith leat cupán tae?	*Would you like a cup of tea?*
Nár mhaith leat cupán tae?	*Wouldn't you like a cup of tea?*
Ba mhaith.	*Yes.* (lit. *would like*)
Níor mhaith.	*No.* (lit. *wouldn't like*)

(See also Unit 8.)

A fuller form of answer is possible, similar to English *I would like that*:

Ba mhaith liom é sin.	*I would like that.*
Ba bhreá liom é sin.	*I would love that.*

All four forms with the copula given here cause lenition.

2 Will you ...? Won't you ...?

An alternative way of offering things has been dealt with in Unit 4. It is repeated here, with the addition of the negative question form **nach**:

An mbeidh deoch agat?	*Will you have a drink?*
Nach mbeidh deoch agat?	*Won't you have a drink?*
Beidh.	*Yes, I will.*
Ní bheidh.	*No, I won't.*
An mbeidh cupán tae agat?	*Will you have a cup of tea?*
Beidh, le do thoil.	*Yes, please.*

3 Another use of *le* (with)

Notice the correspondence here between Irish **le** and English *to*:

Cad a bheidh agat le **h**ól?	*What will you have to drink?*
Céard a bheidh agat le **h**ithe?	*What will you have to eat?*

This **le** is used more widely to refer to things which are to be done:

Cad atá **le** déanamh agat?	*What do you have to do?*
Céard atá **le** ceannach agat?	*What do you have to buy?*

4 Expressions of quantity

The grammatical relation between measure and measured is mainly shown by word order, so **gloine** is *glass*, **bainne** is *milk* and **gloine bainne** is *(a) glass of milk*. The second word must be in the genitive case if it has one. There is no word corresponding to English *of*. This is the construction you have already met in **máthair Áine** (*Anne's mother*, Unit 4). You can see here how to offer various measures of food and drink, using the question forms in sections **1** and **2**:

Ar mhaith leat cúpla práta?	*Would you like a couple of potatoes?*

	roinnt prátaí?	*some potatoes?*
	tuilleadh prátaí?	*more potatoes?*
	greim bia?	*a bite to eat?*
		(lit. of food)
	slios aráin?	*a slice of bread?*
	slios bagúin?	*a slice of bacon?*
An mbeidh	braon uisce agat?	*Will you have a drop of water?*
	braon tae agat?	*a drop of tea?*
	gloine uisce agat?	*a glass of water?*
	gloine fíona agat?	*a glass of wine?*
	tuilleadh fíona agat?	*more wine?*
Nár mhaith leat	píosa císte?	*Wouldn't you like a piece of cake?*
	píosa feola?	*a bit of meat?*

5 *Dóthain* (sufficiency)

This noun can be used in a similar way to **go leor** (*enough*):

Tá **dóthain** bia againn.	*We have enough food.*
Tá **dóthain** ama againn.	*We have enough time.*

However, it is more often preceded by **mo** (*my*), etc. You first met the singular possessive pronouns on page 7 and the plural ones on page 117. Here is the full set:

Tá **mo** dhóthain agam.	*I have enough.*
Tá **do** dhóthain agat.	*You have enough.*
Tá **a** dhóthain aige.	*He has enough.*
Tá **a** dóthain aici.	*She has enough.*
Tá **ár** ndóthain againn.	*We have enough.*
Tá **bhur** ndóthain agaibh.	*You have enough.*
Tá **a** ndóthain acu.	*They have enough.*

6 The genitive case of nouns in -*án*, -*ún*

These follow the common pattern of making the final consonant of a masculine noun slender:

arán	*bread*	bollóg aráin	*a loaf of bread*
bradán	*salmon*	píosa bradáin	*a piece of salmon*
bagún	*bacon*	slios bagúin	*a slice of bacon*

(See also Unit 4.)

7 An- (very)

This is prefixed to adjectives, causing lenition:

blasta	*tasty*	becomes	an-bhlasta *very tasty*
milis *sweet*			an-mhilis *very sweet*
fuar *cold*			an-fhuar *very cold*

However **an-** does not cause lenition if the adjective begins with **t, d, s**:

te *hot*	gives	an-te *very hot*
deas *nice*		an-deas *very nice*
searbh *bitter*		an-searbh *very bitter*

Examples:

Tá an císte seo **an-**mhilis.	*This cake is very sweet.*
Tá sé **an-**fhuar inniu.	*It is very cold today.*
Tá an pláta **an-**te.	*The plate is very hot.*

8 Talking about preferences

The idiom for *prefers* is **is fearr le** (see also Unit 9); *would prefer* is expressed by replacing **is** with **ba**, which causes lenition. Remember that lenition makes **f** silent, so **b'fhearr** is pronounced **beár**:

B'fhearr liom tae.	*I would prefer tea* (to coffee, for instance).
B'fhearr liom arán.	*I would prefer bread* (to cake or biscuits).

Corresponding to **ba** are three forms which end in **r**: **níor** (negative), **ar** (question) and **nár** (negative question) (see **1**, earlier in this unit). These three forms add **bh** before a vowel or **fh**:

Arbh fhearr leat cupán tae?	*Would you prefer a cup of tea?*
Nárbh fhearr leat …?	*Wouldn't you prefer …?*
B'fhearr.	*Yes.* (lit. *would prefer*)
Níorbh fhearr.	*No.* (lit. *wouldn't prefer*)

Use **ná** (*than*) to separate the things you are choosing between:

B'fhearr liom	tae ná caife	*tea to coffee*
(*I would prefer*)	arán ná císte	*bread to cake*
	beoir ná fíon	*beer to wine*
	iasc ná feoil	*fish to meat*
	sicín ná bagún	*chicken to bacon*

9 Cé acu (which (of two))

You can invite a choice between two things offered by using cé (*which/who*) and acu (*of them*) (third person plural of ag (*at*), see page 31):

Cé acu ab fhearr leat, tae nó caife?   *Which would you prefer, tea or coffee?*

Cé acu ab fhearr leat, pionta nó leathghloine?   *Which would you prefer, a pint or a half-glass of spirits?*

10 The passive form of the verb

There is a special form of the verb for saying that something is done without specifying who does it. It ends in -tar in the present tense (or -tear if the preceding vowel is i or e):

Déantar an cháis seo ar fheirm.   *This cheese is made on a farm.*

Ní dhéantar é níos mó.   *It isn't made any more.*

Múintear teangacha sa scoil seo.   *Languages are taught in this school.*

Óltar mórán tae in Éirinn.   *A lot of tea is drunk in Ireland.*

Ceannaítear go leor díobh.   *Plenty of them are bought.*

If the verb ends with th e.g. ith (*eats*), caith (*spend, consume*) that disappears before the t(e)ar:

Itear mórán pasta san Iodáil.   *A lot of pasta is eaten in Italy.*

The passive form of the verb is often used in notices

Ná caitear tobac.   *No smoking. (lit. Let tobacco not be used)*

If you want to say *who* does any of the things above you must use an ordinary (active) form of the verb. It is not usual in Irish to say a thing is done *by* someone, as in the English passive:

Bean feirmeora a dhéanann an cháis seo.   *A farmer's wife makes this cheese.*

Múineann an scoil seo teangacha.   *This school teaches languages.*

Itheann muintir na hIodáile mórán pasta.   *The people of Italy eat a lot of pasta.*

Practice

1 **Cuir an comhrá seo san ord ceart** (*put this jumbled dialogue in the right order*):

   a Ba mhaith, go raibh maith agat.
   b Ar mhaith leat siúcra?
   c Níor mhaith, go raibh maith agat.
   d Ar mhaith leat cupán caife?

2 Listen to, if you have the recording, or read these conversations twice. The first time note whether the offer of food or drink is accepted or refused, the second time note what is offered:

   a Ar mhaith leat gloine fíona?
      Ba mhaith, le do thoil.
      Seo dhuit.
      Go raibh maith agat.

   b Ar mhaith leat anraith?
      Níor mhaith, go raibh maith agat.
      Maith go leor.

   c An mbeidh píosa aráin agat?
      Beidh, go raibh maith agat.

   d Ar mhaith leat tuilleadh sicín?
      Ba mhaith, cinnte. Tá sé go deas.

3 Accept these offers of hospitality by echoing the verb in the answer:

   a Ar mhaith leat deoch?
   b An mbeidh cupán tae agat?

   Politely decline these offers:

   c Ar mhaith leat oráiste?
   d Ar mhaith leat tuilleadh prátaí?
   e An mbeidh gloine fíona agat?

4 How would you offer a visitor:

   a a cup of coffee?
   b a drink?
   c more cake?

5   Make comments on the food or drink:

Tá an t-anraith an- (te)
Tá an tae an-   (milis)
Tá an caife an-   (fuar)
Tá an béile an-   (blasta)
Tá an fíon an-   (deas)

6   How would you ask somebody to state their preference between the choices below? Answer as you wish.

Example: Cé acu ab fhearr leat, bainne nó uisce?
                 B'fhearr liom bainne, le do thoil.

a   b

c   d

▶ 7 a   First study the menu (**biachlár**) opposite and see how much you can understand or guess. Then check your understanding in the English version in the answer key.

b   Next listen to and/or read the dialogue between the waiter and customer and tick the dishes ordered.

c   Finally, make up a conversation in which you order from the menu.

BIACHLÁR

Anraith muisiriúin	....
Anraith prátaí	....
Anraith oinniúin	....
Bradán úr le hAnlann Peirsil	....
Sól geal friochta le hAnlann Tartair	....
Leathdhosaen oisrí úra ar leaba oighir	....
Bagún agus cabáiste	....
Sicín rósta agus bagún	....
Prátaí beirithe	....
Sceallóga prátaí	....
Glasraí úra	....
Uachtar reoite	....
Píóg úll le huachtar nó uachtar reoite	....
Císte seacláide	....
Sailéad de thorthaí úra	....
Rogha de cháiseanna feirme na hÉireann	....
Tae nó caife	....

Sa bhialann **(in the restaurant)**

Freastalaí Dia dhuit.

Custaiméir Dia is Muire dhuit.

Freastalaí An bhfuil tú réidh?

Custaiméir Tá. Beidh anraith muisiriúin agam ar dtús agus ansin ba mhaith liom sicín agus bagún, le do thoil.

Freastalaí Ceart go leor. Cé acu ab fhearr leat, prátaí beirithe nó sceallóga?

Custaiméir B'fhearr liom sceallóga, le do thoil.

*   *   *

Freastalaí Ar mhaith leat milseog?

Custaiméir Ba mhaith. Beidh císte seacláide agam, le do thoil.

Freastalaí Go breá. Tae nó caife?

Custaiméir Beidh cupán caife dubh agam.

Comprehension 1

Below is an extract from an article in a scientific magazine on junk food at school.

a Why is the food in section 1 the best?
b Why are the items in section 3 harmful?
c What is the ideal lunch for a young person at school?

roinn (f)	*section*
dochar (m)	*harm*
clár (m)	*chart (here), programme*
is fearr	*(which) is best*
fuinneamh (m)	*energy*
chomh maith le	*as well as*
fíorthábhachtach	*very (lit. truly) important*
ag fás	*growing*
go dona	*bad*
oiread éigin	*a certain amount (of)*
Ba chóir go mbeadh ...	*There should be ...*
cosúil leis	*like it*

(The following document is from An tEolaí (*The Scientist*), Fómhar, 1991.)

Bia	Fuinneamh (Calraí)	Siúcra (%)	Salann (%)
Roinn 1			
Cadbury Wholenut (50 g)	280	48	38
Kit Kat (50 g)	250	51	26
Barra Mars (62 g)	270	69	17
Cnónna Talún KP (25 g)	150	19	50
Roinn 2			
King Crisp (27 g)	150	50	40
Pop Corn (30 g)	140	59	22
Roinn 3			
Lucozade (300 g)	220	19	–
Polo mint (27 g)	100	97	–
Diet Coke (330 g)	1	–	–

I measc na mbianna sa chlár is é an bia i Roinn 1 an bia is fearr, de bhrí go bhfuil próitéiní, mianraí (cailciam, mar shampla) agus vitimíní ann chomh maith leis an bhfuinneamh. Tá na substaintí seo fíorthábhachtach do dhaoine óga atá ag fás. Mar sin tá an bia i Roinn 3 go dona mar nach bhfuil ann (de ghnáth) ach siúcra. Tá an bia i Roinn 2 níos fearr mar tá oiread éigin próitéiní, mianraí agus vitimíní ann, bíodh is nach bhfuil na próitéiní chomh maith leis an bpróitéin sa bhia i Roinn 1. Ba chóir go mbeadh béile iomlán ag gasúir, cosúil leis an mbéile sa bhosca thíos, trí huaire sa ló.

An lón is fearr ar scoil:
Ceapaire: arán donn, cáis/feoil/ubh, glasraí
Deoch: bainne, sú oráiste
Torthaí: úll, oráiste

▶ Comprehension 2

Ciarán calls by Micheál's house at midday.

Micheál An bhfuil ocras ort? Tá an lón réidh.

Ciarán Níl ocras mór orm. Cad atá agaibh?

Micheál Tá bradán úr againn.

Ciarán An-deas. Ba bhreá liom píosa bradáin.

Micheál An-mhaith. Tar isteach agus suigh chun boird.

a Does Ciarán stay for lunch?
b What is Micheál having for lunch?

Ba bhreá liom …	*I would love …*
chun boird	*at the table*

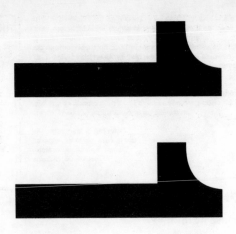

11

céard a chosnaíonn sé seo?

what does this cost?

In this unit you will learn
- the basic language for
  shopping, including how to
  express prices and to make
  comparisons

Céard a chosnaíonn sé?	What does it cost?
Cé mhéad?	How much?
Cé mhéad atá ar ...?	How much is ...?
Tabhair dom ...	Give me ...
An dtabharfá dom ...?	Would you give me ...?
Tá/teastaíonn ... uaim.	I want ...
An nglacann sibh le seiceanna?	Do you accept cheques?

▶ Dialogue 1

I siopa an ghrósaera (*in the grocer's shop*). The grocer, Liam, knows the customer well.

Liam Conas tá tú inniu, a Thomáis?

Tomás Go breá. Tá feabhas ar an aimsir.

Liam Níl sé ró-fhuar inniu.

Tomás An dtabharfá dom leathphunt bagúin agus dosaen uibheacha, más é do thoil é?

Liam Tá an bagún seo go deas. An bhfuil aon rud eile uait?

Tomás Céard a chosnaíonn an cháis seo?

Liam Dhá phunt caoga an punt.

Tomás Tabhair dom leathphunt, mar sin ... agus tá pionta bainne uaim freisin.

Liam Sin uile?

Tomás Is ea. Cé mhéad é sin?

Tá feabhas (m) ar an aimsir (f).	There is an improvement in (lit. on) the weather.
Níl sé ró-fhuar.	It's not too cold.
leathphunt (m) bagúin (m)	a half-pound of bacon (or ham)
dosaen (m) uibheacha (ubh (f) egg)	a dozen eggs
más é do thoil é	please (lit. if it is your will)
Tá an bagún (m) seo go deas.	This bacon is nice.
An bhfuil aon rud (m) eile uait?	Do you want anything else?
an cháis (f) seo?	this cheese?
Dhá phunt (m) caoga an punt.	Two pounds fifty a pound.
mar sin	so, therefore
Tá pionta (m) bainne (m) uaim.	I want a pint of milk.
Sin uile?	That's all?

True or false?

a Tá sé fuar amuigh.
b Ní theastaíonn cáis ó Thomás.
c Ceannaíonn sé lítear bainne.

▶ Dialogue 2

In the post office

Tomás	Cé mhéad a chosnaíonn sé cárta poist a chur go Meiriceá?
Síle	Daichead pingin.
Tomás	Tabhair dom dhá stampa daichead pingin mar sin, más é do thoil é, agus ceann tríocha pingin.

cárta (m) **poist** (m) **a chur go Meiriceá**	*to send a postcard to America*
daichead pingin (f)	*forty pence*
Dhá stampa daichead pingin.	*Two forty pence stamps.*
... agus ceann tríocha pingin.	*... and one for thirty pence.*

True or false?

a Cá bhfuil na daoine seo?
b Céard a theastaíonn ón gcustaiméir?

▶ Dialogue 3

Buying a cap. What size and colour does the customer want?

Aodh	Cé mhéad atá ar na caipíní sin san fhuinneog?
Siopadóir	Sé phunt déag. Cén uimhir a chaitheann tú?
Aodh	Uimhir a seacht, is dóigh liom.
Siopadóir	Cén dath atá uait?
Aodh	Liath, le do thoil. An bhféadfainn é a thriail orm?
Siopadóir	Cuir ort é. Tá scáthán thall ansin.
Aodh	Tá sé seo ró-bheag. An bhfuil ceann níos mó agat?
Siopadóir	Seo ceann seacht go leith. Bain triail as.
Aodh	Tá an ceann seo i gceart.
Siopadóir	An dteastaíonn aon rud eile uait?
Aodh	Ní theastaíonn, go raibh maith agat. An nglacann sibh le seiceanna?
Siopadóir	Glacaimid, agus fáilte.

na caipíní sin	*those caps*
caipín (m)	*cap*
sé phunt déag	*sixteen pounds*
Cén uimhir (f) **a chaitheann tú?**	*What size* (lit. *number*) *do you wear?*
Uimhir a seacht	*size (number) seven*
is dóigh liom	*I think* (lit. *it's likely with me*)
Cén dath atá uait?	*What colour do you want?*
Liath, le do thoil.	*Grey, please.*
An bhféadfainn é a thriail orm?	*Could I try it on (me)?*
Cuir ort é.	*Put it on.*
Tá scáthán thall ansin.	*There's a mirror over there.*
Tá sé seo ró-bheag.	*This is too small.*
An bhfuil ceann níos mó agat?	*Do you have a bigger one?*
Seo ceann seacht go leith.	*This is a seven and a half one.*
Bain triail as.	*Try it on (you).*
Tá an ceann seo i gceart.	*This one is right.* (lit. *In right*)
An dteastaíonn aon rud eile uait?	*Do you want anything else?*
ní theastaíonn	*I don't (want)*
Glacaimid, agus fáilte.	*We do (accept), gladly.* (lit. *with welcome*)

Questions

a An gcaitheann Aodh uimhir a naoi?

b An bhfuil an caipín ró-bheag?

c An nglacann an siopa le seiceanna?

Language notes

Quantities of food

bosca (m)	*box*	**mála** (m)	*bag*
buidéal (m)	*bottle*	**próca** (m)	*jar*
dosaen (m)	*dozen*	**punt** (m)	*pound*
canna (m)	*can*	**slios** (m)	*slice*
paicéad (m)	*packet*		

▶ Some of these come in halves also. **Leath** (*half*) causes lenition, so **leathdhosaen** (*half-dozen*), **leathphunt** (*half-pound*).

These require the genitive case (if the following noun has one):

im (m) *butter*	punt ime *a pound of butter*
cáis (f) *cheese*	leathphunt cáise *a half-pound of cheese*
uachtar (m) *cream*	pota uachtair *a tub of cream*
arán (m) *bread*	bollóg aráin *a loaf of bread*
	slios aráin *a slice of bread*
bagún (m) *bacon*	slios bagúin *a slice of bacon*

Note, however, the plural after **dosaen** in **dosaen uibheacha**, *a dozen eggs*.

Remember that nouns ending in **e** or **a** tend not to have a genitive case:

bainne (m) *milk*	pionta bainne *a pint of milk*
	lítear bainne *a litre of milk*
tae (m) *tea*	paicéad tae *a packet of tea*
siúcra (m) *sugar*	punt siúcra *a pound of sugar*

Grammar

1 *An dtabharfá ...?* (would you give ...?)

This is a polite form of request. The verb **tugann** (*gives*) is quite irregular, and this particular form is pronounced **un dúrfá** (in the south west), **un dórhá** (in the north), instead of the **un dowrfá** which one would expect from the spelling. The recipient is always indicated by the preposition **do** (*to*):

| An dtabharfá an litir seo **do** Mháire? | *Would you give this letter to Mary?* |

If the recipient is a pronoun (*me, you,* etc.) the appropriate personal form of **do** must be used. You have met some of these already. The full set is:

dom	*to me*	**dúinn**	*to us*
duit	*to you*	**daoibh**	*to you*
dó	*to him*	**dóibh**	*to them*
di	*to her*		

Some examples:

| An dtabharfá an litir seo **di**? | *Would you give her this letter?* |
| An dtabharfá pionta bainne **dom**? | *Would you give me a pint of milk?* |

2 *Tabhair dom ...* **Give me ...**

This is a less formal alternative to **an dtabharfá**. It is not by any means impolite, however, particularly if one adds **le do thoil** (*please*):

Tabhair an litir seo do Mháire.	*Give this letter to Mary.*
Tabhair pionta bainne **dom**, le do thoil.	*Give me a pint of milk, please.*

The personal forms of **do** (**dom, dúinn,** etc.) often come immediately after **tabhair**, especially if whatever is being sought takes several words to express:

Tabhair dom pionta bainne, le do thoil.	*Give me a pint of milk, please.*
Tabhair dom pionta bainne agus mála siúcra, le do thoil.	*Give me a pint of milk and a bag of sugar, please.*
Tabhair di an litir seo.	*Give her this letter.*

3 How to say 'I want ...'

There are two expressions, both of which involve the personal forms of **ó** (*from*). *I want a cup of tea* can be translated in either of the following ways:

Tá cupán tae uaim.	lit. *A cup of tea is from me.*
Teastaíonn cupán tae uaim.	lit. *A cup of tea is needed from me.*

As a literal translation suggests the second of these can also mean *I need a cup of tea.* Here are the personal forms of **ó**:

uaim	*from me*	**uainn**	*from us*
uait	*from you*	**uaibh**	*from you*
uaidh	*from him*	**uathu**	*from them*
uaithi	*from her*		

Here are some further examples, using both **teastaíonn ... ó** and **tá ... ó**:

Teastaíonn milseáin ó na leanaí.	*The children want sweets.*
An **dteastaíonn** aon rud eile **uait**?	*Do you want/need anything else?*

An **dteastaíonn** cabhair uaibh?	*Do you want/need help?*
Teastaíonn.	*I do (want).*
Ní **theastaíonn.**	*I don't (want).*
Teastaíonn mála siúcra uaim.	*I want a bag of sugar.*
Cad **atá uait?**	*What do you want?*
Céard eile **atá uait?**	*What else do you want?*
An bhfuil aon rud eile **uait?**	*Do you want anything else?*
Tá paicéad tae **uaim.**	*I want a packet of tea.*

The preposition ó (*from*) causes lenition:

Teastaíonn cupán tae ó Sheán.	*Seán wants a cup of tea.*

Clauses containing the verbal noun come after **uaim**, etc.:

Teastaíonn uaim labhairt leat.	*I want to speak to (lit. with) you.*
Teastaíonn uaim cóta a cheannach.	*I want to buy a coat.*

This verb can also be used in the progressive form:

Tá cupán tae ag teastáil uaim.	*I want a cup of tea.*
Tá cabhair ag teastáil uaim.	*I want/need (some) help.*

4 *Eile* (other, else), *uile* (all)

These must be distinguished carefully. **Eile** is used as follows:

Tabhair dom ceann **eile.**	*Give me another one.*
Beidh cupán **eile** agam.	*I'll have another cup.*
Céard **eile?**	*What else?*
rud **eile**	*another thing, something else*
Aon rud **eile?**	*Anything else?*

Uile has fewer uses. When placed before a noun it causes lenition:

Sin **uile.**	*That's all.*
gach **uile cheann**	*every single one*
gach **uile dhuine**	*every single person*

5 *Ceann* (head) in the sense of 'one'

This is used as follows:

Tá **ceann** eile uaim.   *I want another one.* (not *another head*!)

B'fhearr liom **ceann** nua. *I would prefer a new one.*

Ceann is used to count objects or animals (not people):

ceann amháin *one* (or *just one*)	**sé cinn** *six*
dhá cheann *two*	**seacht gcinn** *seven*
trí cinn *three*	**ocht gcinn** *eight*
ceithre cinn *four*	**naoi gcinn** *nine*
cúig cinn *five*	**deich gcinn** *ten*

The things counted can be specified using **de** (*of*), which requires lenition:

trí cinn de bha   *three cows* (lit. *three head of cattle*)

Note the following:

an ceann seo *this one*	**na cinn seo** *these ones*
an ceann sin *that one*	**na cinn sin** *those ones*

6 *Cé mhéad?* (how much?)

This involves a special form of the word **méid** (m) *amount* and can be used in a number of ways:

Cé mhéad é seo?   *How much is this?*

or

Cé mhéad a chosnaíonn sé seo? *How much does this cost?*

It is also possible to use **cad?/céard?** (*what?*) with **cosnaíonn** (*costs*):

Cad a **chosnaíonn** sé seo?   *What does this cost?*

There is another idiomatic construction along the lines of *How much (what) is on it?*:

Cé mhéad atá air?   *How much is it?*

Cad atá orthu seo?   *How much are these?*

7 Counting money

The euro (with its smaller denominatrion the cent) became the official currency of the Republic of Ireland in January 2002. Unlike ount pound and pingin penny, its forms do not undergo mutation or inflection:

deich euro   *ten euros*   **caoga cent**   *fifty cents*

The unit of currency in Northern Ireland is the pund sterling.

Punt is also a unit of weight, of course. Pounda and pence are counted as follows:

punt *a pound*	**pingin** *a penny*
dhá phunt *two pounds*	**dhá phingin** *two pence*
trí phunt *three pounds*	**trí pingine** *three pence*
ceithre phunt *four pounds*	**ceithre pingine** *four pence*
cúig phunt *five pounds*	**cúig pingine** *five pence*
sé phunt *six pounds*	**sé pingine** *six pence*
seacht bpunt *seven pounds*	**seacht bpingine** *seven pence*
ocht bpunt *eight pounds*	**ocht bpingine** *eight pence*
naoi bpunt *nine pounds*	**naoi bpingine** *nine pence*
deich bpunt *ten pounds*	**deich bpingine** *ten pence*
aon phunt déag *eleven pounds*	**aon phingin déag** *eleven pence*

Higher numbers do not present any additional difficulties:

cúig pingine déag *fifteen pence*   **fiche pingin** *twenty pence*
caoga punt *fifty pounds* or **leathchéad punt** lit. *half a hundred pounds*

8 *Ró-* (too)

This lenites consonants (except l, n, r):

daor *dear*	Tá sé seo **ró**dhaor.	*This is too dear.*
trom *heavy*	**ró**throm.	*too heavy.*
mór *big*	**ró**mhór.	*too big.*
beag *small*	**ró**bheag.	*too small.*
tirim *dry*	**ró**thirim.	*too dry.*
éadrom *light*	**ró**-éadrom.	*too light.*

9 Comparison of adjectives

You put **níos** (*more*) before a special form of the adjective:

mór *big*	Tá sé seo **níos** mó.	*This is bigger.*
beag *small*	Tá sé seo **níos** lú.	*This is smaller.*
maith *good*	Tá sé seo **níos** fearr.	*This is better.*
olc *bad*	Tá sé seo **níos** measa.	*This is worse.*
deas *nice*	Tá sé sin **níos** deise.	*That is nicer.*
saor *cheap*	Tá sé sin **níos** saoire.	*That is cheaper.*
daor *dear*	Tá sé sin **níos** daoire.	*That is dearer.*

Further examples:

An bhfuil ceann **níos** éadroime agat?

Do you have a lighter one?

Tá ceann **níos** fearr ag teastáil uaim.

I want a better one.

Teastaíonn carr **níos** lú uaim.

I want a small car

10 Some useful verbs

a Díolann (*sells*)

An ndíolann sibh stampaí?	*Do you sell stamps?*
An ndíolann sibh páipéir nuachta?	*Do you sell newspapers?*
An ndíolann sibh tobac?	*Do you sell tobacco?*
Díolaimid/Díolann.	*We do (sell).*
Ní dhíolaimid/Ní dhíolann.	*We don't (sell).*

b Glacann le (*accepts*)

An nglacann sibh le seiceanna?	*Do you take cheques?*
An nglacann sibh le cártaí creidmheasa?	*Do you take credit cards?*
Glacaimid/Glacann.	*We do (accept).*
Ní ghlacaimid/Ní ghlacann.	*We don't (accept).*

Practice

1 Tá Páid **ag dul ag** siopadóireacht.

siúcra	*bainne*	*tae*
piseanna	*im*	*arán*
12 uibheacha	*subh*	*uachtar reoite*

Cad a cheannaíonn sé?

a paicéad _____
   dosaen _____
   buidéal _____
   bloc _____
   mála _____
   canna _____

b **Bí cúramach!** (*Be careful!*) The following change the noun.

   bollóg _____
   próca _____
   punt _____

2 **Tá Liam ag caint leis an ngrósaeir.** (*Liam is talking to the grocer.*)

   Liam   Tabhair mála siúcra dom, le do thoil.
   Grósaeir   Seo duit. Céard eile?
   Liam   An dtabharfá buidéal bainne dom freisin.
   Grósaeir   Sin uile?
   Liam   Is ea, go raibh maith agat.

   a Practise this dialogue with these: i **canna piseanna +
      dosaen uibheacha**; ii **bollóg aráin + próca suibhe**.

   b Try it again, this time using **Tá … uaim** instead of
      Tabhair … dom and **An dtabharfá … dom**.

3 **Cé mhéad? Sa siopa éadaigh** – in the clothes shop

   Custaiméir   Cé mhéad atá ar an hata seo?
   Siopadóir   Ocht bpunt déag, caoga pingin.
   Custaiméir   An bhféadfainn ceann acu a thriail?
   Siopadóir   Cinnte.

   Make up similar conversations using the items below.

a

€60

b

€59.99

c    d

€25   €7.50

a cóta b seaicéad c geansaí d carbhat

4 Níos … Líon isteach na bearnaí.

Examples: Tá an hata seo rómhór. An bhfuil ceann níos (beag) agat? níos lú

a Tá an seaicéad seo ródhaor. An bhfuil ceann níos _____ agat?

b Tá an hata seo róbheag _____ _____ _____ ?

c Tá an cóta seo róthrom _____ _____ _____ ?

d Is fearr liom an ceann seo. Tá sé níos (deas).

Tá an _____ agus _____ _____ _____ ródhaor

5 Quantities

There are seven expressions of quantity concealed horizontally and five vertically:

```
s  o  r  p  a  i  c  é  a  d
p  a  b  o  s  c  a  r  b  o
s  m  o  t  p  u  n  t  u  s
m  á  l  a  r  e  n  p  i  l
n  o  l  í  o  t  a  r  d  i
a  d  o  s  a  e  n  ó  é  o
s  u  g  a  r  s  e  c  a  s
t  a  r  u  p  o  t  a  l  s
```

6 Match the quantity and the food/drink

How many combinations can you make? Watch out for changes in the form of some of the nouns:

braon	uisce
greim	arán
gloine	císte
slios	práta
píosa	bia
cúpla	tae
cupán	bagún
buidéal	fíon
bollóg	bainne

7 Tá sé ródhaor. Tá Aoife bheag sa siopa bréagán agus tá dhá phunt aici. (*Little Aoife is in the toyshop and has €2.*) Cad tá ag teastáil ó Aoife? (*What does she want?*)

Aoife   Tá an bhábóg sin an-deas.

Daidí   Níl ach dhá phunt agat. Tá sé ródhaor.

Aoife   Ach tá an bhábóg sin uaim, a Dhaidí!

Cad tá ródhaor? Níl ach €2 aici (*she has only €2*).

12
céard a rinne tú?
what did you do?

In this unit you will learn how to
- talk about past events
- talk about your work experience

▶ Dialogue

Liam asks a colleague, Cathal, how he spent the weekend.

Liam	Céard a rinne tú ag an deireadh seachtaine?
Cathal	Chuamar síos go Dúlainn, i gContae an Chláir.
Liam	Chaith mé seachtain ann cúpla bliain ó shin. Cár fhan sibh?
Cathal	Fuaireamar teach ar cíos in aice na trá.
Liam	Conas a bhí an aimsir?
Cathal	Bhí sé go breá. Thugamar na leanaí chun na trá Dé Sathairn agus chuamar ag tiomáint timpeall na háite maidin inné, tar éis an Aifrinn.
Liam	Tá cúpla bialann an-mhaith ann.
Cathal	Tá. D'itheamar dinnéar an-bhreá oíche Dé Sathairn, i mbialann éisc. Cá raibh tú féin?
Liam	D'fhan mise anseo. Bhí mé ag obair Dé Sathairn. Tháinig ordú tábhachtach isteach an lá roimhe sin.

Céard a rinne tú?	What did you do?
Chuamar síos go ...	We went down to ...
i nDúlainn	in Doolin
Cár fhan sibh?	Where did you stay?
fuaireamar	we got
ar cíos (m)	for rent
thugamar	we took
chun na trá (f)	to the beach
Chuamar ag tiomáint timpeall na háite.	We went driving around the place.
tar éis an Aifrinn (m)	after Mass
d'itheamar	we ate
bialann éisc	fish restaurant
d'fhan mise	I stayed
Tháinig ordú (m) **tábhachtach isteach.**	An important order came in.
roimhe sin	before that

True or false?

a D'fhan Cathal i dteach ósta.
b Bhí an aimsir go dona.
c D'ith sé béile deas ar an Satharn.

► Máirtín, a company executive, describes his training and career. Study the grammar section in this unit before attempting this.

(Secondary education) D'fhág mé an mheánscoil sa bhliain naoi déag ochtó a dó.

(Exam results, university) Fuair mé torthaí maithe san Ardteist agus dá bhrí sin chuaigh mé ar an ollscoil.

(Studies) Rinne mé staidéar ar chúrsaí gnó ansin.

(First job) Thosaigh mé ag obair do chomhlacht i gContae Lú i bhfómhar na bliana naoi déag ochtó a cúig, díreach tar éis na céime.

(Leaves and emigrates) D'fhan mé ansin ar feadh bliana agus ansin chuaigh mé go Meiriceá. Chaith mé trí bliana ansin.

(Additional diploma) Fad a bhí mé ag obair sna Stáit bhain mé teastas sa ríomhaireacht.

(Quits and comes home) D'éirigh mé as an bpost sin agus tháinig mé ar ais go hÉirinn.

(Job applications) Chuir mé isteach ar chúpla post anseo agust fuair mé tairiscint poist i nGaillimh. Ghlac mé leis sin agus tá mé ag obair ann ó shin.

(Marriage, buys house) Phós mé cúpla bliain ó shin agus cheannaíomar teach sa chathair anuraidh.

d'fhág mé	*I left*
meánscoil (f)	*secondary school*
ollscoil (f)	*university*
fuair me	*I got*
toradh (m)	*result*
dá bhrí sin	*therefore*
Rinne mé staidéar (m)	*I studied (lit. I did study)*
gnó (m)	*business*
thosaigh mé	*I began*
comhlacht (m)	*company*
tar éis na céime (f)	*after the degree (i.e. when I graduated)*
d'fhan mé	*I stayed*
chuaigh mé	*I went*
chaith mé	*I spent*
Bhain mé teastas (f).	*I obtained a diploma.*
d'éirigh mé as	*I quit, resigned from*
chuir mé isteach ar	*I applied for (lit. I put in for)*
tairiscint (f) **poist**	*a job offer*

ghlac mé leis sin ...	*I accepted that ...*
Phós mé.	*I got married.*
i nGaillimh	*in Galway*
Cheannaíomar teach (m).	*We bought a house.*
	(cheannaíomar = cheannaigh muid)
anuraidh	*last year*

True or false?

a Chuaigh Máirtín ar an ollscoil.

b Chaith sé dhá bhliain i Meiriceá.

c Tháinig sé ar ais go hÉirinn agus fuair sé post i nGaillimh.

Grammar

1 The past progressive

You have already met this way of referring to past events (Unit 4). The past progressive of a verb consists of **bhí + ag + verbal noun**:

> **Bhí** mé **ag** obair go dian inné.   *I was working hard yesterday.*

Ag + verbal noun can also be used after other verbs.

> Chuaigh mé **ag tiomáint.**   *I went driving.*
> Chaith mé an lá **ag siúl.**   *I spent the day walking.*

2 The simple past tense of Type 1 verbs

To find the simple past tense of a Type 1 verb remove **-(e)ann** from the present tense form, add lenition if the verb begins with a consonant or prefix **d'** if it begins with a vowel. Here are some examples:

pósann *marries*   Phós mé anuraidh. *I got married last year.*

cuireann *puts, sends*   Chuir mé litir abhaile. *I sent a letter home.*

caitheann *spends*   Chaith mé seachtain ann. *I spent a week there.*

buaileann le *meets*	Bhuail mé le hEibhlín. *I met Eileen.*
ceapann *thinks*	Sin é a cheap mé. *That's what I thought.*
tugann *gives*	Thug siad cabhair dom. *They gave me help.*
itheann *eats*	D'ith siad dinnéar. *They ate dinner.*
ólann *drinks*	D'ól muid deoch. *We had a drink.*

One verb makes its final consonant slender:

| siúlann *walks* | Shiúil mé abhaile. *I walked home.* |

Since lenition makes **f** silent (written **fh**) verbs beginning with **f** are treated as if they began with a vowel:

fanann *stays*	D'**fh**an sé istigh. *He stayed in.* (pron. **dan**)
fágann *leaves*	D'**fh**ág sé nóta. *He left a note.* (pron. **dág**)
féachann *looks*	D'**fh**éach siad orm. *They looked at me.* (pron. **déach**)

Lenition cannot always apply, of course:

| scríobhann *writes* | Scríobh mé litir. *I wrote a letter.* |
| leanann *follows* | Lean mé iad. *I followed them.* |

3 The simple past of Type 2 verbs

Remove **-(a)íonn** from the present tense and replace it with **-(a)igh** and then add lenition, or **d'** before a vowel. This **-(a)igh** is pronounced **í** except before a pronoun when it is pronounced **-a** or **-e**:

ceannaíonn *buys*	Cheanna**igh** mé carr nua. *I bought a new car.*
tosaíonn *starts*	Thosa**igh** mé in am. *I began on time.*
críochnaíonn *finishes*	Chríochna**igh** an rang. *The class finished.*
imíonn *departs*	D'imigh mé go luath. *I left early.*
éiríonn *gets up*	D'éirigh mé ag a hocht. *I got up at eight.*
athraíonn *changes*	D'athraigh an aimsir. *The weather changed.*

Compare the pronunciation of **-igh** in these:

D'imigh Síle abhaile. *Sheila left for home.* (pron. **dimí shíle**)
D'imigh sí ag a naoi. *She left at nine.* (pron. **dime shí**)

4 The ending -(e)amar (we)

In the Irish of Connacht and Ulster *we* is indicated by **muid**, e.g. **phós muid** (*we married*), **chuir muid** (*we put*), **d'imigh muid** (*we left*). However, in Munster, and in the standard written language, a special ending is used, so **phósamar** (*we married*), **chuireamar** (*we put*), **d'imíomar** (*we left*). You will recall that in the present tense there is also an ending meaning *we*, e.g. **téimid** (*we go*).

5 Using the past progressive and simple past

The past progressive form of the verb presents an action as being underway (in progress) over a period of time. (See Unit 4 for present progressive.) These Irish sentences and their English translations correspond both in form and meaning:

Bhí mé **ag ithe** mo dhinnéir.	*I was eating my dinner.*
Bhí mé **ag scríobh** cúpla litir.	*I was writing a couple of letters.*

The simple past just states that something happened:

D'ith mé mo dhinnéar.	*I ate my dinner.*
Scríobh mé cúpla litir.	*I wrote a couple of letters.*

6 The past tense of irregular verbs

Some verbs have past tense forms which differ greatly from the present tense:

déanann *does*	Rinne mé dearmad. *I made a mistake.*
tagann *comes*	Tháinig sé abhaile. *He came home.*
téann *goes*	Chuaigh sí ar ais. *She went back.*
faigheann *gets*	Fuair mé post. *I got a job.*
feiceann *sees*	Chonaic mé é sin. *I saw that.*
deireann *says*	Dúirt mé leo é. *I told it to them.*
cloiseann *hears*	Chuala siad ráfla. *They heard a rumour.*

See also Unit 13.

Munster Irish has simplified the verb 'to do'; the present is **deineann** (*does*) and the past is **dhein**. You may decide that these forms are easier.

7 Some expressions of time

These refer to specific periods of past time:

inné	*yesterday*
maidin inné	*yesterday morning*
tráthnóna inné	*yesterday evening*
aréir	*last night*
arú inné	*the day before yesterday*
arú aréir	*the night before last*
an tseachtain seo caite	*last week*
an mhí seo caite	*last month*
anuraidh	*last year*
an bhliain seo caite	*last year*

These adverbs are also useful:

ó shin	*since*
le déanaí	*lately*
fadó	*long ago*
fós	*yet*
cheana	*already* (pron. hana)
arís	*again*

Ar feadh (*for*) (a period of time) takes the genitive case:

seachtain *week*	ar feadh seachtaine *for a week*
mí *month*	ar feadh míosa *for a month*
bliain *year*	ar feadh bliana *for a year*

8 *Tar éis* (after)

This is followed by the genitive case:

dinnéar *dinner*	tar éis an dinnéir *after dinner*
lón *lunch*	tar éis an lóin *after lunch*
Aifreann *Mass*	tar éis an Aifrinn *after Mass*
céim *degree* (f)	tar éis na céime *after (getting) the degree*

It is also used with the verbal noun to refer to something which has just happened. Compare these:

Bhuail mé leo.	*I met them.*
Táim **tar éis** bualadh leo.	*I have just met them.*
D'éirigh sé.	*He has got up.*

Tá sé **tar éis** éirí.	*He has just got up.*
D'imigh sí.	*She left.*
Tá sí **tar éis** imeacht.	*She has just left.*

9 *Ar* (on) without lenition

In some set phrases **ar** is used without lenition:

ar muir is ar tír	*on sea and on land*
ar dualgas	*on duty*
ar cíos	*for rent*
ar díol	*for sale*
ar fáil	*available*
ar buile	*angry*
ar meisce	*drunk*
ar siúl	*taking place, underway*

Practice

1 **Seachtain Phádraigín – léigh an téacs thíos agus cuir na pictiúir san ord ceart** (read the text below and put the pictures in the correct order).

Dé Luain D'éirigh me go luath agus chuaigh mé go Londain ag a sé a chlog. Bhí cruinniú agam ag a naoi a chlog.

Dé Máirt D'fhill mé abhaile déanach sa tráthnóna. Bhí mé an-tuirseach.

Dé Céadaoin Scríobh mé cuntas ar an gcruinniú i Londain. D'oibrigh mé go dtí a hocht a chlog sa tráthnóna.

Déardaoin Thóg mé lá saor agus d'fhan mé sa bhaile. Ghlan mé an teach agus rinne mé roinnt oibre sa ghairdín.

Dé hAoine Bhí mé ar ais san oifig agus tháinig cuairteoir ón bhFrainc. Bhí cruinniú fada againn.

Dé Sathairn Bhí mé tuirseach agus chaith mé an mhaidin sa leaba.

Dé Domhnaigh Bhuail mé le cara dom agus d'itheamar lón an-deas i mbialann.

2 Find who did what

Léigh na dialanna seo agus pioc amach cé a rinne na rudaí seo a leanas (*study the diaries and find who did the following*):

Cé a:

a fuair rud éigin sa phost?
b cheannaigh rud éigin?
c scríobh rud éigin?
d d'éirigh go déanach?
e d'fhreastail ar rud éigin?
f tháinig abhaile déanach?
g bhí ag obair sa ghairdín?

Pádraig's diary

tráthnóna iontach – sa bhaile ag a 3.00 — Aoine 26

an - tuirseach. D'fhan mé sa leaba ar maidin — Satharn 27

litir chuig Breandán — Domhnach 28

Seosamh's diary

lón le Gearóid – ró-ghnóthach — Aoine 12

péire nua bróg – go deas — Satharn 13

litir ó Ghráinne – ag teacht Déardaoin — Domhnach 14

Orla's diary

Cárta poist ón bhFrainc – beidh Nathalie ag teacht — Aoine 29

lá deas – ag obair sa ghairdín — Satharn 30

ag ceolchoirm le Pól – an-mhaith — Domhnach 31

3 **Líon isteach na bearnaí**

   a Choose the appropriate verb from those supplied below
      and put it in the past tense.

   i _____ mé sa bhliain 1970.
   ii _____ mé tamall i Sasana.
   iii _____ mé le Peadar inné.
   iv _____ mé béile an-deas aréir.
   v _____ mé litir do Sheán.
   vi _____ mé an cárta sa phost.
   vii _____ mé nóta.

   caitheann/itheann/pósann/scríobhann/fágann/cuireann/
   buaileann

   b
   i _____ an choirm cheoil ag a hocht a chlog.
   ii _____ mé go luath maidin inné.
   iii _____ mé ag a seacht a chlog tráthnóna inné.
   iv _____ an aimsir inné.

   críochnaíonn/athraíonn/éiríonn/tosaíonn

   c
   i _____ sé abhaile ag an deireadh seachtaine.
   ii _____ sé post nua.
   iii _____ sí dearmad.
   iv _____ sé liom é.
   v _____ mé é sin.
   vi _____ siad ar ais go Sasana.

   téann/déanann/faigheann/tagann/deireann/cloiseann

4 Use the following grid about weekend activities to make up
   two more conversations similar to that between Eibhlís and
   Tríona: a Tríona agus Dara; b Tríona agus Orla.

	oíche Dé hAoine	Dé Sathairn	Dé Domhnaigh
Eibhlís	dioscó (Bhí Colm ann)	sa bhaile (tuirseach)	Brian (bláthanna)
Dara	na pictiúir (le Noel)	rothar nua	sa bhaile
Orla	sa bhaile	obair (oifig)	(císte deas)

Tríona	An raibh deireadh seachtaine deas agat?
Eibhlís	Bhí, chuaigh mé chuig dioscó oíche Dé hAoine agus bhuail mé le Colm ansin.
Tríona	Feicim. Agus céard a rinne tú Dé Sathairn?
Eibhlís	D'fhan mé sa bhaile Dé Sathairn. Bhí mé an-tuirseach. Ach tháinig Brian Dé Domhnaigh agus thug sé bláthanna dom.
Tríona	An-deas. Bhí deireadh seachtaine an-mhaith agatsa.

bláthanna   *flowers*

5 Put the items in these two lists in order from most recent to most distant:

a i   an tseachtain seo caite
   ii arú inné
   iii anuraidh
   iv inné
   v   an mhí seo caite

b i   arú aréir
   ii maidin inné
   iii aréir
   iv tráthnóna inné

13

ní fhaca mé thú le tamall
I haven't seen you for a while

In this unit you will learn how to
- comment further on past events
- form irregular verbs in the past tense

▶ Dialogue 1

Deirdre and Séamas meet and talk about a friend's recent lottery win.

Deirdre Conas tá tú, a Shéamais? Ní fhaca mé thú le tamall.

Séamas Tá áthas orm tú a fheiceáil. Aon scéal?

Deirdre Bhuaigh Treasa duais mhór sa Chrannchur Náisiúnta.

Séamas Ar bhuaigh? Níor chuala mé faoi sin in aon chor. An raibh tú ag caint léi?

Deirdre Ní raibh. A dearthair a dúirt liom é.

Séamas Céard a rinne sí leis an airgead?

Deirdre Cheannaigh sí carr di féin agus ceann dá muintir.

Séamas An ndearna? An-smaoineamh. Níor cheannaigh mise ticéad riamh. Céard fútsa?

Deirdre Ceannaím ceann gach seachtain, ach níor bhuaigh mé dada fós.

Ní fhaca mé thú.	*I haven't seen you.* (lit. *I didn't see you*)
Bhuaigh Treasa duais (f) **mhór.**	*Theresa (has) won a big prize.*
sa Chrannchur (m) **Náisiúnta**	*in the National Lottery*
Níor chuala mé.	*I didn't hear.*
a dúirt liom	*who told me*
agus ceann (m) **dá muintir** (f)	*and one for her parents*
An ndearna?	*Did (she)?*
Níor cheannaigh mise ticéad (m) **riamh.**	*I (have) never bought a ticket.*
Céard fútsa?	*What about you?*
Ceannaím ceann gach seachtain (f).	*I buy one every week.*
dada	*anything*

True or false?

a Bhuaigh Treasa an Lotto.

b Cheannaigh sí teach nua dá muintir.

c Ceannaíonn Deirdre ticéad anois is arís.

▶ Dialogue 2

A journalist interviews a young Irishman working in New York.

Iriseoir	Cathain a tháinig tú go Nua-Eabhrac?
Micheál	Trí bliana ó shin.
Iriseoir	Cén fáth ar fhág tú Éire?
Micheál	Níor éirigh liom post a fháil nuair a d'fhág mé an scoil.
Iriseoir	An ea? An ndearna tú an Ardteist?
Micheál	Rinne, ach ní dhearna mé rómhaith ann.
iriseoir	Tuigim. Ar chuir tú isteach ar mhórán postanna?
Micheál	Chuir mé isteach ar roinnt. Ach bhí fonn orm teacht anseo.
Iriseoir	An bhfuair tú post láithreach?
Micheál	Ní bhfuair. Thóg sé tamall uaim.
Iriseoir	Cén cineál oibre a fuair tú?
Micheál	Bhí mé ag obair i mbialann ar dtús. Níor fhan mé ann ach sé mhí.
Iriseoir	Agus ansin?
Micheál	Fuair mé post i ngaráiste ach níor thaitin sé liom.
Iriseoir	Nár thaitin? Cén fáth?
Micheál	Ní raibh an pá ró-mhaith.
Iriseoir	Ní raibh, is dócha. An ndeachaigh tú abhaile ó shin?
Micheál	Chuaigh mé ann ar feadh míosa anuraidh.
Iriseoir	Ar mhaith leat fanacht anseo?
Micheál	Níor mhaith. B'fhearr liom dul abhaile.

Cén fáth?	*Why?*
Níor éirigh liom post a fháil	*I didn't succeed to get a job*
An ndearna tú an Ardteist (f)?	*Did you do the Leaving Certificate?*
Rinne.	*I did.*
Ní dhearna mé ró-mhaith ann.	*I didn't do too well in it.*
Ar chuir tú isteach ar ...?	*Did you apply for ...?*
Bhí fonn (m) orm ...	*I was inclined ...*
Thóg sé tamall (m) uaim.	*It took me a while.*
ach sé mhí	*only six months*
Níor thaitin sé liom.	*I didn't like it.*
Nár thaitin?	*Didn't it (please you)?*
An ndeachaigh tú abhaile?	*Did you go home?*
ar feadh míosa (f)	*for a month*

Questions

a   Cén fáth ar tháinig Micheál go Nua-Eabhrac?
b   Cén cineál postanna a bhí aige ann?
c   Cathain a chuaigh sé ar ais go hÉirinn?

▶ Dialogue 3

Niamh   Cén mhí a théann tú ar do laethanta saoire?
Eibhlís   I Mí Iúil de ghnáth.
Niamh   Ó, an ea. Cá dtéann tú?
Eibhlís   Téim chun na Spáinne de ghnáth, ach chuaigh mé go Páras i mbliana.
Niamh   An ndeachaigh? Ní miste athrú anois is arís. Cár fhan tú?
Eibhlís   In óstán beag in aice le lár na cathrach.

laethanta (m) **saoire** (f)	*holidays*
i mbliana	*this year*
Cá dtéann tú?	*Where do you go?*
Ní miste athrú (m).	*A change is no harm.*
Cár fhan tú?	*Where did you stay?*
in aice le	*near, next to*
lár (m) **na cathrach** (f)	*the city centre*

Question

Cár fhan Eibhlís i bPáras?

Grammar

1 The past tense forms of *an*, *ní* and *nach*

There are distinct past tense forms of **ní** (negative), **an** (question) and **nach** (negative question); these end in **-r** and cause lenition (see also Unit 7):

	Negative	Question	Negative question
Present	ní	an	nach
Past	níor	ar	nár

Their use is shown in these examples:

Present	Buailim leis go minic.	*I meet him fairly often.*
	An mbuaileann tú léi?	*Do you meet her?*
	Ní bhuailim leo in aon chor.	*I don't meet them at all.*
	Nach mbuaileann tú leis?	*Don't you meet him?*
Past	Bhuail mé leis cheana.	*I (have) met him already.*
	Ar bhuail tú léi?	*Did you meet her?*
	Níor bhuail mé leo.	*I didn't met them.*
	Nár bhuail tú leis?	*Didn't you meet him?*

Compare the copula forms in **-r** in Unit 10, and see further in Unit 15.

2 Special forms of irregular verbs in the past tense

Verbs which are irregular in the past tense, e.g. **déanann** (*does*) and **rinne** (*did*), are even more irregular when preceded by **an**, **ní**, etc. They use the ordinary **an**, **ní**, **nach** instead of the past tense forms **ar**, **níor**, **nár**, and the verb takes a special 'dependent' form. You have already met this pattern with the past tense of **tá** (*is*). These combinations should be learned as units:

Bhí mé / *was*	**Rinne mé** / *did*
Ní raibh mé / *I wasn't*	**Ní dhearna mé** / *I didn't*
An raibh mé? *Was I?*	**An ndearna mé?** *Did I?*
Nach raibh mé? *Wasn't I?*	**Nach ndearna mé?** *Didn't I?*

Chuaigh mé / *went*	**Chonaic mé** / *saw*
Ní dheachaigh mé / *I didn't go*	**Ní fhaca mé** / *I didn't see*
An ndeachaigh mé? *Did I go?*	**An bhfaca mé?** *Did I see?*
Nach ndeachaigh mé? *Didn't I go?*	**Nach bhfaca mé?** *Didn't I see?*

Dúirt mé / *said*	**Fuair mé** / *got*
Ní dúirt mé / *I didn't say*	**Ní bhfuair mé** / *I didn't get*
An ndúirt mé? *Did I say?*	**An bhfuair mé?** *Did I get?*
Nach ndúirt mé? *Didn't I say?*	**Nach bhfuair mé?** *Didn't I get?*

Munster Irish has a simplified pattern for two of these verbs, which you may find convenient:

dhein *did*   níor/ar/nár dhein *didn't do*, etc.
chuaigh *went*   níor/ar/nár chuaigh *didn't go*, etc.

3 The past tense form of *cá* (where?)

Cá becomes **cár** before regular verbs in the past tense. (Compare **an** in Unit 7 and section 1 of this unit.)

> Cá bhfanann tú?   *Where do you stay?*
> Cár fhan tú?   *Where did you stay?*
> Cá n-imíonn an t-airgead? *Where does the money go?*
> Cár imigh an t-airgead?   *Where did the money go?*

Here again irregular verbs do not use the form with **-r**:

> Cá ndeachaigh tú?   *Where did you go?*
> Cá bhfuair tú é sin?   *Where did you get that?*

4 Type 1 verbs in final vowel

Type 1 verbs which end in a consonant take no ending in the past tense, for instance **pósann** (*marries*), **phós** (*married*). However those which end in a vowel add **-igh**, like Type 2.

suíonn *sits*   Shuigh mé síos. *I sat down.* (pron. hí)
buann *wins*   Bhuaigh sé duais. *He won a prize.* (pron. vua)
léann *reads*   Níor léigh mé é. *I didn't read it.* (pron. lé)

5 *Taitníonn* (pleases) in the past tense

When **-íonn** is removed to form the past tense of this verb, an **i** is inserted between the consonants. Compare:

> Taitníonn sé liom.   *I enjoy it.* (lit. *It pleases with me*)
> Thaitin sé liom   *I enjoyed it.*

Two other verbs which follow this pattern are **imríonn** (*plays*) and **cosnaíonn** (*costs*):

> D'imir mé cluiche gailf inné.   *I played a game of golf yesterday.*
> An méid a chosain sé orm.   *The amount it cost me.*

6 Using *thú* for *tú* 'you'

Tú usually becomes **thú** when it is the object of a verb:

Ní fhaca mé thú.	*I didn't see you.*
Ní chloisim thú.	*I can't hear you.*
Feicim anois thú.	*I see you now.*

7 The past tense used instead of the perfect

The past tense is often used in Irish where the perfect would be required in English, especially when referring to individual experiences in the past:

Chonaic mé an scannán sin.	*I have seen* (lit. *I saw*) *that film.*
Chuala mé é sin.	*I have heard* (lit. *I heard*) *that.*

When the Irish past tense corresponds to the English perfect it is often accompanied by adverbs such as **cheana** (*already*), **riamh** (*never*):

Ní fhaca mé thú le tamall.	*I haven't seen you for some time.*
Níor léigh mé riamh é.	*I have never read it.*
Bhuail mé leo cheana.	*I have already met them.*
Níor bhuail mé riamh léi.	*I have never met her.*
Níor chaith mé tobac riamh.	*I have never smoked.*

8 Verbal noun clauses

These correspond to the English infinitive (the form of the verb preceded by *to*, e.g. *to buy*). When there is no direct object the word order is the same as in English:

Ar mhaith leat	**fanacht** anseo?	*Would you like*	*to stay here?*
	bualadh le Seán?		*to meet Seán?*
	teacht linn?		*to come with us?*
	bheith pósta?		*to be married?*
Tá áthas orm	**bheith** anseo.	*I am pleased*	*to be here.*
	bualadh leat.		*to meet you.*
	cabhrú leat.		*to help you.*
Tá fonn orm	**dul** abhaile.	*I am inclined*	*to go home.*
	imeacht.		*to leave.*
	éirí as.		*to give up.*

When there is a direct object the order is quite different: *I am pleased to see you* becomes lit. *I am pleased you to see*. Notice the lenition after **a**.

Tá áthas orm tú a fheiceáil	*I am pleased to see you.*
Tá fonn orm post a fháil.	*I am anxious to get a job.*
Ba mhaith liom post a fháil.	*I would like to get a job.*
teach a cheannach.	*to buy a house.*
é a thriail.	*to try it.*
greim a ithe.	*to eat a bite.*
braon tae a ól.	*to drink a drop of tea.*

9 *Ní … ach* (only)

There is no single word for *only* in Irish and the sentence must be made negative. Compare the following.

Chaith mé seachtain ann.	*I spent a week there.*
Níor chaith mé ann ach seachtain.	*I only spent a week there.* (lit. *I didn't spend there but a week*)
Cheannaigh mé ceann amháin.	*I bought one.*
Níor cheannaigh mé ach ceann amháin.	*I only bought one.*

10 *Dá* (to his, to her)

You will recall that *his* is **a** + lenition and *her* is **a** without lenition. A preposition ending with a vowel is separated from these with an **n**. Compare these:

ag + a	Tá carr ag a bhean.	*His wife has a car.*
le + a	Bhí mé ag caint lena mac.	*I was talking to her son.*

However **do** (*to, for*) + **a** (*his/her*) becomes **dá**:

Thug sé **dá** bhean é.	*He gave it to his wife.*
Cheannaigh sí **dá** mac é.	*She bought it for her son.*

11 *Go* and *chun* (to) with place names

Go is used before place names without **an** (*the*):

Páras *Paris*	Chuaigh mé **go** Páras. *I went to Paris.*
Sasana *England*	Chuaigh mé **go** Sasana. *I went to England.*
Londain *London*	Chuaigh mé **go** Londain. *I went to London.*
Nua-Eabhrac *New York*	Chuaigh mé **go** Nua-Eabhrac. *I went to New York.*

If the destination begins with **an** (*the*) you must use **chun**, which requires the genitive case.

An Fhrainc *France*	Chuamar **chun** na Fraince.	*We went to France.*
An Spáinn *Spain*	Chuamar **chun** na Spáinne.	*We went to Spain.*
An Róimh *Rome*	Chuamar **chun** na Róimhe.	*We went to Rome.*

Chun is used in various other expressions:

suí chun boird	*to sit down at table*
dul chun na trá	*to go to the beach*

12 *Ní miste* That's no harm

This is used to convey the idea of *it would be as well to, it would be no harm*:

Ní miste sin.	*That's no harm/not a bad idea.*

It is often followed by a verbal noun clause:

Ní miste é a dhéanamh.	*It is as well to do it.*
Ní miste é a rá.	*It is no harm to say it.*

Other forms of the copula are also used with **miste**:

Ar mhiste labhairt leo?	*Would it be as well to speak to them?*
Níor mhiste smaoineamh air.	*It would be no harm to think of it.*

Practice

1 Líon isteach na bearnaí.

Complete the question with the correct form of the verb and echo the verb in the answer:

Example:

Ar _____ tú an litir sa phost? Freagra: Chuir.

a (caitheann)

Ar _____ tú tobac riamh?

b (fanann)

Ar _____ tú sa leaba maidin Dé Sathairn?

c (tugann cuairt ar)

Ar _____ tú cuairt ar Mháireád le déanaí?

d (féachann/taitníonn)

Ar _____ tú ar an gcoirm cheoil ar an teilifís aréir?

Ar _____ sé leat?

---

tugann cuairt ar *visits*   **ceolchoirm oirm cheoil** *concert*

---

2 Ar/An? Put **ar** or **an** in the question and write out the appropriate response with the correct form of the verb:

a (itheann)

_____ ith tú bricfeasta maith ar maidin?

b (fágann)

_____ fhág sibh an teach go luath ar maidin?

c (déanann)

_____ ndearna tú dearmad (*forgetting*) ar do hata?

d (faigheann)

_____ bhfuair tú na ticéid?

e (téann)

_____ ndeachaigh tú ann?

3 Answer in the negative.

Example: Ar chuir tú an litir sa phost? Níor chuir.

a Ar bhuail tú le Peadar fós?

b Ar éirigh tú go luath ar maidin?

c Ar ól tú uisce beatha riamh?

d Ar tháinig Séamas fós?

e   An bhfuair tú an seic fós?

f   An ndearna tú dearmad ar an leabhar?

g   An ndeachaigh tú go Luimneach inné?

4   Insert the appropriate forms of **feiceann**:

a   An _____ tú Pádraig le déanaí?
    _____ . Bhí sé anseo inné.

b   An bhfaca tú Máire agus Siobhán?
    Ní _____ mé duine ar bith.

5   **Cuir Nuala i gcomparáid le hEoghan** (*compare Nuala's and Eoghan's day*). Change the verbs to the past tense.

Example: (éiríonn) _____ Nuala ag a seacht a chlog ach _____ _____ Eoghan go dtí leath i ndiaidh a seacht. (*Nuala (gets up) at seven o'clock but Eoghan (doesn't) get up until half past seven.*) This becomes: D'éirigh Nuala ag a seacht a chlog ach níor éirigh Eoghan go dtí leath i ndiaidh a seacht.

a   (itheann) – _____ Nuala bricfeasta maith ach _____ _____ Eoghan aon bhricfeasta.

b   (fágann) – _____ Nuala an teach ag a hocht a chlog ach _____ _____ Eoghan go dtí a naoi a chlog.

c   (tosaíonn) – _____ Nuala ag obair ag ceathrú chun a naoi ach _____ _____ Eoghan go dtí a deich a chlog.

d   (téann) – _____ Nuala abhaile ag a sé a chlog ach _____ _____ Eoghan abhaile go dtí a seacht a chlog.

e   (déanann) – _____ Nuala dinnéar deas sa tráthnona ach _____ _____ Eoghan dinnéar ar bith.

f   (faigheann) – _____ Nuala glaoch teileafóin sa tráthona ach _____ _____ Eoghan glaoch ar bith.

6   Complete the conversations as in the model.

Example: (buann = *wins*)
Statement: Bhí mé ag imirt peile inné.
Question: **Ar bhuaigh sibh?**
Response: **Bhuaigh.**

a   (tagann)   Tá Siobhán anseo anois.
    _____ _____ sí le Diarmaid?
    _____

b   (imíonn)   Níor fhan muid ródhéanach aréir.
    _____ _____ sibh roimh mheán oíche?
    _____

c (**faigheann**) Beidh lá breithe Sheáin ann amárach.
An _____ tú bronntanas do?
_____

d (**déanann**) Ní fheicim mo scáth fearthainne in áit ar bith.
_____ _____ tú dearmad air arís?
_____ , is dócha.

7 Make short conversations like the following:

- An ndeachaigh tú chuig an taispeántas inné?
- Chuaigh.
- Ar thaitin sé leat?
- Thaitin.

taispeántas	*exhibition*

Now use these:

a dioscó
b ag siúl (*walking*)
c an léacht (*lecture*)
d an cluiche peile (*football match*)

8 Join up these to make complete utterances and then match each with one of the functions listed.

Ar mhaith leat – dul abhaile.
Tá áthas orm – post a fháil.
Tá fonn orm – bualadh leat.
Ba mhaith liom – teacht linn?

a expressing inclination
b response when introduced to someone
c inviting
d expressing desire

9 Say where you (pl.) went.

Chuamar

a Páras
b An Fhrainc
c Sasana
d An Spáinn
e Gaillimh

14

tá mé ag foghlaim Gaeilge le dhá bhliain anuas

I have been learning Irish for the past two years

In this unit you will learn how to
- talk about your progress in learning Irish
- cope when you are stuck for a word, or when people talk too quickly

Here are some conversations between Irish speakers (**Gaeilgeoirí**) and people who are learning the language (**foghlaimeoirí**).

▶ Dialogue 1

Gaeilgeoir	Conas tá ag éirí leat sa Ghaeilge?
Foghlaimeoir	Réasúnta maith, ach tá sé mall go leor.
Gaeilgeoir	Cén fhad atá tú á foghlaim?
Foghlaimeoir	Le dhá bhliain anuas.
Gaeilgeoir	Cad é an rud is deacra sa Ghaeilge?
Foghlaimeoir	Tá an litriú deacair go leor agus tá an séimhiú agus an t-urú measartha deacair freisin.
Gaeilgeoir	Agus cad é an rud is fusa?
Foghlaimeoir	Níl aon rud an-fhurasta, i ndáiríre. Bíonn ort oibriú go dian chun teanga a fhoghlaim.

réasúnta, measartha	*fairly*
Cén fhad atá tú á foghlaim?	*How long are you learning it?*
le dhá bhliain (f) anuas	*for the past two years*
Cad é an rud is deacra/fusa?	*What is the most difficult/easy thing?*
litriú (m)	*spelling*
go dian	*hard*
furasta	*easy*
Bíonn ort ...	*You have to ...*
chun teanga (f) **a fhoghlaim**	*in order to learn a language*

True or false?

a Tá an duine seo ag foghlaim Gaeilge le bliain anuas.

b Tá ag éirí go maith leis sa Ghaeilge.

▶ Dialogue 2

Gaeilgeoir	Conas tá an cúrsa ag teacht ar aghaidh?
Foghlaimeoir	Go han-mhaith. Tá mé an-sásta leis.
Gaeilgeoir	Cén múinteoir atá agat?
Foghlaimeoir	Bíonn beirt mhúinteoirí againn. Is é Seán Ó Néill a bhíonn againn ar maidin agus is í Caitlín Ní Bhriain a bhíonn againn tar éis lóin.
Gaeilgeoir	Tá neart Gaeilge agat. Tá tú ag déanamh go han-mhaith.

ag teacht ar aghaidh	*coming along, progressing*
neart	*plenty* (lit. *strength*)
ag déanamh go han-mhaith	*doing very well*

True or false?

a Tá an foghlaimeoir mí-shásta (*dissatisfied*) leis an gcúrsa.

b Bíonn an múinteoir céanna (*same*) ag an bhfoghlaimeoir an t-am ar fad (*all the time*).

▶ Dialogue 3

Foghlaimeoir Tá sé go breá ar maidin.

Gaeilgeoir Tá, ach ní féidir bheith ag brath air. Tá ceobhrán fógraithe i gcomhair an tráthnona.

Foghlaimeoir Tá brón orm. Níor thuig mé é sin. Cad tá fógraithe?

Gaeilgeoir Ceobhrán.

Foghlaimeoir Cén rud é sin?

Gaeilgeoir Ní bhíonn sé chomh trom le báisteach. *Mist* an focal Béarla air.

Ní féidir bheith ag brath air.	*You can't depend on it.*
fógraithe	*announced, predicted*
níor thuig mé	*I didn't understand*
chomh trom le	*heavy as*

Question

Cén rud nár thuig an foghlaimeoir?

Some useful phrases

Conas a deireann tú … as Gaeilge?	*How do you say … in Irish?*
Conas a litríonn tú …?	*How do you spell …?*
Cad é an Ghaeilge ar …?	*What is the Irish for …?*
Cad é an focal Gaeilge ar …?	*What is the Irish word for …?*
An bhféadfá labhairt níos moille?	*Could you speak more slowly?*
An bhféadfá é sin a rá arís?	*Could you say that again?*
An bhféadfá é a rá go mall?	*Could you say it slowly?*

An bhfuil Gaeilge agat?	*Do you know* (lit. *have*) *Irish.*
Tá beagán Gaeilge agam.	*I know some Irish.*
Níl ach beagán Gaeilge agam.	*I only know some Irish.*
Labhrann siad róthapa.	*They speak too fast.*
Tuigim rudaí áirithe.	*I understand certain things.*
Ní thuigim thú/é sin.	*I don't understand you/that.*
Tuigim anois.	*I understand now.*

Some advice

Mac léinn Cad é an tslí is fearr chun staidéar a dhéanamh ar theanga?

Léachtóir Tá rudaí áirithe níos tábhachtaí ná rudaí eile. Tá cruinneas tábhachtach ach is í an líofacht an rud is tábhachtaí. Is é an rud is tábhachtaí ar fad, b'fhéidir, ná an stór focal. Mura bhfuil focail ar eolas agat ní féidir leat mórán a rá.

slí (f)	*way, method*
staidéar (m) **a dhéanamh ar**	*to study*
tábhachtach	*important*
cruinneas (m)	*accuracy* (**cruinn** *accurate*)
stór (m) **focal** (m)	*vocabulary* (lit. *store of words*)
tá ar eolas (m) **ag**	*knows*
mura	*if not*

Questions

a An aontaíonn tusa leis an gcomhairle seo? (aontaíonn le = *agrees with*)

b Cad é an tslí is fearr chun teanga a fhoghlaim, dar leatsa?

▶ How I learnt Irish

Tá mé ag foghlaim Gaeilge le beagnach trí bliana anuas. Rinne mé cúrsa de chuid Ghael Linn ar dtús i mBaile Átha Cliath, agus d'éirigh go maith liom ansin. 'Tús maith leath na hoibre', mar a deir an seanfhocal. Ina theannta sin chaith mé coicís ar chúrsa sa Ghaeltacht anuraidh. Is iad na rudaí is mó a thaitníonn liom ná léitheoireacht, bheith ag féachaint ar fhístéipeanna agus páirt a ghlacadh i ndrámaí.

cúrsa de chuid	a course organized by
'Tús (m) maith leath (m) na hoibre (f).'	'A good beginning (is) half the work.'
ina theannta sin	along with that (i dteannta = accompanying)
is iad na rudaí (m) ... ná.	The things ... namely.
páirt (f) a ghlacadh	taking part, to take part
ag féachaint ar fhístéipeanna	watching videos

Questions

a Cé mhéad ama a chaith an foghlaimeoir seo sa Ghaeltacht?

b Céard iad na rudaí is mó a thaitníonn leis?

Grammar

1 How to say 'the easiest thing', 'the most difficult thing', etc.

These become *the thing which is most easy/difficult* in Irish:

furasta *easy*   an rud is **fusa** *the easiest thing*
deacair *difficult*   an rud is **deacra** *the most difficult thing*

The copula form is can mean either *is* or *which is* according to context. Compare these:

Is deacair é a dhéanamh.   *It is difficult to do it.* (é = it)
Sin an rud **is** deacra a   *That is the most difficult*
dhéanamh.   *thing to do.*

On page 163 you met the special adjectival forms needed here in another context. Recall that the most common procedure is to add e (which makes a broad consonant slender). Adjectives ending in a vowel are not usually affected. The most common adjectives tend to be irregular:

saor *cheap*	Sin an ceann is	saoire	*That is the*	*cheapest one.*
daor *dear*		daoire.		*dearest.*
deas *nice*		deise.		*nicest.*
maith *good*		fearr.		*best.*
dona *bad*		measa.		*worst.*
mór *big*		mó.		*biggest.*
beag *small*		lú.		*smallest.*
fada *long*		faide.		*longest.*
gearr *short*		giorra.		*shortest.*

2 *Is é … ná*

Note the construction of these sentences. **Is** is pronounced **ish** before **é, í, iad, ea**:

Is é an rud a chonaic mé **ná** capall.	*What I saw was a horse.*
Is é an duine a bhí ag caint liom **ná** Liam.	*The person who was talking to me was Liam.*

This construction can also be used to express preferences:

Is é an spórt is fearr liom **ná** peil.	*The sport I like best is football.*
Is é an ceol is fearr liom **ná** jazz.	*The music I like best is jazz.*
Is é an rud is fearr liom **ná** luí faoin ngrian.	*What I like best is to lie under the sun.*
Is é an tslí is fearr liom teanga a fhoghlaim **ná** bheith ag éisteacht le téipeanna.	*My favourite way of learning a language is listening to tapes. (lit. to be listening)*

3 *Tá orm/Bíonn orm* (I must, I have to)

Tá ar (*has to*) refers to the moment of speaking alone:

Tá orm dul abhaile.	*I have to go home (now).*
Tá orthu imeacht.	*They have to leave (now).*

Bíonn ar refers to recurrent situations.

Bíonn orm éirí go luath.	*I have to get up early (always).*
Bíonn orm mórán staidéir a dhéanamh.	*I have to do a lot of study.*
Bíonn orthu fanacht istigh san oíche.	*They have to stay in at night.*

The past tense is **bhí ar** (*had to*):

Bhí orm bheith istigh go luath.	*I had to be in early.*
Bhí orainn dul abhaile.	*We had to go home.*

4 Another use of *is*

You learnt in Unit 2 that **is** can be used to classify a person by occupation or nationality, e.g. **Is múinteoir í Máire** (*Mary is a teacher*). It can also be used to identify who fulfills a particular role, e.g. *Mary is the/my teacher*. The order of words will then be: **Is** + pronoun referring to person + person's name + role:

Is í Máire an múinteoir ceoil.	*Mary is the music teacher.*
Is í Niamh an múinteoir Fraincise.	*Niamh is the French teacher.*
Ní hí Máire an múinteoir Fraincise.	*Mary is not the French teacher.*
Is é Brian an múinteoir staire.	*Brian is the history teacher.*
Is é Seán an múinteoir a bhíonn againn ar maidin.	*Seán is our teacher in the morning.*
Ba é Liam an múinteoir spóirt.	*Liam was the sports teacher.*

5 Pronouns as object of the verbal noun

The object of the verbal noun comes immediately after it, and is put in the genitive case if it has one:

> Tá siad ag ceannach tí. *They are buying a house.* (**teach** (m) *house*)

However, if you want to say *they are buying it* it is not possible simply to put the pronoun **é** *it* after the verbal noun. Instead **do** + possessive pronoun is put before the verbal noun (and the construction means *they are to its buying*):

> Tá siad dá cheannach. *They are buying it.* (**dá** = **do** + **a** *his*, *its*)

The fused form **dá** from **do** + **a** is commonly reduced to **á** in speech and this shortened form is now given preference in the Official Standard. We use it here.

The full set of pronoun objects may conveniently be shown with the verbal noun **crá** *annoying*.

Tá siad do mo chrá.	*They are annoying me.*
Tá siad do do chrá.	*They are annoying you.*
Tá siad á chrá.	*They are annoying him.* (**á** = **do** + **a**)

Tá siad á crá.	*They are annoying her.* (á = do + a)
Tá siad dár gcrá.	*They are annoying us.* (dár = do + ár)
Tá siad do bhur gcrá.	*They are annoying you.*
Tá siad á gcrá.	*They are annoying them.* (á = do + a)

Notice that the vowels of **mo** and **do** are dropped before a vowel, as usual:

Níl siad do m'íoc.	*They aren't paying me.*
An bhfuil siad do d'íoc?	*Are they paying you?*

Notice that **á** is followed by whatever mutation is required by the gender of the noun. Compare:

Masculine noun	Tá mé ag déanamh císte.	*I am making a cake.*
(á + lenition)	Tá mé á dhéanamh.	*I am making it.*
Feminine noun	Tá mé ag foghlaim Gaeilge.	*I am learning Irish.*
(no lenition)	Tá mé á foghlaim.	*I am learning it.*
Plural noun	Tá mé ag ceannach úll.	*I am buying apples.*
(á + eclipsis)	Tá mé á gceannach.	*I am buying them.*

In this last example, **úll** (*apple*) is the basic form with plural meaning in this particular construction (and traditionally called genitive plural in this context). The sentence literally means '*I am at the buying of apples*'. You will meet this again in Unit 17.

6 How to say 'I know'

A number of different expressions are used, one for knowing a person and others for knowing a language or a point of information.

Tá aithne agam ar Sheán.	*I know John.* (lit. *I have acquaintance on John*)
Tá eolas agam ar chúrsaí dlí.	*I know something about legal matters.* (lit. *I have information on legal matters*)
Tá Gaeilge agam.	*I know* (lit. *have*) *Irish.*
Tá a fhios agam faoi sin.	*I know about that.*

Tá a fhios sin agam.	*I know that.*
Tá sé sin ar eolas agam.	*I am aware of that.* (lit. *I have that on knowledge*)

Practice

1 **a** Cé acu an líne is faide/is giorra?

A ——————————————————⟩

B ——————————————————

Is fíor/ní fíor?

Is í líne A an ceann is faide.
Is í líne B an ceann is giorra.

b Cé acu an ceann is mó/is lú?

a

b

c

Is í cearnóg _____ an ceann is _____ .
Is í cearnóg _____ an ceann is _____ .

c Cé acu an ceann is saoire/is daoire?

Is é rothar _____ an ceann is _____.
Is é rothar _____ an ceann is _____.

a   b   c

€280   €250   €290

2 Transform the sentences as in this example:

Tá sé go deas → Sin an ceann is deise. *It is nice → That is the nicest one.*

a Tá sé go maith.
b Tá sé go dona.
c Tá sé furasta.
d Tá sé deacair.

3 Using **ná**. Cuir iad seo san ord ceart.

a an rud / a cheannaigh mé / ná / Is é / gúna dearg
b Tomás / Is é / ná / a chonaic mé / an duine
c is fearr liom / an teanga / ná / Is í / an Ghaeilge

▶ **4** Complete the dialogues:

a

Gaeilgeoir	An bhfuil mórán Gaeilge agat?
Foghlaimeoir	*(is learning Irish)*
Gaeilgeoir	Cén fhad atá tú á foghlaim?
Foghlaimeoir	*(six months)*
Gaeilgeoir	Conas tá ag éirí leat?
Foghlaimeoir	*(very well)*

b

Gaeilgeoir	*(asks how learner is getting on)*
Foghlaimeoir	*(fairly well – has a little Irish)*
Gaeilgeoir	*(asks what learner finds most difficult)*
Foghlaimeoir	*(spelling fairly difficult; vocabulary also)*
Gaeilgeoir	*(asks who the teacher is)*
Foghlaimeoir	*(Nuala Ní Bhriain in the mornings; Séamas Ó Cathail in the afternoons)*

5 Críochnaigh na habairtí seo (*complete these sentences*):

Is é an tslí is fearr chun:

a focail a fhoghlaim ná …
b líofacht a fháil ná …
c Gaeilge a fhoghlaim ná …
d Gaeilge a chloisint ná …

---

bheith ag caint	dul chuig an nGaeltacht
bheith ag éisteacht le téipeanna	bheith ag léamh

6 Bíonn orm (I have to)

Críochnaigh na habairtí seo:

a Nuair a bhíonn tuirse orm sa tráthnóna, bíonn orm …
b Nuair a bhíonn tinneas fiacaile orm, bíonn orm …
c Nuair a bhíonn a lán oibre le déanamh agam, bíonn orm …
d Nuair nach mbíonn pingin agam, bíonn orm …
e Nuair a bhíonn deacrachtaí agam leis an ríomhaire, bíonn orm …

dul chuig an bhfiaclóir	iasacht airgid a fháil
dul a chodladh go luath	fanacht san oifig déanach
cabhair a fháil	

deacracht (f)	*difficulty*
ríomhaire (m)	*computer*
cabhair (f)	*help*
a lán	*a lot (of)*

7 Transform the sentences below, following this example:

Tá mé ag déanamh císte (m) → **Tá mé á dhéanamh.**

a Tá mé ag ceannach an nuachtáin (m) → Tá mé _____ .
b Tá mé ag déanamh suibhe (f) → Tá mé _____ .
c Tá mé ag cur bronntanais (m) sa phost → Tá mé _____ sa phost.
d Tá mé ag cur litreach (f) sa phost → Tá mé _____ sa phost.
e Tá mé ag foghlaim focal nua → Tá mé _____ .
f Tá mé ag díol leabhar → Tá mé _____ .

subh (f)	*jam*
ag díol leabhar	*selling books*
bronntanas	*present*
ag foghlaim focal	*learning words*

8 Self-assessment:
   Conas tá ag éirí leat?

	Go han-mhaith	Réasúnta maith	Go dona
Labhairt			
Tuiscint			
Léamh			
Scríobh			
Gramadach			
Stór focal			
Fuaimniú			

labhairt	*speaking*
stór focal	*vocabulary*
fuaimniú	*pronunciation*
réasúnta	*reasonably*

Comprehension

This is an extract from a brochure on Irish courses. To whom
are these courses of interest?

Cúrsa Coicíse do Mhúinteoirí Bunscoile/Meánscoile
Iúil 20–31 1993

Cúrsa d'Fhoghlaimeoirí Gaeilge ó Thíortha Eile
Iúil 17 – Lúnasa 14 1993

Bróisiúir agus Eolas le fáil ó:
Áras Mháirtín Uí Chadhain,
An Cheathrú Rua,
Co. na Gaillimhe
091–95101/95038 Facs: 091–95041

(*From: Saol,* Aibreán, 1992)

tá mé ag foghlaim Gaeilge
le dhá bhlian anuas **14**

15

rugadh i gCorcaigh mé

I was born in Cork

In this unit you will learn how to
- describe past events, including people's life histories

Rugadh mé.	I was born.
Tógadh mé.	I was brought up.
D'fhreastail mé ar …	I attended …
Bronnadh céim orm.	I was awarded a degree.

▶ Dialogue 1

This is part of an interview for a job in **Raidió na Gaeltachta**. The applicant, Eibhlín, is being asked about her childhood and education.

Ceist Cad as duit?

Eibhlín Rugadh i gCorcaigh mé ach tógadh i Luimneach mé. Is ann a chuaigh mé ar scoil.

Ceist Agus d'fhreastail tú ar an ollscoil i Luimneach, nach ndearna?

Eibhlín D'fhreastail.

Ceist Cén chéim a bhain tú amach?

Eibhlín Bronnadh BA orm trí bliana ó shin.

tógadh … mé.	I was brought up.
Is ann.	It's there.
d'fhreastail tú ar an ollscoil (f)	you attended university
Cén chéim (f) a bhain tú amach?	What degree did you obtain?
Bronnadh BA orm.	I was awarded a BA.

Questions

a Cá rugadh Eibhlín agus cár tógadh í?
b Cathain a bronnadh a BA uirthi?

▶ Dialogue 2

A **garda** (*policeman*) questions a woman whose garden shed has been broken into.

Garda Cén t-am a thit sé seo amach?

Bean Timpeall a haon a chlog ar maidin.

Garda Conas a thug tú faoi deara é?

Bean Chuala mé glór amuigh sa ghairdín agus chuaigh mé síos an staighre.

Garda	Cé mhéad acu a bhí ann?
Bean	Chonaic mé beirt, ach ní fhaca mé i gceart iad. Bhí sé dubh dorcha.
Garda	Ar las tú an solas?
Bean	Las. D'imigh siad leo ansin.
Garda	Ar goideadh mórán?
Bean	Níor goideadh aon rud, ach briseadh fuinneog.
Garda	An ndearnadh damáiste ar bith eile?
Bean	Ní dhearnadh, go bhfios dom.

Cén t-am (m) **a thit sé seo amach?**	*What time did this happen?*
Conas a thug tú faoi deara é?	*How did you notice it?*
glór (m)	*a sound*
síos an staighre (m)	*downstairs*
Cé mhéad acu?	*How many of them?*
I gceart	*properly*
Bhí sé dubh dorcha.	*It was really dark.* (lit. *black dark*)
Ar las tú an solas?	*Did you put on the light?*
D'imigh siad leo ansin.	*They cleared off then.*
Ar goideadh mórán?	*Was much stolen?*
briseadh fuinneog	*a window was broken*
damáiste	*damage*
go bhfios dom	*to my knowledge* (lit. *as far as knowledge to me*)

Questions

a Céard a rinne an bhean nuair a chuala sí na gadaithe? (**gadaí** = *a thief*)

b Céard a ghoid siad?

c An ndearna siad aon damáiste?

Two items of history

These are brief accounts of the lives of two famous Irishmen. Try reading these in conjunction with the grammar section before looking at the translations that follow them.

▶ Dónall Ó Conaill

(Daniel O Connell, the Liberator, whose campaign for Catholic Emancipation led to legislation at Westminster in 1829.)

B'as Ciarraí é Dónall Ó Conaill. Rugadh é sa bhliain seacht déag seachtó a cúig (1775). Ba dhaoine saibhre iad muintir Uí Chonaill. Chuaigh Dónall ar an ollscoil, agus bhain sé amach céim dlí. Rinneadh abhcóide de. Chuaigh sé le polaitíocht níos déanaí. Bhí sé i gcoinne Acht an Aontais, agus d'oibrigh sé go dian chun saoirse na gCaitliceach a bhaint amach. Toghadh é go Westminster sa bhliain 1828. Tugadh saoirse iomlán do Chaitlicigh sa bhliain 1829. Cailleadh an Conallach in 1847. Bhí cáil air ar fud na hEorpa faoin am sin.

Daniel O Connell was from Kerry. He was born in the year 1775. The O Connells were wealthy people. Daniel went to university and took a degree in law. He was called to the bar (lit. made an advocate). He became involved in politics later. He was against the Act of Union, and worked hard to achieve Catholic Emancipation. He was elected to Westminster in the year 1828. Complete freedom was given to Catholics in 1829. O Connell died in 1847. He was famous throughout Europe by that time.

▶ Éamonn de Valera

*(Born in New York of Irish–Spanish parentage, mathematician and politician, **Taoiseach** (Prime Minister) for twenty-two years, President from 1959–1973.)*

Saolaíodh i Nua-Eabhrac é sa bhliain 1882. Ba Spáinneach é a athair. B'Éireannach í a mháthair. Tugadh go hÉirinn é nuair a bhí sé an-óg, agus tógadh é i dteach a sheanmháthar i gContae Luimnigh. Bhain sé amach céim sa mhatamaitic, agus ceapadh ina ollamh é. Ghlac sé páirt thábhachtach in Éirí Amach na bliana 1916. Bunaíodh Saorstát Éireann i 1922 agus as sin amach bhí de Valera chun tosaigh i bpolaitíocht na tíre. Bhí sé ina Thaoiseach ar feadh breis is fiche bliain, idir 1932 agus 1959. Toghadh ina Uachtarán ansin é. Fuair sé bás i 1975.

He was born in New York in the year 1882. His father was Spanish. His mother was Irish. He was brought to Ireland when very young and brought up in his grandmother's house in Co. Limerick. He obtained a degree in mathematics and was appointed a professor. He took an important part in the 1916 Rising. The Irish Free State was founded in 1922 and from then on de Valera was to the forefront in the politics of the country. He was Taoiseach (Prime Minister) for more than twenty years, between 1932 and 1959. He was then elected President. He died in 1975.

Grammar

1 The past passive form of the verb

The passive (i.e. that form which does not specify the doer of the action) ends in -**adh** in the past tense (or -**eadh** if the preceding vowel is **i** or **e**). You are recommended to pronounce this -**adh** as -**uv**, with a weak vowel. There is no lenition for regular verbs. Here are some examples:

bronnann *awards*	**Bronnadh** duais orm.
	I was awarded a prize.
tógann *raises, builds*	**Tógadh** i 1900 é. *It was built in 1900.*
ceapann *appoints*	**Ceapadh** stiúrthóir nua.
	A new director was appointed.
déanann *does*	**Rinneadh** go maith é.
	It was done well.
goideann *steals*	**Goideadh** mo rothar.
	My bicycle was stolen.
briseann *breaks*	**Briseadh** an fhuinneog.
	The window was broken.
casann ar *meets*	**Casadh** orm é uair amháin.
	I met him once.

The more common meaning of **ceapann** is *thinks*. Three verbs have special meanings in the past passive; these are **beireann** (*bears*) (with irregular past **rug** (*bore*)), **tógann** (*raises, lifts, builds*) and **cailleann** (*loses*):

Rugadh in Éirinn mé.	*I was born in Ireland.*
Tógadh i Sasana mé.	*I was brought up in England.*
Cailleadh anuraidh é.	*He died last year.* (lit. *was lost*)

The last sentence here could also be:

Fuair sé bás anuraidh   (lit. *He got death*)

Type 2 verbs have **-íodh** instead of **-adh** (remember that they also have **-onn** for **-ann** in the present tense):

bunaíonn *founds* **Bunaíodh** in 1150 é.
It was founded in 1150.
Saolaíodh in Albain é.
He was born in Scotland.

Saolaíodh is a common alternative to **rugadh.**

2 The passive in Irish and English

An important difference between the use of the passive in Irish and in English is that it is not usual to indicate an agent with passive verbal forms in Irish. If you want to say by whom something was done you must use an active sentence instead. Compare these:

Díoladh an teach sin inné.	*That house was sold yesterday.*
Cheannaigh cara dom é.	*A friend of mine bought it.*
Cara dom a cheannaigh é.	*It's a friend of mine who bought it.*

As the second sentence specifies who did the buying it isn't possible to use **ceannaíodh** (*was bought*). The second of the two Irish versions will normally be preferred, as the identity of the buyer is significant. That significance is conveyed by bringing the buyer to the beginning of the sentence, and appending the rest of the sentence to it in the form of a relative clause (see Unit 9 and section 4 overleaf).

3 *An?, ní, ar?, níor* with the past passive

The past passive of regular verbs is *not* subject to lenition after verbal prefixes (see Unit 13). Compare:

Ar **gh**oid siad rud ar bith?	*Did they steal anything?*
Níor **gh**oid.	*No.* (lit. *Didn't steal*)
with	
Ar goideadh rud ar bith?	*Was anything stolen?*
Níor goideadh.	*No.* (lit. *wasn't stolen*)

Irregular verbs stand apart. To make up for their irregularity of form, as it were, they use the same preverbs in all tenses. Compare these:

An ndéantar go minic é?	*Is it done often?*
Ní dhéantar.	*No. (lit. isn't done)*
An ndearnadh aon rud faoi?	*Was anything done about it?*
Ní dhearnadh.	*No. (lit. wasn't done)*

These simplified forms are used in Munster:

Ar deineadh aon damáiste?	*Was any damage done?*
Níor deineadh.	*No. (lit. wasn't done)*

4 Using the front of the sentence for emphasis

The normal word order of Irish is verb–subject–object–adverbs, e.g.:

Chaith mé bliain i Meiriceá uair amháin.	*I spent a year in America once.*

Greater emphasis may be placed on some part of the sentence by bringing it up to the front, in which case it is often preceded by **is**. The remainder of the sentence is then turned into a relative clause, and **a** (causing lenition) is placed before the verb. Compare these:

Chaith mé bliain i Meiriceá.	*I spent a year in America.*
Is i Meiriceá **a ch**aith mé bliain.	lit. *It's in America that I spent a year* (i.e. and not in Britain, for instance).
Bliain **a ch**aith mé i Meiriceá.	lit. *It's a year I spent in America* (and not six months).
Mise **a ch**aith bliain i Meiriceá.	*It's me who spent a year in America* (and not my brother, for instance).

Here are some other examples:

Is i Luimneach a tógadh mé.	lit. *It's in Limerick I was reared.*
Is ann a chuaigh mé ar scoil.	lit. *It's there I went to school.*

This kind of fronting, with or without **is**, is very common in Irish and you will meet further examples in later units.

5 Moving pronouns around

When the object of a verb is a pronoun there is a tendency for that pronoun to come at the end of the sentence (provided the sentence is fairly short). This freedom of position does not extend to nouns (except by means of the fronting just described in section 4):

Rugadh Seán i Meiriceá. *Seán was born in America.*
Rugadh é i Meiriceá. *He was born in America.*

or

Rugadh i Meiriceá é.
Tógadh mé i gCorcaigh. *I was brought up in Cork.*

or

Tógadh i gCorcaigh mé.

6 The past tense of the copula

Ba is used in the past tense instead of **is**. It causes lenition:

Present	Is múinteoir é.	*He is a teacher.*
Past	**Ba** mhúinteoir é.	*He was a teacher.*
Present	Is Meiriceánach é a hathair.	*Her father is American.*
Past	**Ba** Mheiriceánach é a hathair.	*Her father was American.*

Ba becomes **b'** before a vowel. Remember that **f** is made silent by lenition. As the **fh** is not pronounced the word is treated as beginning with the following vowel:

B'Éireannach é. *He was Irish.*
B'fheirmeoir mór é. *He was a big (i.e. prosperous) farmer.*

When placed before an adjective **ba** is more likely to mean *would*. Compare:

Is maith liom cupán tae ar maidin. *I like a cup of tea in the morning.*
Ba mhaith liom cupán tae anois. *I would like a cup of tea now.*
Ba bhreá liom bualadh leo. *I'd love to meet them.*

Ba mhaith and **ba bhreá** are dealt with in Unit 9.

7 Translating 'any'

There are two ways of saying *any*. One is to put **aon**, literally *one*, before the word. The other is to put **ar bith** after it:

Ní fhaca mé **aon** duine.   *I didn't see anybody.*
or
Ní fhaca mé duine **ar bith**.
Níor cheannaigh mé **aon** rud.   *I didn't buy anything.*
or
Níor cheannaigh mé rud **ar bith**.

8 Using *acu* to mean 'of them'

This is a form of the preposition **ag** (*at*). It indicates possession in sentences like (see Unit 3):

Tá teach mór **acu**.   *They have a big house.*

However **acu**, along with the other plural forms **againn** and **agaibh**, are also used in counting people, as follows:

duine againn	*one of us*	**beirt againn**	*two of us*
duine agaibh	*one of you*	**beirt agaibh**	*two of you*
duine acu	*one of them*	**beirt acu**	*two of them*

The other personal numbers can also be used here, i.e. **triúr** (*three* people), **ceathrar** (*four* people), etc. (see Unit 4):

You can enquire about numbers of people or things as follows:

Cé mhéad acu a bhí ann?   *How many of them were there?*

Cé mhéad acu atá uait?   *How many of them do you want?*

Cé mhéad agaibh a chuaigh ann?   *How many of you went there?*

9 Verbs with prepositions or adverbs

As you saw in Unit 9 the meaning of certain verbs can be altered, either greatly or slightly, by adding another word:

baineann	*extracts*
titeann	*falls*
imigh	*go away*
tugann	*gives*
téann	*goes*
baineann amach	*achieves*
titeann amach	*happens*
Imigh leat!	*Clear off!*
tugann faoi deara	*notices*
téann le	*devotes oneself to*

10 *Ar siúl* (under way, on)

This is used in various ways:

Cuir an solas ar siúl.	*Put the light on.*
Tá an teilifís ar siúl.	*The television is (switched) on.*
Tá an nuacht ar siúl.	*The news is on (being broadcast).*
Céard atá ar siúl?	*What's up?*
Céard atá ar siúl agat?	*What are you doing?*
Céard atá ar siúl thall ansin?	*What's going on over there?*
Níl aon rud ar siúl anseo.	*There is nothing happening here.*

11 The various uses of *le* (with)

You have met some of these already:

Cé a bhí **leat**?	*Who was with you?*
Bhí Máire **liom**.	*Máire was with me.*
Bhuail mé **le** Seán.	*I met Seán.*
Beidh mé ag caint **leat** arís.	*I'll be talking to you again.*
Is maith **liom** caife.	*I like coffee.*
Is cuma **liom** faoi.	*I don't care about it.*

Here are some additional uses which you have met in this unit:

Imigh **leat**!	*Go away!*
D'imigh sé **leis**.	*He cleared off.*
Chuaigh sí **le** polaitíocht.	*She got involved in politics.*
Chuaigh sé **le** dlí.	*He began studying law.*
Ollamh **le** dlí.	*A professor of law.*

12 Adding -*ach* to surnames

The usual way of referring to somebody by surname is to make an ordinary noun of the name by adding **ach**.

Bhí an Conall**ach** anseo.	*O'Connell was here.*
an Brian**ach**	*O'Brien*
an Gearalt**ach**	*Fitzgerald*

For example:

Toghadh an Gearalt**ach** ina Thaoiseach i 1982.	*Fitzgerald was elected Taoiseach in 1982.*

Practice

1 Cuir isteach an briathar ceart (*choose the correct verb from the list below*) (**díolann** = *sells*; **cuireann scéala chuig** = *sends word to*).

   a _____ an fhuinneog.
   b _____ an teach.
   c _____ in Éirinn ach _____ i Sasana mé.
   d _____ mo rothar inné.
   e _____ scéala chuige.
   f _____ anuraidh é.
   g _____ stiúrthóir nua.
   h _____ céim orm sa bhliain 1998.
   i _____ an t-ospidéal sa bhliain 1908.

cailleadh	**ceapadh**	**díoladh**
goideadh	**bunaíodh**	**cuireadh**
briseadh	**tógadh**	
rugadh	**bronnadh**	

2 Answer the following questions in the negative (**chucu** *to them*):

   a Ar goideadh rud ar bith? Níor _____
   b Ar briseadh rud ar bith?
   c Ar ceapadh aon duine sa phost?
   d Ar díoladh an teach sin fós?
   e Ar cuireadh scéala chucu?
   f An ndearnadh aon rud faoi?

3 Cuir iad seo san ord ceart:

a Meiriceá /is / mé /bliain /a /i /chaith/
b tógadh /a /gCorcaigh /mé / is /i/
c mé /a /chuaigh /i /ar /nGaillimh /scoil /is
d in /mé /a /rugadh /is /Éirinn
e is /a /inné /chucu /scéala /cuireadh

4 Replace the emboldened words with a pronoun:

Example: Rugadh **Peadar** i Sasana. – Rugadh é i Sasana *or* Rugadh i Sasana é.

a Tógadh **Sinéad** i nGaillimh.
b Cailleadh **Sean** anuraidh.
c Ceapadh **Diarmaid** ina stiúrthóir cúpla mí ó shin.
d Díoladh **an teach** le déanaí.
e Briseadh **an fhuinneog** ar maidin.

5 Here is an extract from a newspaper showing events that occurred on certain dates in the past (24/25 October):

24

1945	Cuireadh na Náisiúin Aontaithe ar bun.
1957	Fuair an dearthóir **Christian Dior** bás.
1967	Bhain Zambia neamhspleáchas amach agus toghadh **Kenneth Kaunda** mar Uachtarán na tíre.

25

1400	Fuair **Geoffrey Chaucer** bás.
1825	Rugadh an cumadóir **Johann Strauss** i Vín.
1881	Rugadh **Pablo Picasso** i Malaga.
1961	Cuireadh an iris *Private Lives* i gcló den chéad uair riamh.

(*From: Anois, 19–20 Deireadh Fómhair*, 1991)

a Cathain a rugadh Picasso?
b Cathain a cuireadh na Náisiúin Aontaithe ar bun?
c Cathain a fuair Chaucer bás?

aontaithe	*united*
cuireann ar bun	*founds*
faigheann bás	*dies*
dearthóir	*designer*
cumadóir	*composer*
neamhspleáchas	*independence*
uachtarán	*president*

6 Cuir iad seo san aimsir chaite (*change these to the past tense*) (**ar fad** = *indeed* here):

a Is garda é.
b Is Eireannach í.
c Is dochtúir é a athair.
d Is feirmeoir mór é a uncail.
e Is bean an-deas ar fad í.

7 a Cuir ceisteanna leis na freagraí seo (*find questions for these answers*):

Example: Tá triúr againn ag dul go Corcaigh. – Cé mhéad agaibh atá ag dul go Corcaigh?

i Tá beirt againn ag dul ann.
ii Tá duine acu ag teacht inniu.
iii Tá cúigear acu ann.

b Freagair na ceisteanna seo. The number of people is indicated in brackets.

i Cé mhéad acu a tháinig? (*2*)
ii Cé mhéad agaibh atá ag imeacht anois? (*4*)
iii Cé mhéad acu atá anseo anois? (*6*)

8 Complete these sentences with the correct words from the box that follows:

a Bhain mé céim _____ .
b Imigh _____ .
c Téann sé _____ .
d Ar thit aon rud _____ ?
e Thug mé é sin _____ .
f Cad tá _____ ?
g Is cuma _____ .

liom	amach	léi	faoi deara	ar siúl	leat	amach

> **Séamas Ó Súilleabháin**
> b. 1968 Ennis
> 1970–1990 Limerick
> father Irish; mother English
> **Qualifications:** BSc (Chemistry)
> University of Limerick 1990
> **Work experience:** industrial chemist New York 1990–92

Is tusa Séamas. Céard a deireann tú?

_____ mé sa bhliain 1968 in Inis ach _____ mé i Luimneach. Ba _____ é m'athair agus _____ Shasanach í mo _____ . Bhain mé _____ céim sa cheimic in Ollscoil Luimnigh sa _____ 1990. Chuaigh mé go Nua Eabhrac agus _____ mé dhá bhliain ag obair _____ cheimiceoir. Níor thaitin sé _____ agus _____ mé ar ais anseo. Tá cónaí orm i _____ anois agus taitníonn sé go mór liom.

If you need help here are the missing words but in jumbled order:

ba	amach	rugadh	mar	Corcaigh	tógadh
Éireannach	bliain	tháinig	máthair	liom	

▶ Comprehension

Rugadh James Joyce ar an dara lá de Mhí Feabhra, 1882. D'fhág sé Baile Átha Cliath sa bhliain 1902. Chaith sé an chuid is mó dá shaol thar lear agus níor tháinig sé ar ais ach cúpla uair. Bhí breis is 200 seoladh aige i rith a shaoil, ach chaith sé tréimhsí fada i dtrí áit. Sin iad Trieste (1904–1915), Zürich (1915–1920) agus Páras (1920–1939). Fuair sé bás i Zürich i 1941 agus cuireadh ann é. Scríobh sé mórán leabhar, ina measc leabhar gearrscéalta (*Dubliners*), trí úrscéal (*A Portrait of the Artist as a Young Man*, *Ulysses* agus *Finnegans Wake*), dráma agus roinnt filíochta. Thóg sé seacht mbliana déag *Finnegans Wake* a scríobh. Tá an t-úrscéal sin an-chasta. Ní bhfuair sé mórán airgid as na leabhair. Dá bhrí sin bhí fadhbanna airgid aige i gcónaí. Foilsíodh an leabhar cáiliúil *Ulysses* ar a lá breithe sa bhliain 1922. Cuireadh cosc air i Meiriceá go dtí 1933 agus sa Bhreatain go dtí 1934.

Níor cuireadh cosc riamh air in Éirinn, ach ní raibh sé ar fáil i mórán siopaí. Tá sé ar fáil ar fud an domhain anois. (from *Mahogany Gaspipe* (abridged), Bord na Gaeilge)

thar lear	*overseas*
breis is	*more than*
i rith	*during*
tréimhse	*period*
cuireadh	*was buried*
gearrscéal	*short story*
Thóg sé	*It took*
úrscéal	*novel*
casta	*complicated*
fadhb	*problem, difficulty*
foilsíonn	*publishes*
Cuireadh cosc air.	*It was banned.*
ar fáil	*available*
domhan	*world*

a Líon isteach an achoimre (*summary*) seo ar shaol James Joyce:

Rugadh é i _____ sa _____ 1882.
Foilsíodh *Ulysses* sa bhliain _____ .
Cuireadh cosc air i _____ agus sa _____ .
_____ Joyce _____ i Zürich.
Níor _____ cosc ar *Ulysses* in Éirinn.

b Can you guess what **úrscéal** means?

c James Joyce ag caint: Tar éis an téacs thuas a léamh arís, líon isteach na bearnaí sa chuntas gairid seo ina bhfuil James Joyce ag caint faoina shaol (*after reading the text above again, complete the following short text where James Joyce talks about his life*):

_____ mé sa bhliain 1882 i mBaile Átha Cliath. _____ mé an tír i 1902, agus _____ mé tréimhse in Trieste, i bPáras agus in Zürich. _____ mé filíocht, dráma agus cúpla leabhar. _____ mé 17 mbliana ag scríobh *Finnegan's Wake*. _____ *Ulysses* sa bhliain 1922. Cuireadh cosc air i Meiriceá agus sa Bhreatain ar dtús ach _____ in Éirinn air. Ba _____ liom leagan Gaeilge a fheiceáil lá éigin.

leagan	*version*

16

lean ort leathmhíle

keep going half a mile

In this unit you will learn how to
- ask and understand directions
- indicate proximity and distance

Cá bhfuil …?	Where is …?
Lean ort/ar aghaidh.	Keep going.
Téigh síos an bóthar sin.	Go down this road.
ar deis/ar clé	on the right/on the left
Cas faoi chlé/faoi dheis.	Turn left/right.
Ná cas.	Don't turn.

▶ Dialogue 1

Séan Gabh mo leithscéal. Cá bhfuil cónaí ar Mháirtín Ó Gallchóir?

Fear Lean ort leathmhíle eile agus cas faoi chlé ag an gcrosaire. Téigh síos an bóthar sin píosa. Tá roinnt tithe ann. Níl mé cinnte cén ceann. An dara ceann, b'fhéidir. Cuir ceist ar dhuine éigin thíos ann.

Gabh mo leithscéal (m)	Excuse me.
Cá bhfuil cónai ar …?	Where does … live?
Lean ort.	Keep going. (lit. follow on you)
cas faoi chlé	turn left
píosa (m)	a bit
roinnt	some
cén ceann	which one
an dara ceann	the second one
cuir ceist (f) ar	enquire of (lit. put a question on)
éigin	some

Question

Looking at the map below, which direction would you take to Máirtín Ó Gallchóir's house?

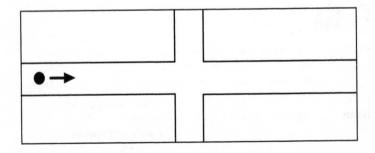

▶ Dialogue 2

Síle   Gabh mo leithscéal. Tá mé ag lorg teach Thomáis Uí Cheallaigh.

Bean   An máistir scoile, an ea?

Síle   Is ea. Sin é atá uaim.

Bean   Tá tú imithe thairis. Téigh ar ais an bóthar seo arís. Ná cas ag an chéad chrosaire. Cas faoi dheis ag an dara crosaire agus ní bheidh sé i bhfad uait ansin.

Sin é atá uaim.	*That's who I want.*
Tá tú imithe thairis.	*You have gone past it.*
Téigh ar ais.	*Go back.*
Ná cas.	*Don't turn.*
an chéad chrosaire (m)	*the first crossroads*
i bhfad uait	*far from you*

Question

Looking at the map below, which direction would you take to Tomás Ó Ceallaigh's house?

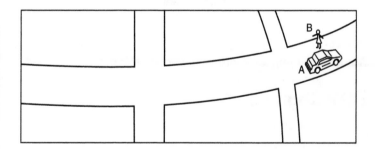

▶ Dialogue 3

Pádraig   Gabh mo leithscéal. An tusa Bean Uí Bhaoill?

Bean   Ní mé. Tá sí ina cónaí trasna an bhóthair. An bhfeiceann tú an doras buí os do chomhair amach? Sin é an teach.

Pádraig   Go raibh maith agat.

Bean   Tá fáilte romhat.

trasna an bhóthair (m)	*across the road*
An bhfeiceann tú?	*Do you see?*
buí	*yellow*
os do chomhair amach	*opposite you*

Question

How would you recognize Bean Uí Bhaoill's house?

▶ Dialogue 4

Deirdre Cá bhfuil Oifig an Phoist, le do thoil?

Bean Tá sé díreach trasna na sráide ón séipéal.

Deirdre An mbíonn sé ar oscailt ag am lóin?

Bean Bíonn, chomh fada agus is eol dom. Níl sé i bhfad uait, ar aon nós.

díreach trasna	*directly across*
ar oscailt	*open*
chomh fada agus is eol dom	*as far as I know*
i bhfad uait	*far from you*
ar aon nós	*anyway*

Question

An mbíonn Oifig an Phoist dúnta ag am lóin?

▶ Dialogue 5

Ag ceannach peitril.

Tiománaí Líon suas í.

Freastalaí Maith go leor. Tá sé go han-bhreá.

Tiománaí Tá, cinnte. An nglacann sibh le cártaí creidmheasa?

Freastalaí Glacann, gan amhras.

Tiománaí An bhfuil mé ar an mbóthar ceart go Leitir Ceanainn?

Freastalaí Tá. Deich míle soir ón áit seo atá sé. Cas faoi chlé ag an gcrosaire roimh an séipéal. Lean ort go mall. Bí ag faire amach don chomhartha bóthair.

líon	fill
An nglacann sibh le?	*Do you accept?*
cárta (m) **creidmheasa** (m)	*credit card*
deich míle soir	*ten miles east*
roimh an séipéal (m)	*before the church*
bí ag faire amach do	*be looking out for*
comhartha (m) **bóthair** (m)	*road sign*

Questions

a An bhfuil an tiománaí i bhfad ó Leitir Ceanainn?
b Cé na treoracha a thug an freastalaí dó?

Grammar

1 Giving directions and instructions

There are special 'imperative' forms of the verb, which can be found as follows:

a Remove the present tense ending -**ann** from a Type 1 verb to get the singular form. Add -**(a)igí** to this to get the plural form.

casann	*turns*	Cas faoi chlé.	*Turn left.*
		Cas**aigí** faoi dheis.	*Turn* (pl) *right.*
déanann	*does*	Déan i gceart é.	*Do it properly.*
		Déan**aigí** arís é.	*Do* (pl) *it again.*
cuireann	*puts*	Cuir sa phost é.	*Put it in the post.*
		Cuir**igí** ansin é.	*Put* (pl) *it there.*
leanann	*follows*	Lean an carr sin.	*Follow that car.*
		Lean**aigí** ar aghaidh.	*Keep going* (pl)

b Remove -**(a)íonn** from the present tense of a Type 2 verb and add -**(a)igh** in the singular and -**(a)ígí** in the plural (note the two ís)

tosaíonn	*begins*	Tos**aigh** arís.	*Start again.*
		Tos**aígí** arís.	*Start* (pl) *again.*
ceannaíonn	*buys*	Ceann**aigh** ceann eile.	*Buy another one.*
		Ceann**aígí** milseáin.	*Buy* (pl) *some sweets.*

2 Some expressions of direction

faoi chlé	*to the left*	Cas faoi chlé.
		Turn left.
faoi dheis	*to the right*	Cas faoi dheis.
		Turn right.
ar aghaidh	*ahead*	Lean ar aghaidh.
		Go ahead, continue.
		Díreach ar aghaidh.
		Straight ahead.
ar ais	*back*	Téigh ar ais.
		Go back.
thairis	*past it*	míle thairis
		a mile beyond it
roimhe	*before it*	díreach roimhe
		just before it

Díreach (*direct, straight*) is also used as an ordinary adjective, e.g. **líne dhíreach** (*a straight line*).

These expressions are also useful.

ar thaobh do láimhe deise	*on your right-hand side*
ar thaobh do láimhe clé	*on your left-hand side*

These literally mean *on the side of your right/left hand*; as a result the word **lámh** is in the genitive case (corresponding to *of* in English).

3 Two special groups of verbs

Type 1 verbs which end in a vowel, e.g. **té + ann** (*goes*), **suí + onn** (*sits*) add **-igh** in the singular form of the imperative and **-igí** in the plural:

téann	goes	**Téigh** ar ais. *Go back.*
		Téigí ar aghaidh. *Continue* (pl) *on.*
suíonn	sits	**Suigh** síos. *Sit down.*
		Suígí ansin. *Sit* (pl) *there.*

Type 2 verbs which end in **-ir, -il, -in, -im** do not add **-igh**:

freagraíonn	*answers*	Freagair an cheist.
		Answer the question.
ceanglaíonn	*ties, binds*	Ceangail le chéile iad.
		Tie them together.

seachnaíonn	*avoids*	Seachain é sin.
		Avoid that.
foghlaimíonn	*learns*	Foghlaim i gceart é.
		Learn it correctly.

The plural forms of these are **freagraígí, ceanglaígí, seachnaígí, foghlaimígí**.

The verb **insíonn** (*tells*) is like this:

| insíonn | *tells* | Inis an fhírinne. | *Tell the truth.* |
| | | Insígí dóibh é. | *Tell* (pl) *it to them.* |

4 How to say 'don't'

If you want to tell somebody *not* to do something you put **ná** before the imperative form of the verb. It prefixes **h** to vowels:

Ná téigh suas ansin.	*Don't go up there.*
Ná déan dearmad air.	*Don't forget it.*
Ná déanaigí é sin arís.	*Don't* (pl) *do that again.*
Ná himigh go fóill.	*Don't leave just yet.*
Ná himígí anois.	*Don't* (pl) *leave now.*

Prohibitions in public notices use the passive form of the present tense:

Ná caitear tobac. *No smoking.* (lit. *Let tobacco not be smoked*)
Ná dúntar an doras seo. *Let this door not be closed.*

An alternative is to use **cosc** (*prohibition*) – with **ar** (*on*), causing lenition:

| Cosc ar thobac. | *Tobacco prohibited.* (lit. *Prohibition on tobacco*) |
| Cosc ar pheil. | *Football prohibited.* |

5 Irregular imperative forms

Some verbs are irregular in the imperative:

deireann	*says*	Abair le Máire é.	*Tell it to Máire.*
		Abraigí léi é.	*Tell* (pl) *it to her.*
tagann	*comes*	Tar isteach.	*Come in.*
		Tagaigí liom.	*Come* (pl) *with me.*
tugann	*gives*	Tabhair dóibh é.	*Give it to them.*
		Tugaigí dom é.	*Give* (pl) *it to me.*

tá   *is*   Bí ciúin.   *Be quiet.*
                               Bígí ciúin.   *Be (pl) quiet.*
                               Ná bí dána.   *Don't be naughty.*
                               Ná bígí buartha.   *Don't be worried.*

Bí is used to give instructions with the progressive form of the verb:

Bí ag faire amach don teach.	*Be on on the lookout for the house.* (lit. *Be looking out*)
Bí ag cabhrú liom.	*Give me a hand* (lit. *Be helping me*)
Bígí ag léamh tamall.	*Spend some time reading.* (lit. *be reading a while*)
Ní bí ag caint!	*Don't be talking!*

6 'Near' and 'far'

The expressions for these are given below. They involve the prepositions **do** (*to*), **ó** (*from*) and **le** (*with*), which combine with **an** (*the*) as follows:

do + an → **don**   + lenition
ó + an → **ón**   + eclipsis
le + an → **leis an** + eclipsis

Cóngarach do (*near to*)

Tá sé **cóngarach do** Bhéal Feirste.	*It is near to Belfast.*
Tá sé **cóngarach don** bhanc.	*It is near to the bank.*
Tá sé **cóngarach d'**oifig an phoist.	*It is near to the post office.*
Tá sé **cóngarach duit.**	*It is near to you.*

In aice le (*next to*) (lit. *in proximity with*)

Tá sé in aice le hoifig an phoist.	*It is next to the post office.*
Tá sé in aice leis an mbanc.	*It is near to the bank.*
Tá sé in aice leat.	*It is near to you.*

I bhfad ó (*far from*) (lit. *in length from*)

Tá sé i bhfad ó Chontae na Mí.	*It is far from County Meath.*
Tá sé i bhfad ón gcoláiste.	*It is far from the college.*

| Tá sé i bhfad ón áit seo. | *It is far from this place.* |
| Tá sé i bhfad uait. | *It is far from you.* |

7 *Trasna* **(across)**

This puts a following noun in the genitive case if it has one (see Unit 4 for the forms):

an bóthar (m)	*the road*	**trasna** an bhóthair	*across the road*
an tsráid (f)	*the street*	**trasna** na sráide	*across the street*
an fharraige (f)	*the sea*	**trasna** na farraige	*across the sea*
an pháirc (f)	*the field*	**trasna** na páirce	*across the field*

8 *Os comhair* **(opposite)**

This requires the genitive case of nouns (see Unit 4 for the forms):

os comhair an dorais	*facing the door* (**doras** (m) *door*)
os comhair an bhainc	*facing the bank* (**banc** (m) *bank*)
os comhair an tséipéil	*facing the church* (**séipéal** (m) *chapel, church*)
os comhair na fuinneoige	*facing the window* (**fuinneog** (f) *window*)

It puts a pronoun in the possessive form, e.g. *me* becomes *my*:

os **mo** chomhair (amach)	*facing me*
os **do** chomhair (amach)	*facing you*
os **bhur** gcomhair (amach)	*facing you* (pl)

9 *Thar* **(past, beyond, across)**

This refers to both space and time:

| Téigh **thar** an mbanc. | *Go past the bank.* |
| Bhí sé **thar** am agat. | *It was high time for you.* (lit. *past time*) |

| Chuaigh muid **thar** an abhainn. | *We crossed the river.* |

These are the personal forms:

tharam	*past me*	**tharainn**	*past us*
tharat	*past you*	**tharaibh**	*past you*
thairis	*past him/it*	**tharstu**	*past them*
thairsti	*past her*		

Here are some examples:

Chuaigh siad **tharam** ar
an mbóthar.

*They went past me on
the road.*

Ná téigh **thairis** sin.

Don't go past that (or *any
further*).

10 More about the verbal adjective

Corresponding to almost every verb is an adjective formed from
it. Its formation was described in Unit 5 (section 11). Here are
some examples of the verbal adjective used with **tá** (*is*):

déanann	*does*	**Tá sé déanta** cheana.
		It is already done (or *it has already been done*).
dúnann	*closes*	**Tá an siopa dúnta.**
		The shop is closed.
scríobhann	*writes*	**Tá sé scríofa** anseo.
		It is written here.
críochnaíonn	*finishes*	**Níl sé críochnaithe.**
		It isn't finished (or *it hasn't been finished*).

Notice that some of these can be translated into English in two
ways.

Some verbs, like **imíonn** (*goes, leaves*) and **éiríonn** (*gets up*), do
not take an object. When the verbal adjective of such verbs is
combined with **tá** the meaning is similar to that of the English
perfect:

Tá tú imithe thairis.

You have gone past it.
(lit. *You are gone ...*)

Tá sé imithe abhaile.

He has gone home.
(lit. *He is gone ...*)

Tá siad tagtha.

They have arrived.
(lit. *They are arrived*)

Tá mé éirithe.

I am up. (lit. *I am risen*)

11 The ordinal numbers – 'first', 'second', etc.

An chéad (*the first*) is followed by lenition. The other ordinal
numbers end in a vowel and add **h** before a vowel which follows
them:

an chéad cheann	the first one
an dara ceann	the second one
an triú ceann	the third one
an ceathrú ceann	the fourth one
an chéad uair	the first time
an dara huair	the second time
an triú huair	the third time
an ceathrú huair	the fourth time

The others are: **cúigiú** (*fifth*), **séú** (*sixth*), **seachtú** (*seventh*), **ochtú** (*eighth*), **naoú** (*ninth*), **deichiú** (*tenth*).

These are also used with reference to time and dates:

an triú lá de Mhárta	*the third (day) of March*
an dara lá déag de Dheireadh Fómhair	*the twelfth (day) of October*
an triú lá as a chéile	*the third day running*

12 Some more examples of the genitive case in -e (feminine nouns)

sráid	*street*	trasna na sráide	*across the street*
lámh	*hand*	ar thaobh do láimhe clé	*on your left-hand side*
áit	*place*	timpeall na háite	*around the place*
ceist	*question*	freagra na ceiste	*the answer to the question*
scoil	*school*	máistir scoile	*schoolmaster*
oifig	*office*	doras na hoifige	*the office door*
tír	*country*	teanga na tíre	*the language of the country*

(See also Unit 4.)

13 Street names

These often involve the genitive case:

Pádraig	*Patrick*	Sráid Phádraig	*Patrick Street*
Ó Conaill	*O'Connell*	Sráid Uí Chonaill	*O'Connell Street*
stáisiún	*station*	Bóthar an Stáisiúin	*Station Road*
caisleán	*castle*	Plás an Chaisleáin	*Castle Place*
An Pháirc	*The Park*	Ascaill na Páirce	*Park Avenue*

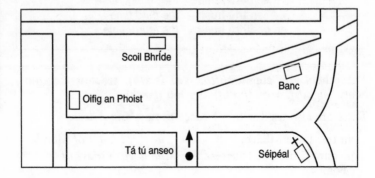

Practice

1 Give directions to the following places on the map:

   a an séipéal   **c** an banc
   b oifig an phoist   **d** an scoil

▶ 2 Practise these guided dialogues:

  a **A** Asks where Ruairí Ó Laoire lives.
      B Tells **A** to continue on for a mile and to turn right at the crossroads.
      A Thanks **B**.

  b **A** Attracts **B**'s attention. Indicates she is looking for Neasa Nic Con Iomaire's house.
      B Tells **A** to turn left at the church, to continue on for half a mile.
      A Thanks **B**.

3 Can you guess where the following might be heard or seen? Choose from the suggestions that follow:

  a **Encouraging:** Buail an liathróid, a Phóil, buail í!
  b **Persuading:** Cuir aithne ar Ghaeltacht Dhún na nGall.
  c **Instructing:** Cuir isteach an t-ubh, an salann agus an siúcra agus measc iad go láidir.
  d **Ordering:** Ná bígí ag caint!
  e **Requesting:** Ná caith tobac.

  i recipe   **ii** public office   **iii** tourist brochure
  iv classroom   **v** football match

4 **Ullmhaigh do pháiste don ospidéal** (*prepare your child for hospital*.) Below are extracts from a brochure offering advice to a parent. Before reading them try to imagine:

a What a parent might say to help prepare the child.

b What preparations a parent might make for his or her own comfort while staying with the child. Then study the extracts to see which of the suggestions you anticipated.

a

Ullmhaigh do Pháiste Don Ospidéal

Labhair faoin ospidéal mar áit shona ina gcabhraíonn dochtúirí agus banaltraí le sláinte a fheabhsú.

Déan mar a iarrann dochtúirí agus banaltraí.

Mínigh x-ghathanna, instealladh, tástáil fola etc. Inis an fhírinne!

b

Duit Féin

Caith éadaí éadroma – (bíonn ospidéil an-mheirbh).

Beir leat rud éigin leis an am a mheilt.

Beir leat airgead don teileafón.

Smaoinigh ar dhaoine eile, ná déan torann istoíche.

Ná tabhair bia nó deoch d'aon pháiste gan chead.

(*From:* Aonad Cothú Slainte, An Roinn Sláinte. Health Promotion Unit, Department of Health)

labhraíonn	*speaks*
sona	*happy*
banaltra (f)	*nurse*
iarrann	*asks*
míníonn	*explains*
instealladh (m)	*injection*
tástáil (f) **fola**	*blood test*
fírinne (f)	*truth*
éadrom	*light*
meirbh	*sultry, warm*
beireann	*brings*
am a mheilt	*to pass the time*
torann (m)	*noise*
cead (m)	*permission*

ULLMHAIGH DO PHÁISTE DON OSPIDÉAL

5 Near and far.

Peadar describes where he lives. Insert **cóngarach / in aice le / i bhfad**:

Tá mé i mo chónaí ar an tSráid Mhór. Tá mo theach _____ an mbanc. Tá sé _____ don séipéal ach tá sé _____ ón gcoláiste.

6 The verbal adjective

Find the verbs from which these adjectives are formed. Then complete the sentences with the adjectives:

| scríofa | dúnta | críochnaithe | déanta | imithe |

Example: scríofa – scríobhann

a Tá sé _____ cheana.   d Tá an siopa _____ .
b Tá mé _____ anois.   e Tá an litir _____ .
c Tá tú _____ thairis.

| **cheana** | *already* |

7 Ordinal numbers

a Féach ar an léarscáil. Look at the map and say where the street/road/avenue is:

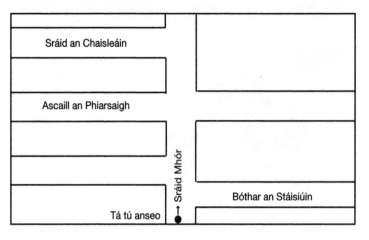

Sráid an Chaisleáin

Ascaill an Phiarsaigh

Sráid Mhór

Bóthar an Stáisiúin

Tá tú anseo

Is é Sráid _____ _____   an _____ ceann ar clé.
Is é Bóthar _____ _____   an _____ ceann ar _____ .
Is é Ascaill _____ _____   an _____ ceann ar _____ .

b Cén dáta é inniu?

EANÁIR 7

Is é inniu an _____ lá _____ .

8 The genitive case in **-e**

Remove the brackets:

a Chuaigh mé trasna na (**sráid**).
b Is máistir (**scoil**) é Pól.
c Tá teachtaireacht duit ar dhoras na (**oifig**).
d Thiomáin mé timpeall na (**áit**).
e Feicfidh tú Oifig an Phoist ar thaobh do (**lámh**) clé.

---

teachtaireacht (f) *message*

Comprehension

How many of the following can you find on the map?

| post office | theatre | church |
| police station | golf course | hotel |

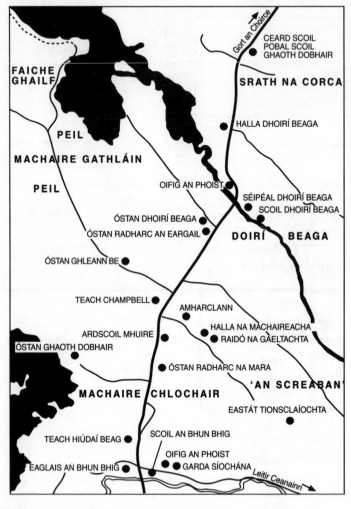

(*Based on*: Féile Náisiúnta Drámaíochta, 1990)

17

tá a oifig thuas an staighre

his office is upstairs

In this unit you will learn how to
- talk about appointments and travel arrangements
- enquire about location within a building (directions and location are dealt with in more detail than in Unit 16)

▶ Dialogue 1

A visitor (**cuairteoir**) to an office of Údarás na Gaeltachta asks the porter (**doirseoir**) what floor the director's office is on.

Cuairteoir Gabhaim pardún agat. Cén t-urlár a bhfuil oifig an stiúrthóra air?

Doirseoir An bhfuil coinne agat leis?

Cuairteoir Tá. Fuair mé litir uaidh.

Doirseoir Tá a oifig thuas an staighre. Téigh suas chuig an tríú hurlár. Cas faoi chlé agus téigh síos an pasáiste. Tá a ainm scríofa ar an doras – oifig tríocha a naoi.

Cuairteoir Go raibh míle maith agat.

Gabhaim pardún agat.	*Excuse me.*
Cén t-urlár (m)**?**	*What floor?*
a bhfuil oifig (f) **an stiúrthóra** (m)	*which the director's office*
air	*is on*
coinne (f)	*appointment*
uaidh	*from him*
chuig an tríú hurlár	*to the third floor*
pasáiste (m)	*corridor*
scríofa ar an doras (m)	*written on the door*

Question

Cá bhfuil oifig an stiúrthóra?

▶ Dialogue 2

Cuairteoir Cá bhfuil leithreas na bhfear, le do thoil.

Doirseoir Téigh síos an staighre ansin, agus beidh sé díreach romhat.

leithreas (m) **na bhfear** (m)	*the men's toilet*
díreach romhat	*directly in front of you*

▶ Dialogue 3

Peadar, who publishes Irish-language books in Dublin, is asked by his secretary about his travel plans for the week.

Rúnaí   Cá mbeidh tú ag dul an tseachtain seo?

Peadar   Beidh mé ag dul ó dheas go Port Láirge Dé Céadaoin agus siar go Maigh Eo Déardaoin.

Rúnaí   An mbeidh tú ag teacht aniar ó Mhaigh Eo oíche Déardaoin?

Peadar   Ní bheidh. Tá sé i gceist agam fanacht ann thar oíche agus teacht aniar maidin Dé hAoine.

Rúnaí   Beidh cruinniú agat ag a dó Dé hAoine.

Peadar   Cé leis?

Rúnaí   Le hAodh Ó Baoill.

Peadar   Cé hé sin arís?

Rúnaí   An duine a raibh tú ag caint leis ar an bhfón inné.

Peadar   Ó, is ea. Is cuimhin liom.

ag dul ó dheas go	*going down* (lit. *south*) *to*
siar go	*over* (lit. *west*) *to*
ag teacht aniar ó	*coming back from*
Tá sé i gceist agam	*I intend*
fanacht ann thar oíche (f)	*to stay there overnight*
cruinniú (m)	*meeting*
Cé leis?	*With whom?*
An duine (m) **a raibh tú ag caint leis.**	*The person you were talking to.*
Is cuimhin liom.	*I remember.*

Questions

a Cá mbeidh Peadar ag dul Déardaoin?

b Cathain a bheidh sé ag teacht ar ais?

Points of the compass

This diagram shows the various forms of *north, south, east* and *west*.

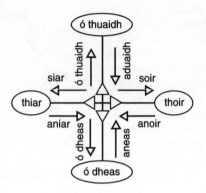

Grammar

1 Direction and location

You have already met several words for directions; notice that they all begin with **s**. There are corresponding words for location, which begin with **th**. The words for *north* (**ó thuaidh**) and *south* (**ó dheas**) do not make this distinction. The word for *over* (direction) is very often the exceptional **anonn**.

	Direction	Location
up	suas	thuas
down	síos	thíos
west	siar	thiar
east	soir	thoir
over	sall/anonn	thall

Here are some examples:

Téigh **suas** ansin.	*Go up there.*
Téigh **síos** ansin.	*Go down there.*
Téigh **anonn/sall** ansin.	*Go over there.*
Fan **thuas** ansin.	*Stay up there.*
Fan **thíos** ansin.	*Stay down there.*
Fan **thall** ansin.	*Stay over there.*

In Irish *upstairs* and *downstairs* become *up the stairs* and *down the stairs*:

Téigh **suas an staighre**.	*Go upstairs.*
Tá an oifig sin **thuas an staighre**.	*That office is upstairs.*
Ná téigh **síos an staighre**.	*Don't go downstairs.*
Tá m'árasán **thíos an staighre**.	*My apartment is downstairs.*

Irish placenames are often accompanied by a reference to where the speaker stands relative to them. When **siar** (*west*) and **soir** (*east*) are used in this way they can be left untranslated or rendered as *over*. The following might be said by somebody in Dublin:

ag dul siar go Gaillimh	*going to Galway*
Tá sí thiar i nGaillimh	*She is (over) in Galway.*

▶ 2 North and south

These do not distinguish between direction and location.

Ó dheas (*south*)

Beidh mé ag dul **ó dheas** go Corcaigh.	*I'll be going (south) to Cork.*
Bhí me **ó dheas** i gCorcaigh.	*I was down in Cork.*

Ó thuaidh (*north*)

Beidh mé ag dul **ó thuaidh** go Doire.	*I'll be going (north) to Derry.*
Beidh mé **ó thuaidh** i nDoire.	*I'll be up in Derry.*

3 Reverse direction

The direction words in section 1 above have special forms beginning with **an**, which are used when you are talking about coming from that particular direction:

anuas *from above*	Tar anuas as sin!
	Come down from there!
	Thit sé anuas orm.
	It fell down on me.
aníos *from below*	Tar aníos as sin!
	Come up from there.

aniar *from the west*	ag teacht aniar ó Ghaillimh
	coming from Galway
	ag siúl aniar an bóthar
	walking along the road (from the west)
anoir *from the east*	ag siúl anoir an bóthar*along*
	walking the road (from the east)
anall *from yonder*	ag teacht anall ó Shasana
	coming from (over in) England

An ghaoth aduaidh, bíonn sí crua	*The north wind tends to be hard*
An ghaoth anoir, bíonn sí tirim	*The east wind tends to be dry*
An ghaoth aniar, bíonn sí fial	*The west wind tends to be generous* (i.e. to crops)
An ghaoth aneas, bíonn sí tais	*The south wind tends to be damp*

The use of these **an** forms will seem difficult at first. Here is a rhyme about the four winds which will help you to understand the idea – notice that **aduaidh** (*from the north*) begins, exceptionally, with **ad**:

Notice the use of **bíonn** instead of **tá**, as this is something regular, and of **sí** referring to the feminine noun **an ghaoth** (*the wind*).

4 Other uses of the directions

Direction is often indicated when referring to buildings or institutions, especially in the countryside:

| Tá an siopa thoir ag an gcrosaire. | *The shop is (east) at the crossroads.* |
| Tá mé ag dul siar chuig an tábhairne. | *I'm going over* (lit. *west*) *to the pub.* |

5 *Go/chuig* (to)

The most basic word meaning *to* is **go**, which puts an **h** before vowels. It is used especially with many placenames (ones which do not begin with **an** *the*) and in some expressions of time.

Beidh mé ag dul go Dún na nGall.	*I'll be going to Donegal.*
Fáilte go Baile Átha Cliath.	*Welcome to Dublin.*
Tá mé ag dul go Meiriceá.	*I am going to America.*
Chuaigh mé go hÁrainn.	*I went to Aran* (in Galway Bay).

Beidh siad ag teacht go hÉirinn. *They will be coming to Ireland.*

Bhí mé amuigh go maidin. *I was out until morning.*

However, another form **chuig** is used before nouns preceded by **an** (*the*) or by a possessive pronoun:

Tá mé ag dul chuig an mbanc. *I am going to the bank.*
Chuaigh mé chuig an dochtúir. *I went to the doctor.*
Téigh anonn chuig d'athair. *Go over to your father.*

Notice the eclipsis on **banc** and compare **ag an mbanc** *at the bank*. Nouns beginning with **d** (or **t**) are not eclipsed after preposition + **an** (*the*).

6 *Roimh* (before, in front of)

You have already met this preposition with reference to both time and place:

roimh a sé a chlog	*before six o'clock*
roimh Cháisc	*before Easter*
roimh an dinnéar	*before dinner*
díreach **roimh** an séipéal	*just before the church*

These are the personal forms of **roimh**:

romham	*in front of me*	**romhainn**	*in front of us*
romhat	*in front of you*	**romhaibh**	*in front of you*
roimhe	*in front of him*	**rompu**	*in front of them*
roimpi	*in front of her*		

Here are some examples:

Bhí slua ann **romham**.	*There was a crowd there before me.*
Beidh an doras díreach **romhat**.	*The door will be straight ahead.*
Beidh mé **romhat** ag an stáisiún.	*I'll be waiting for you at the station.*
Bhí timpist **romhainn** ar an mbóthar.	*There was an accident ahead of us on the road.*
Cuireadh dinnéar breá **romhainn**.	*A fine dinner was set before us.*
an leathanach **roimhe** sin	*the preceding page* (lit. *before that*)

These forms are also used in the idiom for *welcoming*:

Tá fáilte **romhat**.	*You are welcome.* (lit. *there is a welcome before you*)
Cuireadh fáilte mhór **romhainn**.	*We were given a great welcome.*
Beidh fáilte **rompu** má thagann siad.	*They will be welcome if they come.*

7 How to say 'the person to whom I was talking'

All the relative clauses which we have met so far qualify or refer to either the subject of the verb (typically the doer of something) or the object (typically whatever something is done to). The relative clause qualifies a subject in these examples:

Bean **a dhíolann bláthanna**	*A woman who sells flowers*
An duine a **tháinig anuas an staighre**	*the person who came downstairs*

and an object in these examples:

an páipéar **a cheannaím**	*the paper which I buy*
an bhean **a chonaic mé**	*the woman whom I saw*

In the first two, the woman and the person do the selling or coming downstairs; in the second two, the paper is bought and the woman is seen. These are traditionally called direct relative clauses, and correspond to more basic sentences such as:

Díolann an bhean sin bláthanna.	*That woman sells flowers.*
Tháinig an duine sin anuas an staighre.	*That book fell down.*
Ceannaím an páipéar sin.	*I buy that paper.*
Chonaic mé an bhean sin.	*I saw that woman.*

Direct relative clauses begin with **a** + lenition (for those consonants which show lenition).

Consider now what happens when the relative clause refers to somebody or something which is preceded by a preposition, as in these basic sentences:

Buailim leis an duine sin go minic.	*I meet (with) that person often.*
Imrím leadóg leis an mbean sin.	*I play tennis with that woman.*

The corresponding relative clauses will be formed differently:

an duine **a mbuailim leis go minic**	lit. *the person that I meet with him often*
an bhean **a n-imrím leadóg léi**	lit. *the woman that I play tennis with her*

In these relative clauses there is a pronoun referring back to **duine, bean** (contained in **leis** = *with him*, **léi** = *with her*) and they begin with **a** + eclipsis (for all vowels, and for those consonants which show eclipsis). In the past tense a is replaced by **ar** + lenition:

an duine **ar bhuail mé leis**	lit. *the person that I met with him*
an bhean **ar imir mé leadóg léi**	lit. *the woman that I played tennis with her*

This is of course how one deals with 'speaking to somebody'.

na daoine **a labhraim leo**	lit. *the people that I speak to them*
an duine **ar labhair mé leis**	lit. *the person that I spoke to him*

Irish has no word corresponding to English *whose*, and indirect relative clauses are used instead, as in the following examples. Notice here also that **a** + eclipsis requires dependent forms of those few verbs which have such:

an bhean **a bhfuil aithne agam** ar a mac	*the woman whose son I know* (lit. *that I know her son*)
fear **a raibh a dheartháir ag obair liom**	*a man whose brother worked with me* (lit. *that his brother was working with me*)

The basic sentences here are:

Tá aithne agam ar mhac na mná sin.	*I know that woman's son.*

and

Bhí deartháir an fhir sin ag obair liom.	*That man's brother worked with me.*

Another use of indirect relative clauses is to get around the ambiguity of direct relatives in cases such as the following:

an múinteoir **a mhol na mic léinn**

This can be either *the teacher who praised the students* or *the teacher whom the students praised*; recall that direct relatives serve for both subjects and objects. To clarify you can say:

an múinteoir **ar mhol na mic   lit. *the teacher that the*
léinn é   *pupils praised him*

and use the ambiguous type above only when it is clear you mean to say *the teacher who praised the pupils*.

8 How to express 'of the' in the plural

The article **na** becomes **na** + eclipsis:

na cailíní   *the girls*   scoil **na gcailíní** *the girls' school*
na buachaillí *the boys*   scoil **na mbuachaillí** *the boys' school*

Masculine nouns which form their plural by making the final consonant slender use the basic form instead after **na** + eclipsis (the 'genitive plural'):

na fir   *the men*   leithreas **na bhfear**   *the men's toilet*
na focail *the words*   innéacs **na bhfocal**   *the index of words*

The basic form of such words is used with plural meaning even when there is no article:

liosta focal   *a list of words*

Words both masculine and feminine which form their plural with -a likewise use the basic form as a genitive plural:

úll (m) *apple*   úlla   *apples*   crann úll *apple tree*
                                     cáca/císte úll   *an apple tart*
cloch (f) *stone* clocha *stones* carn cloch *a heap of stones*

9 The genitive case of nouns in -óir, etc.

(See also Unit 2.)

The **r** becomes broad and **a** is added:

óir → óra

stiúrthóir   *director* oifig an stiúrthóra   *the director's office*
feirmeoir   *farmer* teach an fheirmeora   *the farmer's house*

úir → úra

dochtúir *doctor*   teach an dochtúra   *the doctor's house*

éir → éara

péintéir *painter*   carr an phéintéara   *the painter's car*
búistéir *butcher*   siopa an bhúistéara   *the butcher's shop*

Practice

1 Fill the gaps with **suas** or **thuas**, **síos** or **thíos**:

   a Téigh _____ an staighre.
   b Fan _____ ansin.
   c Tá an bosca _____ ansin.
   d Tá m'oifig _____ an staighre.
   e Suigh _____ ansin agus lig do scíth.

lig do scith	*rest your limbs (lit. let your tiredness)*

2 **Seo fógra a bhíonn i mbusanna dhá urlár** (*this notice is to be found in double-decker buses*):

Áit suí thuas	**28**
Áit suí thíos	**29**
Áit seasaimh	**14**
Iomlán	**71**

   a How many seats are there in the upper deck?
   b How many seats are there in the lower deck?
   c How many can stand (in the lower deck)?

3 **Tá tú i mBaile Átha Luain** (points of the compass)

   With the aid of the map say **a** where you were, and **b** where you went, as in the example.

   Gaillimh:

   a Bhí mé thiar i nGaillimh.
   b Chuaigh mé siar go Gaillimh.

4 Go/chuig (*to*) Líon isteach na bearnaí.

  a Fáilte _____ Luimneach.
  b Tá mé ag dul _____ An Tulach Mhór (*Tullamore*).
  c Chuaigh mé suas _____ an stiúrthóir.
  d An bhfuil tú ag dul _____ Ard Mhaca?
  e Tá Caitlín imithe _____ an siopa.

5 Roimh (*before, in front of*).

  Tá Méadhbh in Oifig an Phoist. Tá deifir uirthi ach tá slua
  mór ann. Líon isteach na bearnaí. *Méadhbh is in a hurry but
  there is a queue at the post office.*

  Méadhbh   Gabh mo leithscéal ach tá an-deifir orm.
  Custaiméir   Téigh _____, má tá deifir ort.
  Méadhbh   Go raibh míle maith agat.
  Custaiméir   Tá fáilte _____ .

  ---
slua (m)	*crowd*
deifir (f)	*hurry*
  ---

6 Rewrite the sentences as in the example, i.e. without the
  relative pronoun.

  Example:
  Sin an bhean a chonaic mé inné.
  – Chonaic mé an bhean sin inné.

a Sin an carr a cheannaigh mé.
b Sin an fear a chónaíonn in aice liom.
c Sin an teach a gcónaím ann.
d Sin an fear ar bhuail mé leis.
e Sin an bhean a raibh tú ag caint léi.

Comprehension

Tá an tOireachtas ar siúl i gCluain Dolcáin, ceann de bhruachbhailte Bhaile Átha Cliath. Seo an clár don Luan agus eolas faoi bhusanna go Cluain Dolcáin (*here is the programme for Monday and information about the bus service to and from Clondalkin, a suburb of Dublin, where the Oireachtas (an Irish-speaking cultural festival) is taking place*).

Dé Luain 21/10/02
10.00am   (go dtí 12.30pm) **Lá na nÓg** – Ollphuball
2.00pm   (go dtí 3.30pm) **Ceolchoirm** do dhaltaí meánscoile
6.00pm   **Sólaistí, tae agus caidreamh** – Áras Chrónáin
7.00pm   **Ceisteanna agus freagraí** – Ollphuball
       Cathaoirleach – Cathal Mac Coille
9.00pm   **Oíche Cheoil.**

Busanna ag freastal ar an gCeantar
ó Lár na Cathrach go rialta: Busanna 51, 68, 69
Ó Thamhlacht: Bus 76

Bus Speisialta ó Óstán Green Isle
go lár na cathrach ag 2.00 am an dá dheireadh seachtaine, Aoine, Satharn, Domhnach agus Oíche Dé Luain – 21/10/02. €2.50.

Seirbhís Tacsaí
Westside Taxis (01)574000

Questions
a Cén t-am a thosaíonn an choirm cheoil agus cén t-am a chríochnaíonn an choirm cheoil?
b Cá dtéann an bus ó Óstan Green Isle?

8

buailfidh mé leat ag a hocht

I'll meet you at eight

In this unit you will learn how to
- talk about future events
- make plans and appointments
- express intentions

▶ Dialogue 1

Liam phones Máire to ask her to go to a film with him.

Liam Haló, a Mháire, seo Liam.

Máire Á, Dia dhuit, a Liam. Ní fhaca mé thú le tamall. Bhí mé ag smaoineamh ort. Cé chaoi a bhfuil tú?

Liam Níl gearán ar bith agam. Cogar, ar mhaith leat dul chuig an scannán nua seo tráthnóna éigin?

Máire Cinnte. Ba mhaith an smaoineamh é sin. Beidh mé saor beagnach gach oíche an tseachtain seo, ach ní féidir liom dul amach oíche Dé hAoine. Beidh cuairteoirí againn.

Liam Céard faoin Satharn, mar sin?

Máire Maith go leor. Cá mbuailfidh mé leat?

Liam Ag geata an choláiste, ag a hocht. Céard faoi sin?

Máire An-mhaith.

Liam An mbeidh tú ag tiomáint?

Máire Ní bheidh. Rachaidh mé isteach ar an mbus.

Liam Feicfidh mé thú ansin.

Bhí me ag smaoineamh (m) **ort.**	*I was thinking about you.*
Níl gearán (m) **ar bith agam.**	*I have no complaints.*
cogar (m)	*listen* (lit. *a whisper*)
scannán (m)	*film*
Ba mhaith an smaoineamh é sin.	*That would be a good idea.*
cuairteoirí (m)	*visitors*
Cá mbuailfidh mé leat?	*Where will I meet you?*
Céard faoi sin?	*What about that?*
Rachaidh mé isteach ar an mbus (m).	*I'll take the bus.* (lit. *I'll go in the bus*)
Feicfidh mé thú ansin.	*I'll see you there.*

True or false?

a Ba mhaith le Máire dul chuig an scannán le Liam.

b Beidh sí saor oíche Dé hAoine.

c Buailfidh sí leis ag a seacht a chlog.

▶ Dialogue 2

Pádraig tells a colleague from another section of the company about a forthcoming meeting and asks if he will be able to attend.

Pádraig Beimid ag bualadh leis an dlíodóir amárach. An féidir leat bheith ann?

Éamann Is féidir, gan amhras. Cad a bheidh ar siúl?

Pádraig Táimid chun an mhonarcha nua a phlé.

Éamann An mbeidh Tomás i láthair?

Pádraig Cuirfidh mé scéala chuige. Labharfaidh mé leis na cuntasóirí freisin.

Éamann Cén t-am a bheidh an cruinniú ag tosú?

Pádraig Díreach i ndiaidh an lóin. Ag a dó a chlog.

True or false?

a Is féidir le hÉamann bheith ag an gcruinniú.
b Beidh an cruinniú ag tosú ag a naoi ar maidin.

dlíodóir (m)	*lawyer*
An féidir leat bheith ann?	*Can you be there?*
Cad a bheidh ar siúl?	*What will be happening?*
Táimid chun an mhonarcha (f) **nua a phlé.**	*We are going to discuss the new factory.*
Cuirfidh mé scéala (m) **chuige.**	*I'll send word to him.*
Labharfaidh mé leis na cuntasóiri freisin.	*I'll speak to the accountants also.*
Díreach i ndiaidh an lóin (m).	*Immediately after lunch.*

Reading

Here are two passages referring to future events.

a Read through them and see how much you can understand before consulting the translations that follow.

b Find the verbs in the future tense. Study the grammar sections 2, 3 and 4 below, and divide the verbs into 3 groups – Type 1 verbs, Type 2 verbs and irregular verbs.

▶ Weather forecast

Question: *What will the weather be like in the west tomorrow?*

Beidh sé scamallach ar fud na tíre maidin amárach. Tosóidh sé ag cur báistí san iarthar roimh mheán lae, agus leathfaidh an bháisteach seo soir i rith an lae. Stopfaidh an bháisteach amach sa lá, agus éireoidh sé fuar i dtús na hoíche. Beidh sioc in áiteanna i lár na tíre. Tiocfaidh feabhas ar an aimsir ón lá amárach amach.

scamallach	*cloudy*
amach sa lá (m)	*later* (lit. *out*) *in the day*
i dtús (m)	*at the beginning*
sioc (m)	*frost*
feabhas (m)	*improvement*

▶ Radio announcement

Question: *What will be the subject of the Taoiseach's speech tomorrow?*

Beidh láthair oidhreachta nua á oscailt amárach i Ros Muc, agus tá an Taoiseach le bheith ann. Buailfidh sé le hionadaithe pobail ina dhiaidh sin agus tabharfaidh sé óráid thábhachtach uaidh faoi pholasaí Gaeilge an Rialtais. Beidh sé ag teacht isteach anseo chugainn sa tráthnóna le haghaidh agallaimh. Rachaidh an t-agallamh sin amach ag a seacht a chlog, tar éis na Nuachta.

Taoiseach (m)	*prime minister*
cuairt (f)	*visit*
láthair (f) **oidhreachta** (f)	*heritage centre*
ionadaithe (m.pl) **pobail** (m)	*community representatives*
óráid (f)	*speech*
tugann...uaidh	*delivers*
rialtas (m)	*government*
agallamh (m)	*interview*

Translation 1

*It will be cloudy throughout the country tomorrow morning. It
will start raining in the west before midday, and this rain will
spread east in the course of the day. The rain will stop later in
the day, and it will become cold at the beginning of the night.
There will be frost in places in the centre of the country. The
weather will improve from tomorrow on.*

Translation 2

*A new heritage centre will be (being) opened tomorrow in Ros
Muc, and the Taoiseach is to be there. He will meet with
community representatives afterwards and he will make an
important speech about the Irish-language policy of the
Government. He will be coming in here to us in the afternoon
for an interview. That interview will go out at seven o'clock,
after the News.*

Grammar

1 Referring to future time

There are two ways of referring to future events, the future
progressive and the simple future tense.

The future progressive of a verb is formed by using its verbal
noun with **beidh** (*will be*). It refers to an event in progress in the
future. The Irish sentences that follow and their English
translations correspond closely in both form and use:

Beidh tú ag bualadh leo.	*You'll be meeting them.*
Beidh mé ag scríobh chuige.	*I'll be writing to him.*
An **mbeidh** tú ag teacht ar ais?	*Will you be coming back?*
Beidh muid ag éirí ag a hocht.	*We'll be getting up at eight.*

Remember that the verbal noun doesn't always correspond
closely to the verb, as in the case of **ag teacht** (*coming*) (**tagann**
comes). As we saw in Unit 4 some nouns denoting activities can
be used in this construction:

Beidh mé ag obair amárach.	*I'll be working tomorrow.*
Beidh mé ag caint leat arís.	*I'll be talking to you again.*

The simple future just states that something will happen,
without any indication of whether it is momentary or lengthy. It
has special endings – **-f(a)idh** for Type 1, **-(e)oidh** for Type 2 –
which are attached directly to the verb:

Ní oibreoidh sé.	It won't work.
Buailfidh mé leat ag a hocht.	I'll meet you at eight.
Scríobhfaidh mé chugat.	I'll write to you.
Tiocfaidh mé ar ais.	I'll come back.
Éireoidh muid ag a hocht.	We'll get up at eight.

▶ 2 Forming the future tense

Remove **-ann** from the present tense of a Type 1 verb and replace it with **-faidh** (after the vowels **a, o, u**) or **-fidh** (after the vowels **i, e**). This is pronounced **hí**.

Present		Future	
fan**ann**	*stays*	fan**faidh**	*will stay* (pron. fanhí)
cuir**eann**	*puts/sends*	cuir**fidh**	*will put/send* (pron. cuirhí)

Before a pronoun **-f(a)idh** is pronounced **ha** or **he**, with an obscure vowel. Compare these:

Fan**faidh** Síle anseo.	*Sheila will stay here.*
(pron. fanhí shíle)	
Fan**faidh** sí anseo.	*She will stay here.*
(pron. fanha shí)	

Here are some examples of other verbs in the future (note that **faidh = ha** or **he** before pronouns):

Déan**faidh** mé é sin duit.	*I'll do that for you.*
	(pron. dénha mé)
Feic**fidh** mé thú ag a seacht.	*I'll see you at seven.*
	(pron. fece mé)
An gcuir**fidh** tú glaoch orm.	*Will you call (i.e. phone) me.*
	(pron. guirhe tú)
Fan**faidh** muid in óstán.	*We'll stay in a hotel.*
	(pron. fanha mwid)
Scríobh**faidh** siad chugainn.	*They'll write to us.*
	(pron. scrífa shíud)
Fág**faidh** mé nóta duit.	*I'll leave a note for you.*
	(pron. fáca mé)

If a Type 2 verb ends in **-aíonn** in the present replace that with **-óidh**. If it ends in **-íonn** substitute **-eoidh**. This is pronounced **óí**.

Present		Future	
tos**aíonn**	*begins*	tos**óidh**	*will begin* (pron. tosóí)
im**íonn**	*goes away*	im**eoidh**	*will go away* (pron. imyóí)

The **-(e)oidh** is pronounced **ó** before a pronoun.

> Tosóidh an obair amárach.   (pron. tosóí)   *The work will*
> *start tomorrow.*
>
> Tosóidh siad amárach.   (pron. tosó shíud)   *They will start*
> *tomorrow.*

Here are some examples:

Ceannóidh mé cóta nua.	*I'll buy a new coat.* (pron. kyanó mé)
Imeoidh mé ag a deich.	*I'll leave at ten.* (pron. imyó mé)
Aithneoidh tú iad.	*You'll recognize them.* (pron. ahnyó tú)
Críochnóidh muid go luath.	*We'll finish soon.* (pron. kríchnó mwid)
Cabhróidh siad leat.	*They'll help you* (pron. kowró shíud)

3 *An?* and *ní* with the future tense

Negative **ní** and the question marker **an** are the same in the future as in the present tense:

ceannaíonn *buys*	**An** gceannóidh tú é? *Will you buy it?*
	Ní cheannóidh. No. (lit. *Won't buy*)
fanann *stays*	**An** bhfanfaidh tú ann? *Will you stay there?*
	Ní fhanfaidh. No. (lit. *Will not stay*)
tagann *comes*	**An** dtiocfaidh tu linn? *Will you come with us?*
	Ní thiocfaidh. No. (lit. *Won't come*)

4 Irregular forms in the future tense

A few verbs show additional changes in the future:

tagann *comes*	tiocfaidh	*will come* (pron. tyuc[u]í)
téann *goes*	rachaidh	*will go* (pron. rach[u]í)
tugann *gives*	tabharfaidh	*will give* (pron. túrhí)
itheann *eats*	íosfaidh	*will eat* (pron. ísí)
deireann *says*	déarfaidh	*will say* (pron. dérhí)
beireann ar *catches*	béarfaidh ar	*will catch* (pron. bérhí)

Here are examples of some of these. Remember to shorten the final vowel before a pronoun.

Rachaidh mé abhaile go luath.	*I'll go home early.*
Ní thabharfaidh siad pingin duit.	*They won't give you a penny.*
Ní íosfaidh mé tuilleadh de.	*I won't eat any more of it.*
Déarfaidh siad leat é.	*They'll tell you.*
Béarfaidh na Gardaí ort.	*The Guards (police) will catch you.*

The verb **tugann** (*gives*) is used in an idiom meaning *to visit* (resembling *to pay a visit to*). Here are some examples in the future tense:

Tabharfaidh an Taoiseach cuairt ar Chonamara.	*The Taoiseach will visit Connemara.*
Tabharfaidh mé cuairt oraibh.	*I'll visit you.*

5 The verb *faigheann* (gets) in the future tense

This verb has two forms – dependent (after **an, ní,** etc.) and independent – in the future tense:

An bhfaighidh tú ar ais é?	*Will you get it back?* (pron. un wy tú)
Gheobhaidh.	*Yes.* (lit. *Will get*) (pron. yói)
Ní bhfaighidh.	*No.* (lit. *Will not get*). (pron. ní wyí)

Notice that the form used after preverbs is the same as the present, but it shows eclipsis instead of lenition after **ní** – remember **ní bhfuair mé** (*I didn't get*).

6 The future passive

In Type 1 verbs this is formed by adding **-far** (**-fear** after **i, e**) instead of **-faidh**. The **f** in **-far** is pronounced **f** (unlike that in **-faidh**):

Scríobh**far** chuici.	*She will be written to.*
Déan**far** socruithe ar leith.	*Special arrangements will be made.*
Dún**far** an oifig go luath.	*The office will be closed early.*
Cuir**fear** foirm chugat gan mhoill.	*A form will be sent to you without delay.*

| Ní fheicfear arís é. | He/It won't be seen again. |
| Bronnfar na duaiseanna anocht. | The prizes will be presented tonight. |

The irregular verbs follow this pattern:

Tabharfar breis airgid dúinn.	We'll be given more money.
Gheobhfar ceann eile.	Another one will be got. (pron. yófar)
Ní bhfaighfear in am é.	It won't be got on time. (pron. wyfar)
Déarfar leat é.	You'll be told (it).
Béarfar orainn.	We'll be caught.

The passive corresponding to **beidh** (*will be*) is **beifear** (*one will be*):

| Beifear ag caint leat faoi. | Somebody will be talking to you about it. |

Type 2 verbs add **-far** to the **ó** (or **eo**) which marks this class of verbs in the future:

Osclófar an doras ag a hocht.	The door will be opened at eight.
Baileofar iad.	They will be collected.
Tosófar chomh luath agus is féidir.	(lit.) One will begin as soon as possible.
Críochnófar ag a naoi.	(lit.) One will finish at nine.

7 The preposition *chuig* (to, towards)

Here are the person forms:

chugam	towards me	chugainn	towards us
chugat	towards you	chugaibh	towards you
chuige	towards him	chucu	towards them
chuici	towards her		

Some examples:

Tar anseo **chugam**.	Come here to me.
Tá sé **chugainn**.	Here he comes. (lit. He is towards us)
Beidh sí **chugainn** go luath.	She'll be joining us shortly.
Cuirfidh mé scéala **chuige**.	I'll send word to him.
Scríobh **chuige**.	Write to him.
Cuir cárta **chucu**.	Send them a card.

Both **do** and **chuig** can be used with the same verb to give different shades of meaning:

Tabhair **dó** é seo.	*Give this to him.*
Tabhair **chuige** é seo.	*Take this to him.*
Scríobh litir **dó**.	*Write a letter for him.*
Scríobh litir **chuige**.	*Write a letter to him.*

The form **chugainn** preceded by **seo** (*this*) gives a phrase meaning *next*:

an tseachtain **seo chugainn**	*next week* (lit. *this week towards us*)
an bhliain **seo chugainn**	*next year* (lit. *this year towards us*)

8 Expressing intentions

The preposition **chun** (*towards*) followed by the verbal noun expresses an intention:

Tá mé **chun** dul abhaile anois.	*I am going to go home now.*
Tá mé **chun** fanacht anseo.	*I am going to stay here.*
Tá mé **chun** bualadh le Deirdre.	*I intend meeting Deirdre.*

Notice the difference in word order here:

Tá mé **chun** scríobh chucu. but	*I am going to write to them.*
Tá mé **chun** litir a scríobh.	*I am going to write a letter.*
Tá mé **chun** é a scríobh síos.	*I am going to write it down.*

In the second two examples the verbal noun has a direct object, and this must be placed *before* it. Here are some other examples:

Tá Bríd **chun** teach a cheannach.	*Bridget is going to buy a house.*
Tá mé **chun** an leabhar sin a léamh.	*I am going to read that book.*

This is the normal order of verbal noun clauses, which you have met before. Compare:

Ní féidir liom post a fháil.	*I can't get a job.*
Is maith liom peil a imirt.	*I like to play football.*

9 Using *ba* with adjectives

The copula (basic form **is**) is used to bring an adjective to the beginning of the sentence for emphasis. Remember these examples from Unit 6:

lá breá *a fine day*	Is breá an lá é. *It's a fine day.*
aimsir olc *bad weather*	Is olc an aimsir í. *It's bad weather.*

Note **é** here because **lá** is masculine and **í** because **aimsir** is feminine.

The past tense form **ba** lenites, giving:

Ba bhreá an lá é.	*It was a fine day.*
B'olc an aimsir í.	*It was bad weather.*

Ba can also mean *would be*, according to context. Here is an example of how this works:

Cheannaigh mé bronntanas do Mháire.	*I bought a present for Mary.*
Ba dheas an smaoineamh é sin.	*That was a nice idea.*
Ceannóidh mé bronntanas di.	*I'll buy her a present.*
Ba dheas an smaoineamh é sin.	*That would be a nice idea.*

Some further examples of **ba** + adjective:

Ba mhaith an smaoineamh é.	*It was/would be a good idea.*
Ba mhór an chabhair é.	*It was/would be a great help.*
Ba mhór an trua é.	*It was/would be a great pity.*

The last example is a very common expression but there is no basic phrase **trua mór** (*great pity*) corresponding to it.

10 Some expressions of time

a Díreach (*just, immediately*)

This word is used in various ways:

Tosóimid **díreach** ag a naoi.	*We'll begin at nine on the dot.*
Beidh mé **díreach** chugat.	*I'll be with you straight away.*
Tá sé **díreach** imithe amach.	*He has just gone out.*
díreach ina dhiaidh sin	*immediately after that*

b Some adverbs and adverb phrases

go luath	*shortly*
sul i bhfad	*before long*
chomh luath agus is féidir	*as soon as possible*
amach sa lá	*later in the day* (lit. *out in the day*)
amach sa bhliain	*later in the year*
ina dhiaidh sin	*afterwards* (lit. *after that*)
ar ball	*later*
níos déanaí	*later*

c The prepositions **ó** (*from*), **go dtí** (*up to*) and **idir** (*between*) are used as follows (note that the first uses an **n** to combine with **a**):

óna dó **go dtí** a trí a chlog	*from two to three o'clock*
idir a dó is a trí a chlog	*between two and three o'clock*

11 Avoidance of double article

Here are some examples illustrating the rule that in a phrase noun + article + noun, the first noun is understood to be definite (*the …*) although **an** (*the*) is not used. You have met this rule before (Unit 5), in phrases such as **bean an tí** (*the landlady*). Here are some more examples:

geata an choláiste	*the gate of the college*
bun an bhóthair	*the end* (lit. *bottom*) *of the road*
barr an bhóthair	*the top of the road*
lár an lae	*the middle of the day* (**lá** = *day*)
lár na cathrach	*the city centre* (**cathair** = *city*)
tús na hoíche	*the beginning of the night*
lár na hoíche	*the middle of the night*
polasaí an rialtais	*government policy (the policy of the government)*

Here are some examples in context:

Feicfidh mé thú i lár na cathrach.	*I'll see you in the city centre.*
Buailfidh mé leat ag bun an bhóthair.	*I'll see you at the end of the road.*

12 The plural of nouns in -í and -ú

There are many nouns which end in -aí and refer to occupation. In the plural they end in -aithe instead:

ionadaí	*representative*	ionad**aithe**
rúnaí	*secretary*	rún**aithe**
amhránaí	*singer*	amhrán**aithe**
gadaí	*thief*	gad**aithe**

Verbal nouns in -ú (or -iú) end in -(u)ithe:

socrú	*arrangement*	soc**ruithe**
síniú	*signature*	sín**ithe**
cruinniú	*meeting*	cruinn**ithe**

The basic meaning of **socrú** and **síniú** is *arranging* and *signing* respectively:

ag socrú rudaí   *arranging things*
ag síniú litreacha   *signing letters*

Practice

1 Beidh sé ag …

Study Michael's diary and say what he will be doing tomorrow. Use the future progressive:

Dialann Mhichíl (Michael's diary)

```
Luan
4
   6.45        traein go Gallimh
   9.30        bualadh le duine faoin
               bpost nua
  11.30        an tuarascáil nua a phlé
  - 12.15
   2.00        achoimre a scríobh ar
               an tuarascáil
  c.4.00       siopadóireacht – bronntanas
               a cheannach d'Aoife
   5.00        traein abhaile
```

achoimre (f)	summary
plé	discuss
tuarascáil (f)	report

Example:

Beidh Micheál ag dul ar an traein go
Gaillimh ag ceathrú chun a seacht.
Beidh sé ag bualadh le hÁine ó leath tar éis
a naoi go dtí leath tar éis a deich.

The verbs you will need (in order of appearance) are:

| téann | buaileann | labhrann | pléann | scríobhann |
| ceannaíonn | tagann |

2 The simple future: now describe Michael's plans for
tomorrow's trip to Galway using the simple future form of
the verbs listed in the box.

Example: Rachaidh sé ar an traein go Gaillimh.

3 Common irregular verbs
Insert the future form of the verbs in brackets:

a – Tá peann uaim.
  • Fan nóiméad agus (**faigheann**) mé ceann duit.
b – Níl pingin agam. Cad (**deireann**) mé le mo bhean chéile?
  • (**Tugann**) mé iasacht airgid duit.
c Céard (**itheann**) muid anocht?
  • Is cuma liomsa. Níl ocras orm.
d – Tá mé ag dul chuig na pictiúir le Niamh. An (**tagann**)
    tú linn?
  • (**Tagann**), cinnte.
e – Tá mé an-tuirseach. Ní bheidh mé ag dul chuig an
    gcruinniú anocht.
  • Ceart go leor. (**Téann**) mise ann agus (**deireann**) mé
    leat cad a tharlóidh.

▶ 4 Answer in the negative:

a • An bhfanfaidh tú le Seoirse anocht?
  – Ní _____ .
b • An gceannóidh tú carr nua?
  – Ní _____ .

c • An íosfaidh tú ceapaire?
  – Ní _____ .
d • An dtiocfaidh sé amárach?
  – Ní _____ .
e • An bhfaighidh tú ar ais é?
  – Ní _____ .

5 Seo trí theachtaireacht a ghlac an rúnaí nuair a bhí Pádraig as
an oifig (*the three messages below were taken for Pádraig
when he was out of the office*).

a Cathain a bheidh an cruinniú ar siúl?
b Cé a bheidh ann go cinnte? (*Who will definitely be there?*)
c Cén duine nach mbeidh ag an gcruinniú? (*Who won't be at the
meeting?*)
d Cé a chuirfidh glaoch ar Phádraig.

Chuig/To: *Pádraig*

Ó/From:

Dáta/Data: *Dé Luain 10.5.2001*

Am/Time:

TEACHTAIREACHT/MESSAGE:

3.25 p.m.   *Ghlaoigh Muiris Ó Súilleabháin. Beidh sé ag
an gcruinniú ach beidh sé déanach.
Tabharfaidh sé na cáipéisí duit ag an
gcruinniú.*

3.45 p.m.   *Ghlaoigh Orla Ní Bhriain ort. Tá sí ag lorg
eolais faoin gcruinniú Déardaoin. Glaofaidh sí
ort maidin amárach.*

4.05 p.m.   *Leithscéal ó Sheán de Búrca. Ní bheidh sé in
ann teacht chuig an gcruinniú. Cuirfidh sé
nóta chugat an tseachtain seo chugainn.*

| **cáipéis** (f) *document* | **cruinniú** (m) *meeting* | **glaoch** (m) *call* |

6 The future passive. Insert the appropriate forms of the verbs in brackets. (This text outlines the time arrangements for a local **Feis Cheoil**, which is a popular competitive event for traditional singing and dancing.)

Beidh an Fheis Cheoil ar siúl ar an tríú lá déag sa halla mór. (**Cuireann**) fógra sna nuachtáin. (**Osclaíonn**) an halla ag a haon a chlog agus (**tosaíonn**) ag a dó a chlog. (**Críochnaíonn**) thart ar a cúig agus (**bronnann**) na duaiseanna díreach ina dhiaidh sin.

---

7 Using **chun** to express intention. Say in Deirdre's own words that she is going to do these things at the weekend.

Example: ag imirt gailf le Neasa – Tá mé chun galf a imirt le Neasa.

a ag bualadh le Pól.
b ag déanamh siopadóireachta
c ag scríobh litreach chuig Pól
d ag dul chuig na pictiúir le hOrla

8 **Réalteolas Isidora**

You can probably guess what kind of text this is. **Léigh an téacs agus freagair na ceisteanna seo a leanas.**

a Who will manage to do a lot of work this summer?
b Who will be rewarded for hard work?
c Who is going to increase his or her standing in some people's estimation?

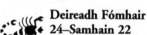

AN SCAIRP
SCORPIO

Deireadh Fómhair 24–Samhain 22

An samhradh seo beidh seans agat do stádas a ardú go mór. Beidh daoine ag brath go mór ort – ná lig síos iad, agus déanfaidh tú maitheas duit féin!

na h-éisc
pisces

**Feabhra 20 –
Márta 20**

*Tá tréimhse
an-taitneamhach
romhat a Phisces! Is duine
cruthaitheach tú, agus éireoidh
leat obair mhór a dhéanamh an
samhradh seo. Ach bí cúramach,
mar tá an grá san aer! Ná lig dó
tú a chur ar strae!*

an mheá
LIBRA

**Meán Fómhair 24 –
Deireadh Fómhair 23**

*Tá tú ag obair an-chrua
na laethanta seo. Ná
stop anois, mar tá an lá mór sin ag
teacht agus gheobhaidh tú do luach
saothair. Ach ansin beidh saoire ag
dul duit. Glac sos ar feadh
seachtaine nó dhó.*

(*From: Mahogany Gaspipe*, Samhradh, 1991)

réalta (f)	star	**cruthaitheach**	creative
eolas (m)	knowledge	**éiríonn le**	succeeds
stádas (m)	status	**cúramach**	careful
ardaíonn	raises	**grá** (m)	love
brathann	depends	**crua**	hard
ligeann (síos)	lets (down)	**luach** (m) **saothair**	reward
tréimhse (f)	period	**saoire** (f)	holiday
taitneamhach	pleasant	**glacann**	takes
sos (m)	brief rest	**ag dul duit**	due to you

9 **Ba** + adjective. Turn each of the sentences below into a sentence beginning with **ba**. The pronouns required are given in parentheses.

Example: rud maith → Ba mhaith an rud é.

a lá breá (é)
b rud iontach (é)
c cabhair mhór (é)
d aimsir olc (í)
e smaoineamh maith (é)

10 Expressions of time. Match up the Irish and English equivalents:

a i ndiaidh an chruinnithe
b tar éis na Nuachta
c an tseachtain seo chugainn
d sul i bhfad
e go luath
f díreach tar éis na Nuachta

i next week
ii as soon as possible
iii soon
iv after that
v after the News
vi after the meeting

g ina dhiaidh sin
h chomh luath agus is féidir

vii before long
viii immediately after the News

257
buaiffidh mé leat ag a
hocht

18

11 Complete the expressions following the examples.

Example: (1) lón – i ndiaidh an lóin; 2 bóthar – bun an bhóthair

a dinnéar – i ndiaidh an _____
b Nuacht – tar éis na _____
c oíche – lar na _____
d coláiste – geata an _____
e bóthar – barr an _____
f cathair – lár na _____

Comprehension

**Bainisteoir
Ghlór na nGael**

Táthar ag lorg iarratas don phost Bainisteoir Ghlór na nGael. Duine fuinniúil a ghlacfaidh páirt iomlán i bhforbairt Ghlór na nGael agus a chuirfidh pleananna An Choiste Stiúrtha i gcrích atáthar a lorg. Tá líofacht i labhairt agus i scríobh na Gaeilge riachtanach. Ceapfar an bainisteoir ar chonradh 5 bliana agus socrófar tuarastal taobh istigh de raon leathan ag brath ar cháilíochtaí agus ar thaithí.

Ba chóir iarratais ar an bhfoirm oifigiúil móide C.V. a sheoladh chuig an seoladh thíos lena shroichint roimh 29 Samhain 1991.

**An Rúnaí, Coiste Stiúrtha Ghlór na nGael,
Áras na Comhdhála, 86 Sráid Ghardnar Íochtair,
Baile Átha Cliath 1.**

Comórtas náisiúnta é Glór na nGael chun pobail a ghríosadh leis an nGaeilge a chur chun cinn ina gceantair féin.

(*From: Sunday Tribune*, 17 November 1991)

a What kind of text do you think this is?
b What kind of person would be interested in it?
c What does it tell us about *Glór na nGael*?
d How many verbs can you find in the future tense?

19 ceapaim go bhfuil an banc dúnta

I think the bank is closed

In this unit you will learn how to
- report what you have heard
- express opinions
- express probability

Read these two dialogues in conjunction with Part 1 of the
Grammar.

▶ Dialogue 1

Dónall tells a colleague that he is going to the bank. She has
heard that it is closed.

Dónall	Tá mé ag dul anonn chuig an mbanc.
Úna	Dúirt duine éigin go bhfuil sé dúnta inniu.
Dónall	Cén fáth?
Úna	Is cosúil go bhfuil siad ar stailc.
Dónall	An mbeidh sé oscailte amárach?
Úna	Is dóigh liom go mbeidh. Tabharfaidh mé iasacht airgid duit, más maith leat.
Dónall	Go raibh maith agat. Níl uaim ach fiche punt.
Úna	Seo duit.
Dónall	Gheobhaidh tú ar ais amárach é, má bhíonn an banc oscailte.

duine (m) **éigin**	*somebody*
anonn	*over*
is cosúil go	*It appears that*
is dóigh liom	*I suppose*
stailc (f)	*strike*
iasacht (f) **airgid** (m)	*a loan (of money)*
má	*if*
más maith leat	*if you like*
níl uaim ach	*I only want*

Questions

a Cén fáth go bhfuil an banc dúnta?
b Cé mhéad airgid atá ag teastáil ó Dhónall?

▶ Dialogue 2

Máiréad is being interviewed for a job by a factory manager. He
comments on her CV.

Bainisteoir	Feicim go bhfuil céim agat sa cheimic.
Máiréad	Tá.

Bainisteoir	Agus gur chaith tú bliain ag obair i Meiriceá mar theicneoir.
Máiréad	Chaith.
Bainisteoir	An dóigh leat gur fhoghlaim tú mórán?
Máiréad	Measaim gur mhaith an taithí é, agus gur thug sé tuiscint dom ar chúrsaí gnó.

ceimic (f)	*chemistry*
foghlaimíonn	*learns*
measaim	*I consider*
taithí (f)	*experience*
tuiscint (f)	*understanding*

Question

Cén cineál oibre a bhí ag Máiréad i Meiriceá?

▶ Dialogue 3

Siobhán is back from her holidays. She meets Eibhlís.

Eibhlís	Chuala mé go raibh tú ar saoire.
Siobhán	Bhí, sa Ghréig.
Eibhlís	Cén fhad a bhí tú ann?
Siobhán	Ar feadh coicíse.
Eibhlís	Tá dath na gréine ort. Creidim go mbíonn sé an-te ann sa samhradh.
Siobhán	Bíonn. Ceapaim go raibh sé timpeall daichead céim.
Eibhlís	Ní maith liomsa teas mar sin.
Siobhán	Cén fáth?
Eibhlís	Toisc go bhfuil mo chraiceann róbhán.

ar saoire (f)	*on holiday*
dath (m) **na gréine** (f)	*a tan* (lit. *the colour of the sun*)
céim (m)	*degree*
teas (m)	*heat*
toisc go	*because*
craiceann (m)	*skin*

Questions

a Cá raibh Siobhán ar saoire?
b Cén fhad a bhí sí ann?
c An maith le hEibhlís aimsir an-te?

Here is a radio announcement about a proposal to build a chemical factory. It is followed by two conversations in which people from the area in question give their views on this plan.

▶ Radio announcement

Tá sé tugtha le fios ag an Aire Tionsclaíochta go bhfuil monarcha ceimicí le tógáil sa Cheathrú Rua. Dúirt an tAire go mbeidh leathchéad duine ag obair ann ar dtús, agus go bhfásfaidh an lucht oibre go dtí dhá chéad amach anseo. Dúirt an Teachta Dála Liam Ó Móráin linn go bhfuil sé an-sásta go mbeidh postanna á gcur ar fáil. Tá lucht turasóireachta buartha áfach go ndéanfar dochar don timpeallacht agus, mar thoradh air sin, don turasóireacht.

tá sé tugtha le fios ag	*has been made known by* (lit. *has been given to know*)
Aire (m) **Tionsclaíochta** (f)	*Minister for Industry*
fásann	*grows*
amach anseo	*in the future*
lucht (m) **oibre** (f)	*the workforce*
lucht turasóireachta (f)	*tourist interests*
buartha	*worried*
dochar (m)	*damage*
timpeallacht (f)	*environment* (lit. *surroundings*)
mar thoradh (m) **air sin**	*as a result of that*

True or false?

a Beidh leathchéad duine ag obair sa mhonarcha nua ar ball.
b Tá an Teachta Dála Ó Móráin buartha faoin timpeallacht.

▶ Dialogue 4

Liam   Ar chuala tú go bhfuil monarcha nua le tógáil in aice leis an gcaladh?

Seosamh Chuala. Is dóigh liom go mbeidh raic faoi.

Liam   Beidh, is dócha. Cloisim go bhfuil cruinniú le bheith sa halla pobail oíche Déardaoin, chun é a phlé.

Seosamh An bhfuil tú chun dul ann?

Liam   Seans go rachaidh. An bhfuil aon tuairim agat cé a bheidh ag caint?

Seosamh	Níl mé róchinnte, ach sílim go mbeidh cúpla Teachta Dála ann.
Liam	Ba cheart dúinn dul ann, is dócha.
Seosamh	Ba cheart. Tá súil agam go gcuirfear stop leis.
Liam	Aontaím leat sa mhéid sin.

caladh (m)	*pier*
is dóigh liom go ...	*I think that ...*
raic (f)	*row, dispute (racket)*
le bheith	*to be (held)*
é a phlé	*to discuss it*
tuairim (f)	*opinion, idea*
ba cheart do	*should*
Tá súil agam	*I hope*
Aontaím leat	*I agree with you*
seans go	*may be* (lit. *chance that*)

Questions

a An bhfuil Seosamh i gcoinne na monarchan nua?
b Cad a cheapann Liam faoin monarcha nua?
c Cá mbeidh an cruinniú faoin monarcha?
d Cé a bheidh ann?

▶ Dialogue 5

Tomás	An bhfuil a fhios agat go bhfuil monarcha nua le tógáil anseo?
Donncha	An ea? Cén cineál monarchan?
Tomás	Monarcha ceimicí, is cosúil. Deirtear go mbeidh cúpla céad post ann. Nach breá an rud é don áit?
Donncha	Ní dóigh liom é. Céard faoin salachar go léir?
Tomás	Níor cheart go mbeadh sé ró-olc, agus tá fostaíocht ag teastáil.
Donncha	Ach mar sin féin beidh daoine buartha faoin turasóireacht.
Tomás	Beidh sé seo níos fearr ná turasóireacht, dar liom. Tá gá le postanna den chineál seo, i mo thuairim.
Donncha	Ní aontaím leat ar chor ar bith. Tá mise i gcoinne monarcha den chineál sin. Déanfaidh sé dochar don timpeallacht.

is cosúil	apparently
salachar (m)	dirt, pollution
fostaíocht (f)	employment
buartha faoi	worried about
níos fearr ná	better than
den chineál seo	of this kind
dar liom	in my view
tuairim (f)	opinion
ar chor ar bith	at all
i gcoinne	against

Questions

a Cén tuairim atá ag Tomás faoin monarcha nua?
b Cén fáth nach n-aontaíonn Donncha leis?

Grammar

1 *Go* (that)

The most basic use of this is in quoting what somebody has said.
For instance if Séan has said that he meets Máire every day –
Buailim le Máire gach lá (*I meet Mary every day*) – this can be
quoted as follows with **go**, which causes eclipsis:

Dúirt Seán go mbuaileann sé   *Seán said that he meets*
    le Máire gach lá.   *Máire every day.*

Go is also used in the future tense:

go mbeidh sé ag bualadh le   *that he will be meeting*
    Máire amárach.   *Máire tomorrow.*

There are special negative and past tense forms:

nach mbuaileann sé le Máire   *that he doesn't meet Máire*
    gach lá   *every day*
gur bhuail sé le Máire inné   *that he met Máire yesterday*
nár bhuail sé le Máire inné   *that he didn't meet Máire*
          yesterday

Here is a table summing up these equivalents of *that*:

	Positive	Negative
Present/Future	go (+ eclipsis)	nach (+ eclipsis)
Past	gur (+ lenition)	nár (+ lenition)

2 Reporting copula sentences

The **is** form is replaced by **gur** (without lenition):

Is maith an smaoineamh é.	*It's a good idea.*
Ceapaim **gur** maith an smaoineamh é.	*I think it's a good idea.*
Is múinteoir í.	*She is a teacher.*
Sílim **gur** múinteoir í.	*I think she is a teacher.*

The **ba** form, which means both *was* and *would be* (depending on context) is replaced by **gur** (with lenition):

Ba mhaith an smaoineamh é.	*It was/would be a good idea.*
Ceapaim **gur mh**aith an smaoineamh é.	*I think it was/would be a good idea.*
Ba Gharda é.	*He was a policeman.*
Creidim **gur G**harda é.	*I believe he was a policeman.*

3 Dependent forms of verbs after *go* (that)

If a verb has special dependent forms these must be used after **go** (*that*):

Tá sé daor.	*It is expensive.*
Ceapaim go **bhfuil** sé daor.	*I think it is expensive.*
Chuaigh sí abhaile.	*She went home.*
Sílim go **ndeachaigh** sí abhaile.	*I think she went home.*
Chonaic Seán é.	*Seán saw it.*
Creidim go **bhfaca** Seán é.	*I believe Seán saw it.*

4 Other expressions requiring a *go/nach* clause

Feicim go bhfuil carr aige.	*I see that he has a car.*
Cloisim go bhfuil carr aige.	*I hear that he has a car.*
B'fhéidir go bhfuil carr aige.	*Perhaps he has a car.*
Tá a fhios agam go bhfuil carr aige.	*I know that he has a car.*

Tá a fhios agam nach bhfuil   *I know she is not there.*
  sí ansin.
B'fhéidir nach bhfuil sé ar fáil.   *Perhaps it is not available.*

The phrase for *to know* literally means *its knowledge is at me*
(= *I have knowledge of it*).

5 Saying 'because'

You have already met **mar** (*because*):

D'fhan mé istigh mar   *I stayed in because I was*
  bhí mé breoite.   *sick.*

Another common way of saying *because* is **toisc go**, which
requires the dependent form of the verb where that exists:

D'fhan mé istigh toisc go   *I stayed in because I had a*
  raibh slaghdán orm.   *cold.*

Here are some more examples:

Fanfaidh mé istigh,   *I'll stay in,*
  toisc go bhfuil sé ag cur báistí.   *because it's raining.*
Níor fhéad mé labhairt leo,   *I couldn't talk to them,*
  toisc go raibh deifir orm.   *because I was in a hurry.*

or

toisc nach raibh an t-am agam.   *because I didn't have the*
    time.

6 Expressing opinions

Various verbs can be used to convey opinions or tentativeness:

Ceapaim go bhfuil se ró-dhaor.   *I think that it is too dear.*
Measaim   *I consider*
Sílim   *I suspect/suppose*
Glacaim leis ...   *I take it that ...*

7 Expressing probabilities

Copula phrases are very common in this function, especially **is
dóigh liom** (*I think (it) likely* – lit. *it is likely with me*):

Is dóigh liom go bhfuil an   *I think the bank is closed.*
  banc dúnta.
Ní dóigh liom go bhfuil sé   *I don't think it's open.*
  oscailte.

Is dóigh liom é.	*I think so.*
Ní dóigh liom é.	*I don't think so.*

The phrase **is dócha** (*it is probable*) is similar in meaning, but impersonal:

Is dócha go bhfuil oifig an phoist dúnta.	*The post office is probably closed.*
Ní dócha go bhfuil.	*It is unlikely to be.*

These can be echoed using **is dócha** (*if likely*) or **ní dócha** (*if unlikely*):

Is dócha go mbeidh.	*There probably will be.*
Ní dócha go bhfuil.	*(There) probably isn't.*
Is dócha go ndearna.	*(He/she) probably has done.*
Is dócha go ndearnadh.	*It probably has been done.*

The phrase **is cosúil** (lit. *it is like*) means *it appears that, it seems that* (and can also translate the adverbs *apparently, evidently*):

Is cosúil go mbeidh stailc ann.	*It appears there will be a strike.*
Is cosúil nach bhfuil Úna istigh.	*It seems that Úna isn't in.*
Is cosúil gur phós sí ó shin.	*It seems that she has married since.*
Is cosúil gur goideadh é.	*It seems to have been stolen.*
Tá cruinniú ar siúl, **is cosúil**.	*There is a meeting taking place, apparently.*

8 *Má* (if)

This is placed immediately before the verb:

Suigh cois na tine, **má** tá fuacht ort.	*Sit by the fire, if you are cold.*
Téigh abhaile, **má** tá tú breoite.	*Go home, if you are sick.*

All verbs except **tá** are subject to lenition:

Má **th**éann tú ann …	*If you go there …*
Fan sa bhaile, má **bh**íonn sé fliuch.	*Stay at home, if it is wet.*
Tar linn, má **bh**íonn tú saor.	*Come with us, if you are free.*

Notice that **má bhíonn** is used with reference to the future.
Má + is gives **más**:

Fan istigh, **más** maith leat.	*Stay in, if you like.*
Déanfaidh mé é, **más** féidir.	*I'll do it, if possible.*

Another way of expressing 'if' is discussed in Unit 20.

ceapaim go bhfuil an

9 How to say 'I hope'

The phrase **tá súil ag** (i.e. *there is expectation at*) is used:

Tá súil agam go mbeidh siad in am.	*I hope that they will be on time.*
Tá súil agam nach mbeidh báisteach ann.	*I hope there won't be rain.*
An dtiocfaidh Tomás amárach?	*Will Tomás come tomorrow?*
Tá súil agam go dtiocfaidh.	*I hope he will (come).*
An mbuailfidh tú leis?	*Will you meet him?*
Tá súil agam go mbuailfidh.	*I hope I will (meet).*

10 How to say 'to be done', etc.

Put **le** (*with*) before the verbal noun:

Tá sé **le** déanamh.	*It is to be done.*
Tá scoil nua **le** tógáil.	*A new school is to be built.*
Tá an mhonarcha **le** dúnadh.	*The factory is to be closed.*
Tá Seán **le** bheith ann.	*Seán is to be there.*
Tá cruinniú **le** bheith ann.	*A meeting is to be held.* (lit. *to be there*)

11 Giving strong advice

The phrase used is **ba cheart do** (*should*), i.e. the **ba** form of the copula + **ceart** (*right*) + **do** (*to, for*) – the sense is roughly *it would be right for (me) to ...* The imperative form of the verb (*a*) is contrasted here with **ba cheart do** (*b*):

(*a*)	Téigh abhaile.	*Go home.*
(*b*)	Ba cheart duit dul abhaile.	*You should go home.*
(*a*)	Tabhair cóta leat.	*Bring a coat with you.*
(*b*)	Ba cheart duit cóta a thabhairt leat.	*You should take a coat (with you).*

(a)	Labhair leis.	*Speak to him.*	
(b)	Ba cheart duit labhairt leis.	*You should talk to him.*	
(a)	Tosaigh arís.	*Start again.*	
(b)	Ba cheart duit tosú arís.	*You should start again.*	
(a)	Cuir stop leis.	*Stop him/it.*	
(b)	Ba cheart duit stop a chur leis.	*You should stop him/it.*	

Dropping **do** (**dom, duit,** etc.) gives an impersonal meaning.

Ba cheart stop a chur leis.   *It should be stopped.* (lit. *a stop should be put to it*)

The negative form is **níor cheart**:

Níor cheart duit dul ann.   *You shouldn't go there.*
Níor cheart é a dhéanamh.   *It shouldn't be done.*

Ba cheart (and **níor cheart**) can also be followed by **go** (*that*):

Ba cheart go mbeadh sé go breá.   *It should be fine.*
Níor cheart go mbeadh sí i bhfad.   *She shouldn't be long.*

Practice

1 Cad dúirt siad? (*Report what is said.*)

a Beidh mé ag dul go Londain amárach agus beidh mé ag filleadh abhaile Dé Sathairn. Ní bheidh mé in ann bualadh le Seosamh mar beidh mé an-ghnóthach. Risteard.

Example: Deireann Risteard go mbeidh sé ... agus nach mbeidh sé ...

b D'fhan mé istigh aréir toisc go raibh an-tuirse orm. Bhí mé traochta agus níor fhéad mé rud ar bith a dhéanamh. Shuigh mé síos agus thit mé i mo chodladh sa chathaoir. Máirín.

traochta	*exhausted*
féadann	*can, is able to*

c Tháinig mé abhaile thart ar a hocht a chlog ach ní fhaca mé Neasa mar bhí sí imithe amach. Chuaigh mé amach níos déanaí agus d'fhág mé nóta di. Ní raibh mé in ann fanacht. Cáit.

2 Express your opinion
   Ceapaim …
   Example: Is iontach an smaoineamh é sin. Ceapaim gur iontach an smaoineamh é sin.

   a Is maith an rud é sin.
   b Is mór an trua é sin.
   c Ní fiú é.
   d Tá sé ródhaor.
   e Tá do ghúna nua an-deas.

3 Expressing probability
   Is dócha/ní dócha … Change these definite statements into statements of probability.
   Example: Tiocfaidh sí amárach → Is dóigh liom go dtiocfaidh sí amárach.

   a Tá an ceart agat.
   b Beidh sé ann.
   c Ní bheidh Síle in ann teacht.
   d Chuaigh sí go Nua Eabhrac an mhí seo caite.

4 **Má** (*If*)
   Join up the left and right columns to make sentences. There are several possible combinations for some of these.

   a Buailfidh mé leat ag am lóin   i   má fheiceann tú é
   b Ná déan é   ii   más maith leat
   c Tabhair do Pheadar é   iii   má tá tú tinn
   d Déanfaidh mé é sin duit   iv   má tá tuirse ort
   e Téigh abhaile   v   má bhíonn tú ró-ghnóthach
   f Fan sa leaba   vi   más féidir

5 **Má. Líon isteach na bearnaí leis an bhfoirm cheart den bhriathar idir lúibíní.** (*Complete the gap with the correct form of the verb in brackets*):

   a Má _____ tú Pádraigín, abair léi go bhfuil mé ag fanacht léi (**feiceann**).
   b Má _____ tú saor am éigin, buail isteach (**bíonn**).
   c Má _____ tú seans, cuir glaoch orm (**faigheann**).

d Má _____ tú ann, glaoigh ar Phól agus buailfidh sé leat (**téann**).

| buail isteach | call in |

6 Tá súil agam go ... (*I hope that ...*)
Answer the questions as in the example.

Example: An dtiocfaidh Siobhán amárach?
Tá súil agam go dtiocfaidh.

a An mbuailfidh Seán leat?
b An gceannóidh d'athair an carr sin duit?

7 Giving advice. **Ba cheart duit ...** (*You should ...*)
Transform the comments into advice. The necessary forms of the verbs are supplied in brackets.

Example: Labhair le Máire faoi → Ba cheart duit labhairt le Máire faoi.

a Léigh arís é. (**léamh**)
b Tar go luath. (**teacht**)
c Cuir stop leis. (**cur**)
d Tabhair cóta leat. (**tabhairt**)
e Ná déan é. (**déanamh**) Níor _____
f Ná téigh ann. (**dul**) Níor _____

▶ Comprehension 1

Tomás finds that Peadar is not in his office. He asks another colleague where he might be. **Cá bhfuil sé?**

Tomás An bhfuil a fhios agat cá bhfuil Peadar?
Tadhg Sílim go ndeachaigh sé abhaile. Bhí sé ag rá go raibh sé tinn.
Tomás An dóigh leat go mbeidh sé ar ais?
Tadhg Ní dóigh liom go mbeidh. Cén fáth nach gcuireann tú glaoch air?

An bhfuil a fhios agat?	Do you know?
Cén fáth?	why?
glaoch (m)	(telephone) call
tinn	sick

Comprehension 2

Mura bhfuil tú cláraithe … (*If you are not registered …*)

Seo fógra as nuachtán. Léigh na ceisteanna ar dtús. (*On the next page is a newspaper announcement. Read the questions first.*)

a Cé chomh minic is a ullmhaítear clár nua toghthóirí? (*How often is a new register of voters prepared?*)
b Ba chóir do dhaoine áirithe cinntiú go bhfuil siad cláraithe. Cé hiad? (*Certain people should ensure they are registered. Who are they?*)
c Déan liosta de na háiteanna ar féidir leat an clár a scrúdú. (*Make a list of the places where you can examine the register.*)
d Cad é an dáta deireanach ar féidir leat an clár a scrúdú? (*What is the last date on which you can examine the register?*)

muna = mura ullmhaíonn	prepares
Ní mór duitse …	*It is necessary for you …*
cláraithe	registered
clár	register (here)
cinntíonn	makes sure
go háirithe	especially
scrúdú	examining, to examine
athraíonn	changes
breithlá = lá breithe	birthday
buail isteach	call in
athraíonn	changes
dréacht	draft
údarás	authority
áitiúil	local

Mura bhfuil tú cláraithe, ní bheidh vóta agat.

Tá sé chomh simplí leis sin.
Ullmhaítear clár nua toghthóirí gach
bliain – ní mór duitse a chinntiú go
bhfuil tú cláraithe.
Go háirithe tá sé tábhachtach an clár a
scrúdú má d'athraigh tú do sheoladh le
déanaí, nó má bhíonn
do 18ú breithlá agat faoi 15 Aibreán.
Mar sin scrúdaigh an dréachtchlár anois.
Mura bhfuil tú cláraithe,
ní bheidh vóta agat.
BUAIL ISTEACH GO DTÍ
STÁISIÚN AN GHARDA, AN
PHOSTOIFIG, AN LEABHARLANN
PHOIBLÍ, TEACH NA CÚIRTE NÓ
OIFIG AN ÚDARÁIS ÁITIÚIL

Scrúdaigh an dréachtchlár roimh 15 Eanáir

(*From: Anois,* 28–29 Nollaig, 1991)

20

céard a dhéanfá?

what would you do?

In this unit you will learn how to
- make requests
- offer hospitality
- persuade
- give advice
- refer to things which are likely, possible or probable

▶ Dialogue 1

Seosamh calls around to Liam's house for the first time in months.

Liam	Tú féin atá ann, a Sheosaimh. Conas tá tú? Tar isteach.
Seosamh	Táim go maith. Is fada ó bhí mé anseo.
Liam	Tá tamall fada ann. An ólfá cupán caife?
Seosamh	Ólfaidh.
Liam	Ar mhaith leat aon ní le hithe?
Seosamh	Ba mhaith liom cúpla briosca, má tá siad agat.

an ólfá?	would you drink?
le hithe	to eat
má	if
briosca	biscuit

Question

Cén deoch agus cén bia a theastaíonn ó Sheosamh?

▶ Dialogue 2

A telephone caller leaves a message with somebody's secretary.

Duine ar an bhfón	An bhféadfainn labhairt le Tomás Mac Néill, le do thoil?
Rúnaí	Tá sé ag freastal ar chruinniú faoi láthair.
Duine ar an bhfón	An bhféadfá teachtaireacht a ghlacadh?
Rúnaí	Glacfaidh, cinnte. Abair leat.

an bhféadfainn/an bhféadfá?	could I/could you?
ag freastal ar chruinniú (m)	attending a meeting
teachtaireacht (f) **a ghlacadh**	to take a message
Abair leat.	Go ahead. (**leat** with you = ahead here)

Question

Cad a iarrann an duine ar an bhfón?

▶ Dialogue 3

A member of the audience in a television programme is asked by the host (**fear an tí**) how she would spend a large lottery win.

Fear an tí Céard a dhéanfá dá mbuafá céad míle punt sa Lotto?

Caitlín Cheannóinn carr nua dom féin, agus ansin rachainn ar saoire.

Fear an tí An éireofá as do phost?

Caitlín Ní dhéanfainn. Is dóigh liom go rachainn as mo mheabhair mura mbeinn ag obair.

Fear an tí Cá rachfá ar saoire?

Caitlín Ba bhreá liom dul chun na hAstráile. Tá deirfiúr agam ann.

Fear an tí Conas a chaithféa an chuid eile den airgead?

Caitlín Níl a fhios agam. B'fhéidir go gcuirfinn sa bhanc é go dtí go smaoineoinn ar rud éigin.

Céard a dhéanfá?	What would you do?
dá mbuafá	if you won
An éireofá as?	Would you quit?
go rachainn as mo mheabhair	that I would go mad (lit. out of my mind)
mura mbeinn	if I were not
Conas a chaithfeá?	How would you spend?
B'fhéidir go gcuirfinn ... é	Maybe I would put it ...
go dtí go smaoineoinn ar	until I thought of

Questions

a Cad é an chéad rud a dhéanfadh Caitlín dá mbuafadh sí an Lotto?

b Cén fáth a rachadh sí ar saoire chun na hAstráile?

Grammar

1 Would – the conditional mood of the verb

This refers to things which are not actual fact, but are likely, possible or probable; it corresponds to the *would* form of the English verb, e.g. *I would buy/go*, etc. Its formation is as follows:

▶ Type 1 verb, e.g. **déanann** (*does, makes*): Add lenition, **f** and ending.

dhéan**fainn**	*I would do*	(pron. yénhin)
dhéan**fá**	*you would do*	(pron. yénhá)
dhéan**fadh** sé/sí	*he/it/she would do*	(pron. yénhuch shé/shí)
dhéan**faimis**	*we would do*	(pron. yénhimish)
dhéan**fadh** sibh	*you would do*	(pron. yénhuch shiv)
dhéan**faidís**	*they would do*	(pron. yénhidísh)

Verbs which begin with a vowel or **f** have a **d** prefixed to them.

ólann	*drinks*	d'ólfadh	*would drink* (pron. dólhuch)
féadann	*is able to*	d'fhéadfadh	*would be able to* (pron. détuch)

▶ Type 2 verb, e.g. **ceannaíonn** (*buys*): Add lenition, **ó** and ending.

cheann**óinn**	*I would buy*	(pron. hyanóin)
cheann**ófá**	*you would buy*	(pron. hyanóhá)
cheann**ódh** sé/sí	*he/it/she would buy*	(pron. hyanóch shé/shí)
cheann**óimis**	*we would buy*	(pron. hyanómish)
cheann**ódh** sibh	*you would buy*	(pron. hyanóch shiv)
cheann**óidís**	*they would buy*	(pron. hyanódísh)

Verbs which begin with a vowel or **f** have a **d'** prefixed to them. Following a slender consonant **ó** is written **eo**:

imíonn *goes (away)* d'imeodh *would go (away)* (pron. dimyóch)

foghlaimíonn *learns* d'fhoghlaimeoch *would learn* (pron. dowlᵘimyóch)

2 The use of the conditional

It can be used for making requests, suggestions, advising, persuading and offering hospitality:

An **dtiocfá** liom?	*Would you come with me?*
Ní **dhéanfainn** é sin.	*I wouldn't do that.*
Ní **cheannóinn** an teach sin.	*I wouldn't buy that house.*
Mholfainn duit glacadh leis.	*I would advise you to accept it.*
Dhéanfadh sé maitheas duit.	*It would do you good.*

Nach **smaoineofá** air?	*Wouldn't you think about it?*
An **ólfá** cupán tae?	*Would you drink a cup of tea?*

3 The conditional of *féadann* 'is able to, can'

When combined with verbal nouns this gives an equivalent to English *I could do/go*, etc.:

D'fhéadfainn dul ann.	*I could go there.*
D'fhéadfainn é sin a dhéanamh.	*I could do that.*
D'fhéadfadh sé bheith fuar anocht.	*It could be cold tonight.*

The conditional of **tarlaíonn** (*happens*) can have this sense of *could* also:

Tharlódh go mbeadh sé fuar.　　*It could (happen to) be cold.*

4 Questions in the conditional

Questions about purely hypothetical things are both asked and replied to using the conditional:

An bhféadfá é sin a dhéanamh?	*Could you do that?*
D'fhéadfainn.	*I could.*
Ní fhéadfainn.	*I couldn't.*

Polite offers and requests are asked using the conditional and replied to using the future:

An ólfá deoch/cupán tae?	*Would you like a drink/ cup of tea?*
Ólfaidh.	*Yes.* (lit. *will drink*)
Ní ólfaidh.	*No.* (lit. *won't drink*)
An ndéanfá gar dom?	*Would you do me a favour?*
Déanfaidh.	*Yes.* (lit. *will do*)
An dtabharfá iasacht deich euro dom?	*Would you lend me €10?*
Tabharfaidh.	*Yes.* (lit. *will give*)
An gcabhrófá liom?	*Would you help me?*
Cabhróidh.	*Yes.* (lit. *will help*)

Is/ní féidir (*can/can't*) may be used to reply to **an bhféadfá?** (*could you?*) (instead of **féadfaidh** *will be able to*, which one would expect).

An bhféadfainn labhairt le Máire?	*Could I speak to Máire?*
Is féidir, cinnte.	*Yes, certainly.*

5 The conditional of *tá* (is)

The conditional form of **tá** (*is*) is **bheadh** (*would be*) (pron. vech). Its full range of forms is as follows:

bheinn *I would be* (pron. ven)
bheifeá *you would be* (pron. vehá)
bheadh sé/sí *he/she would be* (pron. vech shé/shí)
bheimis *we would be* (pron. vemish)
bheadh sibh *you would be* (pron. vech shiv)
bheidís *they would be* (pron. vedísh)

Here are some examples:

Bheinn buíoch díot. *I would be grateful to you.*
Bheadh sé sin go deas. *That would be nice.*

Remember that **an?** requires eclipsis instead of lenition (see Unit 8):

An **mb**eifeá sásta leis sin? *Would you be happy with that?*

An **mb**eadh caoga cent agat? *Would you have fifty cents?*

The conditional progressive consists of **bheinn** etc. + verbal noun:

Bheinn amuigh ag siúl dá mbeadh sé go breá. *I would be out walking if it were fine.*

6 Irregular conditional forms

A verb which is irregular in the future tense is also irregular in the conditional.

Present	Future	Conditional
tagann *comes*	**tiocfaidh** *will come*	**thiocfadh** *would come*
téann *goes*	**rachaidh** *will go*	**rachadh** *would go*
tugann *gives*	**tabharfaidh** *will give*	**thabharfadh** *would give*
faigheann *gets*	**gheobhaidh** *will get*	**gheobhadh** *would get*
	ní bhfaighidh *will not get*	**ní bhfaigheadh** *would not get*
itheann *eats*	**íosfaidh** *will eat*	**d'íosfadh** *would eat*
deireann *says*	**déarfaidh** *will say*	**déarfadh** *would say*
beireann *bears*	**béarfaidh** *will bear*	**bhéarfadh** *would bear*

The conditional forms on the right of the table above are pronounced: **hukuch, rachuch, húrhuch, yóch, ní voych, dísuch, dérhuch** and **vérhuch**.

Notice that **déarfadh** lacks lenition, and that there is no **f** in **rachadh**.

Two interviews

Members of the public are asked how they would promote the use of Irish: **Cad a mholann siad?** (*what do they recommend?*)

Interview 1

Iriseoir	Cad a mholfá chun an Ghaeilge a neartú?
Donncha	Ba cheart go mbunófaí níos mó scoileanna lánGhaelacha.
Iriseoir	An mbeadh suim ag go leor daoine iontu, dar leat?
Donncha	Ba chóir go mbeadh, dá mbeidís go maith.
Iriseoir	Aon rud eile?
Donncha	Dá labharfaí níos mó Gaeilge sa Dáil, dhéanfadh sé sin maitheas.

Cad a mholfá?	*What would you recommend?*
neartú	*to strengthen*
Ba cheart go mbunófaí ...	*There should be established...*
scoileanna lánGhaelacha	*Irish-medium schools*
An mbeadh suim ag ...	*... Would ... be interested?*
Dá labharfaí níos mó Gaeilge ...	*If more Irish were spoken ...*

Interview 2

Iriseoir	Conas a chuirfeá an Ghaeilge chun cinn, dá mbeadh sé ar do chumas?
Niamh	Ba cheart go mbeadh níos mó Gaeilge ar an teilifís.
Iriseoir	Cad eile?
Niamh	Dá mbainfeadh daoine úsáid as an méid Gaeilge atá acu.
Iriseoir	Fiú mura bhfuil Gaeilge mhaith acu?
Niamh	Gan amhras. B'fhéidir go dtiocfadh feabhas orthu.

Conas a chuirfeá … chun cinn?	*How would you advance …?*
Ba cheart go mbeadh …	*There should be …*
Dá mbainfeadh daoine úsáid as …	*If people made use of …*
Fiú mura bhfuil	*Even if (they) don't*
gan amhras	*without a doubt*
feabhas	*improvement*

Grammar

7 The passive form of the conditional

This has a special ending **-f(a)í** whose **f** is pronounced as such (and not as **h**).

Type 1 verbs add **-fí** if the preceding vowel is **i** or **e**:

Bhris**fí** é.	*It would be broken.*
Ní chreid**fí** é sin.	*That wouldn't be believed.*
Bhei**fí** ullamh faoin am sin.	*One would be ready by that time.*

Type 1 verbs otherwise add **-faí**:

An ndéan**faí** in am é?	*Would it be done on time?*
Ní déar**faí** focal faoi.	*Not a word would be said about it.*
Dá ndó**faí** é.	*If it were burnt.*

Type 2 verbs have **-ófaí** or **-eofaí** depending on the preceding vowel:

Ní cheann**ófaí** é sin.	*That wouldn't be bought.*
Dá smaoin**eofaí** in am air.	*If it were thought of on time.*

8 How to say 'if': *má* and *dá*

You will have noticed that there are two ways of saying *if* in Irish.

a **Má** (with lenition) refers to something which is likely. It is followed by the present tense when either present or future events are being referred to.

b **Dá** (with eclipsis) refers to something which is less likely, or unlikely, and requires the conditional.

Compare these:

Má bhuaileann tú leis	*If you meet him*
Dá mbuailfeá leis	*If you were to meet him*
Má théann tú ann	*If you go there*
Dá rachfá ann	*If you went there*

9 *Má* with the verb *tá* (is): *Má tá* and *má bhíonn*

The verb **tá** (*is*) makes a distinction of its own between two simple forms in the present tense, namely **tá** (*is*) (right now) vs. **bíonn** (*is*) (normally or habitually). However, **má bhíonn** often refers to the future. **Má bheidh** is not used.

Compare:

An dtabharfá iasacht deich euro dom?	*Could you lend me ten euros* (now)?
Déanfaidh, **má tá** sé agam.	*I will (do), if I have it* (now).
An dtabharfá dom é amárach?	*Could you give it to me tomorrow?*
Déanfaidh, **má bhíonn** sé agam.	*I will (do), if I have it* (at that future time).

Má tá and **má bhíonn** can both combine with verbal nouns:

Má tá sé ag obair anois.	*If he/it is working now.*
Má bhíonn sé ag obair amárach.	*If he/it is working tomorrow.*

10 *Mura* (if not)

This causes eclipsis, and requires the dependent form of the verb, if there is one. Here is a comparison with **má** and **dá**, both meaning *if*:

	Likely (present)	Unlikely (conditional)
Positive	má tá tú gnóthach	dá mbeifeá gnóthach
	if you are busy	*if you were busy*
Negative	**mura bh**fuil tú gnóthach	**mura mb**eifeá gnóthach
	if you are not busy	*if you were not busy*

Here are some examples of **mura**:

Tar linn, **mura** bhfuil tú gnóthach.	*Come with us, if you are not busy.*
An mbeifeá ann, **mura** mbeifeá gnóthach?	*Would you be there, if you weren't busy?*
Rachainn amach, **mura** mbeadh sé ag cur báistí.	*I would go out if it weren't raining.*

You will also encounter **muna**, the older form of **mura**.

11 *B'fhéidir* (maybe, perhaps)

This is a phrase, consisting of **ba** (conditional of the copula) + **féidir**, and literally meaning *it would be possible*. When used with reference to future time it is followed by **go** (*that*) and the conditional mood of the verb:

An bhféadfá labhairt leo?	*Could you talk to them?*
B'fhéidir go labharfainn.	*Maybe I will* (lit. *would*) *(talk).*
An mbeidh tú ann?	*Will you be there?*
B'fhéidir go mbeinn.	*Maybe I will.* (lit. *would be*)

12 The conditional of the copula

These are the forms:

	Statement	Question
Positive	ba	ar
Negative	níor	nár

You have already met three of these in connection with the phrase meaning 'to like':

Ar mhaith leat cupán tae?	*Would you like a cup of tea?*
Ba mhaith.	*Yes.*
Níor mhaith.	*No.*

Here are some other examples:

Is maith an rud é. *(It's a good thing.)*	becomes	Ba mhaith an rud é. *(It would be a good thing.)*
Is cuma liom faoi. *(I don't care about it.)*	becomes	Ba chuma liom faoi. *(I wouldn't care about it.)*

Nách maith an rud é? becomes Nár mhaith an rud é?
(*Isn't it a good thing?*) (*Wouldn't it be a good
thing?*)

13 Expressing obligation

In the last unit you met **Ba cheart ...** *It would be right ...* An
alternative form of this is **Ba chóir ...** *It would be proper ...*

These are followed either by **go** (*that*) or by a verbal noun
clause. For instance *that should be done* can be translated either
way:

Ba chóir go ndéanfaí é sin.
Ba chóir é sin a dhéanamh.

If you want to say that a particular person should do something,
use **do** (*to*) to indicate the person in question:

Ba chóir **do** Mháire bheith   *Máire should be here.*
  anseo.
Ba chóir **duit** é a dhíol.   *You should sell it.*

Practice

1 Here are four short jumbled dialogues of two lines each.
Sort them out and note which tenses are used.

  a An ólfá deoch?
  b Rachaidh, cinnte
  c Ní íosfaidh, go raibh maith agat.
  d An ndéanfá gar dom?
  e Ólfaidh.
  f Déanfaidh.
  g An rachfá go Londain liom?
  h An íosfá ceapaire?

2 Complete and answer these hypothetical questions as you
wish, putting the verbs in the conditional.

  Dá dtabharfaí rogha duit (*if you were given the choice*):

  a an _____ carr nua?
  b an _____ as an tír?
  c an _____ gar do strainséir?
  d an _____ sásta éirí as do phost?
  e an _____ ar saoire amárach?

f an _____ sa teach/san árasán anna bhfuil tú i do chónaí faoi láthair?

g an _____ iasacht deich bpunt do chara duit?

gar	*favour*
strainséir	*stranger*

déanann	fanann	imíonn	téann	tugann	ceannaíonn	tá

3 **Críochnaigh na comhráite seo** (*finish these dialogues*). The missing requests or enquiries are listed here to guide you:

asking for help	asking someone to lend you €10
asking a favour of someone	asking someone to take a message
asking to speak to someone	asking for 20c for the telephone

a _____ _____ _____ ?
Cé atá ag caint?
Dónall Ó Sé.
Fán nóiméad, le do thoil.

b _____ _____ _____ ?
Déanfaidh, más féidir liom.

c _____ _____ _____ ?
Ó … Tá brón orm, ach níl pingin agam faoi láthair.

d _____ _____ _____ ?
Fán go bhfeicfidh mé … seo duit.
Go raibh maith agat.

e An bhfaca tú Pádraigín in áit ar bith?
Ní fhaca.
_____ _____ _____ ?
Glacfaidh, cinnte.
Abair leis gur mhaith liom bualadh leis tráthnóna.

f Tá mé ag deisiú an chairr. _____ _____ _____ ?
Cabhróidh, cinnte.

ag deisiú	*repairing*
teachtaireacht	*message*
glacann	*takes*

4 Make up interviews like the one with Risteard on what Máiréad and Eoghan would do if they won the Lotto.

	teach a cheannach	dul ar saoire	éirí as a p(h)ost	airgead a thabhairt do na boicht	cóisir a shocrú	an t-airgead a chur sa bhanc
Risteard			x	?	x^1	
Máiréad	x	x^1	?			
Eoghan		?			x	x^1

na boicht	*the poor*
cóisir (f)	*a party*
socrú	*to arrange*

x^1 = the first thing the person would do   x = would do
? = might do

Iriseoir   Céard a dhéanfá dá mbuafá an duais mhór sa Lotto, a Risteaird?

Risteard   Is é an chéad rud a dhéanfainn ná cóisir a eagrú.

Iriseoir   Feicim. Agus ina dhiaidh sin?

Risteard   D'éireoinn as mo phost, agus b'fhéidir go dtabharfainn roinnt airgid d'eagras carthanachta.

duais (f)	*prize*
eagrú	*to organize*
eagras carthanachta	*a charitable organization*

▶ 5 Practise these guided conversations:

a   **Tugann B cuairt ar A.** (*B is visiting A*)
   A offers B tea.
   B accepts.
   A offers sandwich (**ceapaire**).
   B politely refuses.

b   **Ar an bhfón.**
   A asks to speak to Pól.
   B Pól is not there.
   A asks B to give him a message.
   B agrees.

6 Insert the appropriate forms of the verbs below after **má** or **dá**:

a Má _____ tú le Pól, abair leis go bhfuil mé anseo.

b Má _____ Bríd ann, rachaidh mise léi.

c Tabharfaidh mé do Mháire é, má _____ sí ann.

d Cad a déarfadh Seán dá _____ sé an scéal.

e Cad a cheannófá dá _____ airgead agat?

tá	téann	cloiseann	buaileann

21

bhíodh mórán le déanamh agam

I used to have a lot to do

In this unit you will learn
- to talk about events that happened regularly in the past

Before you start

This unit will deal with events that happened regularly in the past, as opposed to individual past events. This distinction is important not only in historical texts but also in talking about earlier periods of one's life.

▶ Dialogue

B'fheirmeoir é Tomás tráth, ach tá sé éirithe as anois. Tagann an sagart chuige ar cuairt. (*Tomás, a retired farmer, is visited by a priest. He reminisces about former times, and compares the inactivity of retirement with his working life*).

Sagart	Conas tá ag éirí leat, a Thomáis?
Tomás	Ní ceart dom gearán, a athair, ach b'fhearr liom bheith ag obair.
Sagart	Tá sé deacair an t-am a chaitheamh, is dócha?
Tomás	D'fhéadfá a rá go bhfuil.
Sagart	An mbíonn uaigneas ort anois?
Tomás	Bíonn, mar ní fheicim mórán daoine.
Sagart	An éiríonn tú go moch i gcónaí?
Tomás	Éirím, mar dúisím go luath.
Sagart	Conas a chaiteá an lá nuair a bhí an fheirm agat?
Tomás	Bhíodh mórán le déanamh agam. D'éirínn ag a sé sa samhradh agus ag a hocht sa gheimhreadh. Is é an chéad rud a dhéanainn nuair a d'éirínn ná dul amach ag crú na mbó. Thógadh sé sin uair an chloig ar a laghad. Ach anois ní bhíonn dada le déanamh agam ar maidin. Bhíodh rudaí le déanamh ar an bhfeirm i rith an lae.
Sagart	Agus d'fheicteá go leor daoine.
Tomás	D'fheicinn, mar thagadh na comharsain chuig an teach go minic, go háirithe nuair a bhíodh gá le cabhair. Chuidímis go léir lena chéile an uair sin.

gearán	*to complain* (also, as a noun, *a complaint*)
Conas a chaiteá?	*How used you spend?*
bhíodh ... agam	*I used to have ...*
D'éirínn.	*I used to get up.*
a dhéanainn	*which I used to do*
ag crú na mbó	*milking the cows* (**bó** = *cow*)
thógadh sé sin	*that used to take*
dada	*nothing*

d'fheicteá	you used to see
thagadh na comharsain	the neighbours used to come
nuair a bhíodh gá le cabhair	when there was (lit. used to be) need of help
Chuidímis ... lena chéile.	We used to help ... one another.
go léir	all

True or false?

a Tá Tomás sásta bheith éirithe as an obair.
b Bíonn uaigneas air anois.
c Fanann sé sa leaba déanach ar maidin.

Here are some texts about earlier periods in Irish history.

▶ Text 1

An bia a d'itheadh na Normannaigh
Food in the Norman castle

D'éiríodh muintir an chaisleáin le breacadh an lae. Ní bhíodh ach roinnt bheag aráin agus fíona acu don bhricfeasta. D'fhanadh an chuid is mó acu ina seasamh agus iad ag ithe. Bhíodh an dinnéar acu ag meán lae, agus d'ithidís an suipéar timpeall a sé sa tráthnóna.

D'itheadh na tiarnaí Normannacha a lán feola – mairteoil, caoireoil agus muiceoil. Chuirtí mórán den fheoil ar salann. D'úsáidtí spíosraí agus luibheanna chun blas níos fearr a chur ar an bhfeoil. Bhí cosc ar fheoil ar an Aoine agus d'ití iasc an lá sin. Bhíodh glasraí ag na Normannaigh freisin. Bhí cabáiste, oinniúin agus cairéid coitianta ag an am sin. Ach ní raibh aon phrátaí ann.

Arán bán cruithneachta a bhíodh acu. Thógaidís beacha agus d'úsáidtí mil chun bia a mhilsiú faoi mar a úsáidimidne siúcra inniu.

Fíon, beoir, agus bainne na deochanna is mó a d'ólaidís.

a d'itheadh	which (they) used to eat
muintir an chaisleáin	the inhabitants of the castle
le breacadh an lae	at daybreak
roinnt bheag	a small portion, a little
d'fhanadh ... ina seasamh	used to remain standing (lit. in their standing)
tiarna	a lord
chuirtí ... ar salann	used to be salted (lit. put on salt)
d'úsáidtí	used to be used
spíosra	spice
luibh	herb
blas	taste
d'ití	used to be eaten
cruithneacht	wheat
beach	a bee
mil	honey
milsiú	sweetening, to sweeten
faoi mar a	in the same way as
fíon	wine
beoir	beer
a d'ólaidís	which they used to drink

Questions

a Céard a bhíodh ag na Normannaigh don bhricfeasta?

b Cén cineál feola a d'ithidís?

c Cén lá a d'ití iasc?

d Céard a d'ólaidís de ghnáth?

▶ Text 2

An saol sa mhainistir
life in the monastery

D'oibríodh na manaigh go dian agus mhairidís de réir rialacha dochta. D'ithidís arán, iasc agus uibheacha agus d'ólaidís bainne. Ní ití feoil ach amhain ar an Domhnach. Thagaidís le chéile sa séipéal chun paidreacha a rá roinnt uaireanta sa lá. Thugaidís go léir, an t-ab san áireamh, lámh chúnta ar an bhfeirm. D'oibríodh cuid acu sa leabharlann agus dhéanaidís cóipeanna de leabhair. Bhí scoileanna i gcuid de na mainistreacha. D'fhoghlaimíodh na mic léinn léamh agus scríobh na Laidine.

manach	monk	lámh chúnta	a helping
de réir	according to		hand
riail	rule	cuid acu	some of them
docht	strict		(but **cuid de**
ach amháin ar	except on		some of below)
séipéal	chapel	cóip	copy
paidir	prayer	léamh agus	reading and
ab	abbot	scríobh	writing
san áireamh	included		

Questions

a Cén lá a d'itheadh na manaigh iasc?
b Cé a bhíodh ag obair ar an bhfeirm?

Grammar

▶ 1 The past habitual of the verb

There are special forms of the verb for referring to recurring events in the past. They are formed as follows:

Type 1 verb e.g. **déanann** *does, makes*: Add lenition and endings

dhéanainn	I used to do	(pron. yén^{u}in)
dhéantá	you used to	(pron. yéntá)
dhéanadh sé/sí	he/it/she used to do	(pron. yén^{u}ch shé/shí)
dhéanaimis	we used to do	(pron. yén^{u}imish)
dhéanadh sibh	you used to do	(pron. yénuch shiv)
dhéanaidís	they used to do	(pron. yén^{u}idísh)

Verbs which begin with a vowel or **f** prefix **d'**

ólann	drinks	d'ólainn	I used to drink	(pron. dól^{u}in)
itheann	eats	d'ithinn	I used to eat	(pron. dihin)
fanann	stays	d'fhanainn	I used to stay	(pron. dan^{u}in)

Type 2 verb, e.g. **ceannaíonn** *buys*: Add lenition and endings

cheannaínn	I used to buy	(pron. hyan^{u}ín)
cheannaiteá	you used to buy	(pron. hyan^{u}íteá)
cheannaíodh sé/sí	he/it/she used to buy	(pron. hyan^{u}íoch shé/shí)

cheannaímis	we used to buy	(pron. hyanuímish)
cheannaíodh sibh	you used to buy	(pron. hyan"íoch shiv)
cheannaídís	they used to buy	(pron. hyan"ídísh)

Verbs which begin with a vowel or **f** prefix **d'**

| éiríonn | gets up | d'éiríodh | used to get up | (pron. déríodh) |
| foghlaimíonn | learns | d'fhoghlaimíodh | used to learn | (pron. dowl"imíoch) |

2 Using the past habitual

It corresponds to the present habitual:

Éirím ag a seacht gach maidin.	I get up at seven every morning.
D'éirínn ag a seacht gach maidin.	I used to get up at seven every morning.
Ní ólaim caife.	I don't drink coffee.
Ní ólainn caife.	I used not to drink coffee.
Ceannaím an páipéar sin uaireanta.	I buy that paper sometimes.
Cheannaínn an páipéar sin uaireanta.	I used to buy that paper sometimes.

3 The past habitual of *tá*

This corresponds to the present habitual **bíonn**, *is wont to be*:

bhínn	I used to be	(pron. vín)
bhíteá	you used to be	(pron. vítyá)
bhíodh sé/sí	he/it/she used to be	(pron. víuch shé/shí)
bhímis	we used to be	(pron. vímish)
bhíodh sibh	you used to be	(pron. víuch shiv)
bhídís	they used to be	(pron. vídísh)

4 The passive of the past habitual

The ending is **tí** after slender consonants or **i, e,** and **taí** elsewhere:

| cuireann | puts | chuireadh | used to put | chuirtí | used to be put |
| úsáideann | uses | d'úsáideadh | used to use | d'úsáidtí | used to be used |

ceannaíonn *buys* cheannaíodh *used to buy* cheannaítí *used to be bought*

ólann *drinks* d'óladh *used to drink* d'óltaí *used to be drunk*

If a verb ends with **th** that is dropped before **tí/taí**:

itheann *eats* d'itheadh *used to eat* d'ití *used to be eaten*

caitheann *spends* chaitheadh *used to spend* chaití *used to be spent*

Recall that **caitheann** also means *throws*, *wears* and *consumes* (of tobacco).

5 Some alternative expressions

The idea of a past habitual can also be conveyed by these idioms based on **nós** (m) (*habit, custom*) and **gnáth** (*usual*):

Bhí sé de nós ...   *It was the practice ...*
Ba ghnáth le ...   *It was usual (for somebody) to ...*

Here are some examples:

Bhí sé de nós againn éirí go moch.   *It was our custom to get up early.*

Ba ghnáth leo glasraí a chur.   *They used to plant vegetables.*

Practice

1 Complete the conversation in the example:

Example
A An gcaitheann tú tobac?
B _____ , ach stop mé bliain ó shin.

a A An ólann tú a lán caife?

   B _____ cúig nó sé chupán sa lá ach d'éirigh mé as mar ní _____ in ann titim i mo chodladh san oíche.

b A An itheann tú mórán feola?
   B _____ cuid mhaith ach ní ithim anois ach iasc. Tá sé níos sláintiúla.

c A An éiríonn tú go moch ar maidin?
   B _____ go han-mhoch nuair a bhí mé ag obair. Ach tá mé éirithe as anois agus fanaim sa leaba ar maidin.

d A An gceannaíonn tú carr nua gach bliain?

B _____ uair amháin ach tá siad ródhaor anois. Ní athraím mo charr anois ach gach tríú bliain.

e A An mbíonn Treasa ag obair san oíche fós?

B _____ go dtí le déanaí ach fuair sí post nua.

éiríonn as	*gives up*
titim	*falling, to fall*
sláintiúil	*healthy*
moch	*early* (also **luath**, especially in more general contexts)

2 Seo cuntas gairid ar Naomh Colum Cille (*here is a short account of St Colum Cille, founder of the monastery of Iona in southwest Scotland*). Select verbs from the list below to complete the text. Note that both the simple past and the past habitual are used.

Naomh Colum Cille

Rugadh Colum Cille i nGartán i gContae Thír Chonaill. Ciallaíonn Colum Cille colúr na cille. Thug a chairde an t-ainm sin air nuair a _____ sé óg toisc go gcaitheadh sé a oiread sin ama ag rá a chuid paidreacha. Theastaigh uaidh bheith ina shagart agus _____ sé staidéar i mainistreacha éagsúla ar fud na tíre. Nuair a rinneadh sagart de _____ sé ar ais go tuaisceart na hÉireann agus bhunaigh sé mainistir san áit ina bhfuil cathair Dhoire anois. Faoi dheireadh _____ sé go hAlbain agus bhunaigh sé mainistir eile ar Oileán Í. _____ saol an-chrua ag na manaigh ansin. _____ go han-luath agus deiridís mórán paidreacha sula dtéidís amach ag obair. Bhíodh cuid díobh ag obair ar an bhfeirm agus _____ a thuilleadh díobh a gcuid ama ag cóipeáil leabhar.

bhíodh	chuaigh	d'éirídís	rinne	chaitheadh	bhí	tháinig

Colum (from Latin *columba*) is the original spelling of a word which is now **colm** *dove*. The earlier spelling is still often used as a (male) name. The word **cill** has been largely replaced in the sense of *church* by **eaglais** and **séipéal**.

ciallaíonn	means	ar fud	throughout
colúr	dove, pigeon	bunaíonn	founds,
cill	church		establishes
ag rá	saying	mainistir	monastery
a oiread	so much	paidir	prayer
cathair	city	teastaíonn	wants
crua	hard	sagart	priest
sula (+ eclipsis)	before	cóipeáil	copying
éagsúil	different, various		

▶ Na Lochlannaigh *The Vikings*

Talamh bocht a bhí san Iorua. D'fhásadh na Lochlannaigh coirce agus eorna ina gcuid páirceanna beaga. Bhíodh caoirigh agus muca acu. D'fhaighidís mórán bia ón bhfarraige. Dhéanaidís mórán iascaireachta agus mharaídís rónta freisin. D'fhás an daonra agus bhídís i gcónaí ag lorg talamh nua. Sheolaidís i bhfad ó bhaile ina gcuid bád, chomh fada leis an Íoslainn sa tuaisceart agus leis an Meánmhuir sa deisceart. Is cosúil go ndeachaigh cuid acu go Meiriceá Thuaidh. Thosaigh siad ag teacht go hÉirinn sa naoú haois. D'ionsaídís na mainistreacha agus thugaidís leo ór agus airgead. Rinneadh a lán dochair don tír an uair sin. Shocraigh go leor acu síos in Éirinn agus phós siad Éireannaigh.

An Iorua	Norway	i bhfad ó bhaile	far from home
coirce	oats	an Íoslainn	Iceland
eorna	barley	an Mheánmhuir	the
caora	sheep		Mediterranean
muc	pig	aois	age, century
maraíonn	kills	ionsaíonn	attacks
rón	seal	ór	gold
fásann	grows	airgead	silver (usually
daonra	population		means *money*)
lorg	seeking	dochar	damage
seolann	sails	socraíonn síos	settles down

Dictionaries

As you progress in your study of Irish you will need more comprehensive dictionaries than those mentioned in the **Introduction** (see page vii). The standard bilingual dictionaries are: *English–Irish Dictionary*, edited by Tomás de Bhaldraithe; *Foclóir–Gaeilge Béarla*, edited by Niall Ó Dónaill. Both are published by An Gúm, the publications branch of the Department of Education in Dublin. Neither is up to date, however – the former appeared in 1959, the latter in 1979. You will still need to turn to the shorter dictionaries for terminology related to computers and other aspects of modern life which have become familiar in the past generation. An up-to-date English–Irish dictionary, commissioned by Foras na Gaeilge, is planned to appear in about 2008. Ó Dónaill's *FGB*, as it is often abbreviated, remains essential for reading literature in Irish.

Books and newspapers

It should be remembered that the work of creative writers (novelists, poets etc.) is typically among the most taxing material you can attempt in a new language. The poetry of Nuala Ní Dhomhnaill, the leading Irish-language poet of recent years and the literary figure best known outside the Irish-speaking community, is available in bilingual form, the English versions often the work of other distinguished Irish poets. A glance at her work (if you come across it) will give you an idea of the literary world which may open up for you. But it is best not to aim too high at the beginning. An Gúm, mentioned above, produces excellent children's books and school texts on a wide range of subjects, all written in clear, idiomatic Irish. Máiréad Ní Ghráda's translations of well-known fairytales, published by An Gúm, are particularly useful, and the language is not at all childish. Do not underestimate the value of such material to the learner. If you are familiar with the Bible, remember that it has long been used for private language study. If you know the story you have a head start. *An Bíobla Naofa* (1981), published by An Sagart, and available from Fios Feasa, Dingle, Co. Kerry (**www.fiosfeasa.com**), is a very fine translation. If you are in Ireland you will find small numbers of the weekly newspaper *Foinse* and the daily *Lá* in many newsagents. The content tends to be national and local, however.

Websites

A search on the internet will reveal that there are now several websites devoted to learning Irish and to aspects of Irish culture related to the language. The material is often posted in the USA and access appears to be generally free of charge. Remember that the material on such sites is often a mixture of the easy and the difficult, the immediately useful and assorted curiosities. There tends to be quite a lot on greetings, proverbs etc. which are of limited use. There is also likely to be a lot of very dialectal material which is not quite identical to the standard Irish taught in this book and found in dictionaries and publications of An Gúm. So approach with some caution. An excellent Dublin-based website for more advanced learners is **http://www.beo.ie**, which carries features such as articles and interviews with large numbers of words underlined in the text and glossed underneath. The national broadcasting company RTÉ gives news headlines in Irish on its site (**www.rte.ie/nuacht/html**). The content is a mix of the international and the domestic. Being able to figure out some of the international headlines with the aid of one of the pocket dictionaries will be a great boost. However, remember that news items will contain vocabulary dealing with official matters and public affairs, which falls outside the everyday communicative functions which are the main concern of the Teach Yourself books.

key to the exercises

Alternative answers are marked thus: (e.g. **Tá na ranganna/ siad suimiúil**: the article and noun **na ranganna** or the pronoun **siad** may be used).

Words that are not strictly necessary are put in brackets thus: e.g. **Is Meiriceánach é (Bob).**

Is fíor/ní fíor? (*True/False?*)
For these sections **Is fíor** indicates that the statement is true. Otherwise the correct version is given.

Unit 1
Seán's enrolment form: Ainm: Seán Ó Ceallaigh (*Sean Kelly*). **Seoladh:** 3, Sráid Mhór (*Main/High St.*) Flat 2. **fón 905671.**

1 – Dia dhuit. Is mise Peadar Ó Néill. • Dia is Muire dhuit. Tar isteach. Conas tá tú? – Tá mé go maith • Suigh síos ansin. – Go raibh maith agat. • Tá sé fuar inniu. – Tá cinnte. • Cad is ainm duit arís, le do thoil? – Peadar Ó Néill. • Agus do sheoladh? – Tá mé i mo chónaí in uimhir a naoi, Sráid Mhór. • Agus d'uimhir teileafóin? – A seacht, a sé, a cúig, a ceathair, a hocht, naoi. • Go raibh maith agat. 3 – Dia dhuit. • Dia is Muire dhuit. – Conas tá tú • Tá mé go maith. – Tar isteach.

• Go raibh maith agat.
4 a Dia is Muire duit (or dhuit). b Go raibh maith agat. c Cad is ainm duit? d Is mise Peadar. e Tá mé go maith. f Tá mé i mo chónaí i Luimneach. 5 a Tá mé b Tá muid c Tá sé d Tá sí e Tá mé 6 Seo: mo mháthair, mo chara, m'árasán, mo sheoladh, mo rothar, m'uncail, m'uimhir teileafóin, mo hata. 7 a náid, a dó, a haon, – a cúig, a ceathair, a dó, a trí, a seacht; Corcaigh – Cork. b náid, a naoi, a haon, – a sé, a trí, a ceathair, a dó, a trí, a haon; Gaillimh – Galway. c náid, a cúig, náid, a dó, – a sé, a naoi, a trí, a hocht; Baile Átha Luain – Athlone. d náid, a sé, a haon, – a dó, a trí, a haon, a ceathair, a cúig; Luimneach – Limerick.

e náid, a sé, a cúig, – a dó, a seacht, a sé, a ceathair, a cúig; Cill Airne – Killarney. f náid, a haon, – a seacht, a sé, a cúig, a ceathair, a hocht, a naoi; Baile Átha Cliath – Dublin.

Recording Luimneach 06157923; Corcaigh 02148697; Cill Airne 06521678; Áth Luain 05026632; Gaillimh 09155639; Baile Átha Cliath 018210657.

Comprehension a Outside Máire's flat, b 10.

Unit 2

Interview 1 a (Is) as Trá Lí (Áine/í) b Is múinteoir Áine/í. **Interview 2** a Is Meiriceánach é (Bob)/Is as Boston é (Bob). b Tá na ranganna/siad suimiúil.

1 a Ní Chonaill b Ó Sé c Uí Shé d Mac Mathúna e Nic Mhathúna f Nic Cárthaigh g Mhic Cárthaigh. 2 Úna: Ní Bhriain; Ní Chonchúir; Ní Mháille; Ní Ghráda; Ní Chonaill; Ní Mhurchú; Nic Dhónaill; Nic Mhánais; 3 a Is Eireannach é Seán. b Is Gearmánach é Ludwig. c Is Rúiseach í Maria. d Is Éireannach í Máire. e Is Francach í Michelle. f Is Rúiseach é Yuri. 4 a Sasanach, Éireannach, Albanach, Méiriceánach. b An Spáinn, An Fhrainc, An Ghearmáin, An Iodáil. 5 a Is ea. Is Méiriceánach mé. b Is ea. Is Éireannach mé. c Is ea. Is Francach é. d Is ea. Is Rúiseach í. 6 a Bob O'Meara is ainm dom. Tá mé i mo chónaí i mBoston. Is siúinéir mé. b Colette Fortin is ainm dom. Tá mé i mo chónaí i bPáras. Is múinteoir mé. c Jürgen Heim is ainm dom. Tá mé i mo chónaí i Frankfurt. Is siopadóir mé. d Ian Campbell is ainm dom. Tá

mé i mo chónaí i nGlaschú. Is amhránaí mé. e Nancy Giles is ainm dom. Tá mé i mo chónaí i Nua Eabhrac. Is rúnaí mé. 7 a iv b vi c v d i e iii f ii. 8 a Tá mé i mo chónaí i mBéal Feirste; i dTrá Lí; i nDoire; i bPort Láirge; i gCill Airne; i nGaillimh. b Tá mé ag obair: i mbanc; i ngaráiste; i siopa; in oifig; in Éirinn. 9 a Níl, sé b d, Níl, mo, c An bhfuil, in, d d is ea, as e Ní hea 10 – duit • dom – as • i – do

Comprehension Tomás Ó Dónaill, Garda, Luimneach. Máire Nic Gearailt, múinteoir, Baile Átha Luain. Síle Ní Chonaill, dochtúir, Sligeach. Liam Mac Cárthaigh, feirmeoir, Corcaigh. **Interviews:** – Cad is ainm duit? • Máire Nic Gearailt is ainm dom. – Cá bhfuil tú i do chónaí? • Tá mé i mo chónaí i mBaile Átha Luain./ – Cad is ainm duit? Síle Ní Chonaill is ainm dom – Cá bhfuil tú i do chónaí? • Tá mé i mo chónaí i Sligeach./ – Cad is ainm duit? • Liam Mac Cárthaigh is ainm dom. – Cá bhfuil tú i do chónaí? • Tá mé i mo chónaí i gCorcaigh.

Unit 3

Dialogue 1 a Ní fíor. Tá sé ina chónaí i dteach. (Tá a theach féin aige anois.) b Ní fíor. Níl sé pósta. **Dialogue 2** a Ní fíor. Tá beirt mhac agus iníon ag Séamas/aige. b Is fíor. c Ní fíor. Tá triúr mac ag Bean Uí Shé/aici.

1 a Mháire, Sheáin, b Shíle, Thomáis 2 a i Dónall, ii Áine, iii Eoghan, iv Micheál, v Muireann, vi Pól, vii Sinéad, viii Brian. 2 b i Is fíor; ii Ní fíor. Tá triúr clainne acu; iii Is fíor; iv Ní fíor.

Tá beirt chlainne acu; **v** Is fíor; **vi** Is fíor. **3 a** An bhfuil nóiméad agat? **b** An bhfuil carr agat? **c** An bhfuil tú pósta? **d** An bhfuil clann agat? **4** Sheáin, chónaí, g, Tá, mhac, iníon, b, Tá. **5 a i** deich mbliana, **ii** ocht mbliana, **iii** cúig bliana, **iv** daichead a trí bliain **v** tríocha a sé bliain. **b** triúr: beirt **6** muintir Phádraig; iníon Eibhlín; mac Mháire; deirfiúr Shíle; deartháir Thomáis; teach Liam; clann Ghearóid. **7 a** aici, **b** aige, **c** acu, **d** agam. **8 a** Tá beirt mhac agam. **b** An bhfuil tú pósta? **c** Tá cúigear clainne agam. **d** An bhfuil clann agat? **e** An bhfuil tú gnóthach?

Unit 4

Dialogue 1 a Is fíor **b** Ní fíor. Tá sí ag obair mar rúnaí páirtaimseartha **c** Ní fíor. Tá sé ag dul abhaile. **Dialogue 2 a** Ní fíor. Tá Donncha ag obair le Pádraig. **b** Ní fíor. Beidh gloine oráiste aige/ag Donncha

1 a A Pheig, seo mo chol ceathar Nuala. **b** Conas tá tú, a Nuala? **c** Tá áthas orm bualadh leat, a Pheig. **2 a** Mháire; Muire, Sheáin. **b** Conas; a Shíle; tá tú. **c** Thomáis; a Phádraig; Thomáis. **d** Sheosamh (í); Sheosamh; a Shiobhán. **3 a** agat; **b** Beidh b agat; agam; beidh, agam(sa). **c** mbeidh; gloine. **d** An; bheidh. **e** deoch; Ní. **4 a** sa teach tábhairne, **b** in Oifig an Phoist, **c** ar saoire, **d** sa bhaile, **e** ag an aerfort, **f** sa dioscó, **g** sa charr. **5 a** scríobh, obair, caint, dul, cur. **b** scríobh, ól, damhsa, teacht, dul. **6 a** bean Shéamais, **b** carr Dhónaill, **c** teach Mháire, **d** cupán tae, **e** mac Chiaráin, **f** gloine uisce, **g** árasán Áine. **7 a** léi, **b** leat,

c leis. **Comprehension a** Séamas Ó Ceallaigh. **b** Níl. (Beidh sé ar ais ag a sé a chlog.)

Unit 5

Dialogue 1 a Is fíor. **b** Is fíor. **c** Ní fíor. Tá sé sheomra leapa sa teach/ann. **Dialogue 2 a** Tá aintín Mhichíl/sí go han-mhaith **b** Ní bheidh **c** (Beidh) píosa císte (aige).

1 a Seo (é) mo charr. Seo (é) an gairdín. Seo (é) an siopa. **b** Sin (é) mo theach. Sin (í) an scoil. Sin (í) mo mháthair. **2 a** Seomra suite **b** Seomra **c** Fuinneog **d** Cistin **e** Cathaoir **f** Bord **g** Leaba **h** Halla **i** Doras: **Leithreas. 3 a i** ag an bhfuinneog, **ii** ag an doras, **iii** ag an mbanc; **b i** sa chistin, **ii** sa ghairdín, **iii** sa seomra folctha; **c** sa leithreas. **4 i** d; **ii** b; **iii** f; **iv** e; **v** a; **vi** c. **5 a** An bhfuil tuirse ort? **b** An bhfuil ocras ort? **c** An bhfuil eagla air/uirthi? **d** an bhfuil ocras oraibh?

Comprehension 1 a i 3, **ii** 4, **iii** 2. **b** Teach Hiúdaí Pádraig Ó Baoill (caoga [50] slat ón trá).

Comprehension 2 a Ní fíor. Tá 'Páirc Shaoire an Spidéil' ann. **b** Is fíor. Tá 'Óstán na Páirce' ann. **c** Is fíor. (páistí ar leathphraghas – *half price for children*).

Unit 6

The weather forecast 12 Eanáir **a** Ní fíor. Beidh sé ag glanadh san iarnóin **b** Ní fíor. Beidh corrchith san iarthar anocht: 12 Iúil **a** Is fíor. **b** Ní fíor. Beidh sé scamallach sa tuaisceart níos déanaí, agus beidh ceathanna in áiteanna.

1 a iii; **b** i; **c** ii. **2** Beidh sé fuar sa tuaisceart/Beidh sioc sa tuaisceart. Beidh sé gaofar san iarthar. Beidh sé scamallach san oirthear. Beidh sé ceathach sa deisceart/Beidh ceathanna sa deisceart. **3** Bhí an aimsir go dona Déardaoin. Bhí sé go deas Dé Máirt agus Dé Céadaoin (Bhí sé tirim agus te). **4 a** iii; **b** i; **c** iv; **d** ii. **5** raibh; Bhí; te; raibh; tirim. **6** Dia dhaoibh, Tá an aimsir go hálainn. Tá an bia go maith. Tá an t-óstán go hiontach – tá dioscó maith ann. Bhí mé ag damhsa aréir. Tá mé ag dul síos ag snámh anois. Slán, Muireann. **7 a** Mí na Nollag. **b** Mí Mheán Fómhair. **c** Mí na Bealtaine. **d** Mí na Samhna. **e** Mí lúil. **8** lá breá/fuar; oíche bhreá/fhuar; tráthnóna breá/fuar; maidin bhreá/fhuar. **9 a** Is bog an lá é. **b** Is breá an oíche í. **c** Is fuar an mhaidin í. **d** Is breá an tráthnóna é. **e** Is maith an aimsir í. **10 a** grianmhar, scamallach, stoirmiúil; **b** gaofar, ceathach.

Comprehension a i; **b** ii.

Unit 7

Dialogues 1, 2 and 3 a fear poist 6.00 – 14.00; feirmeoir 6.30 – c. 21.00; banaltra 8.00 – 20.00 (usually), 16.00 (sometimes); **b** An feirmeoir; **c** An bhanaltra. **Dialogue 4** 8.30. **Dialogue 5** 8.15.

1 Nuair atá sé a cúig a chlog i mBaile Átha Cliath, tá sé a sé a chlog i bPáras; a hocht a chlog i Moscó; a dó a chlog i dTokyo; meán lae/meán oíche i Nua Eabhrac. **2** 15.15 Séimí agus Páidí (*children's programme*); 17.45 Nuacht (*news*); 18.15 An Aimsir (*weather*); 19.05 Cúrsaí (*name of current affairs programme*); 20.20 Dráma na Seachtaine (*weekly play*). **3 a** iii;

b v; **c** i; **d** vi; **e** ii; **f** iv. **4** Éirím ag leath tar éis a seacht. Ithim mo bhricfeasta ag ceathrú chun a hocht. Faighim an bus ag a deich tar éis a hocht. Tosaím ag obair ag a naoi a chlog. Fágaim an oifig ag ceathrú tar éis a cúig/Críochnaím ag/Téim abhaile ag. Téim a chodladh ag meán oíche/thart ar mheán oíche. **5 a** théim; **b** ithim; **c** fhanaimid; **d** thosaímid; **e** cheannaím; **f** bhailím; **g** chreidim; **h** thuigim. **6 a** Éiríonn Peadar ag leath tar éis a seacht. **b** Tosaíonn sé ag obair ag a naoi a chlog. **c** Oibríonn sé óna naoi go dtí a cúig a chlog. **d** Itheann sé ceapaire san oifig ag ceathrú chun a haon. **e** Téann sé a chodladh de ghnáth timpeall meán oíche. **7 a** ólann; **b** gceannaíonn; **c** ndéanann; **d** dtéann; **e** dtosaíonn; **f** oibríonn; **g** bhfanann.

Comprehension 1 a (Fágann sé) ag a dó a chlog (14.00). **b** Yes (Tá go leor ama aige).

Comprehension 2 18.30 – 22.30 each evening from 19 October to 1 November.

Unit 8

Dialogue 1 a Is fíor. **b** Is fíor. **Dialogue 2 a** Is fíor. **b** Ní fíor. Tá gruaig fhionn uirthi. **Dialogue 3** (Is) fear breá ard é (Niall). Tá gruaig dhubh agus féasóg air. Tá sé ciúin. Tá sé an-chúirtéiseach agus taitneamhach. **Dialogue 4** Imríonn (sí) leadóg.

1 a daor (*expensive*) – the others are colours; **b** rud (*thing*) – the others are clothes. **2 a** le; **b** Is liom; **c** Ní liom. **3** With **Orla**: – An maith leat ceol? • Is maith, cinnte. – Cén cineál ceoil? • Is breá liom ceol clasaiceach. With

Dáithí: – An maith leat spórt?
• Ní maith. – Cén fáth? • Tá mé leisciúil. **4 a** spórt; leis; **b** le; léi; **c** thaitníonn; **d** Ní thaitníonn. **5** duine ard (*tall*)/bocht (*poor*)/gorm (*black person*); blús gorm (*blue*); cóta gorm/fada (*long*); gruaig fhionn (*fair*)/fhada; teach folamh (*empty*). **6 a** na fir mhóra. **b** na stocaí gorma, **c** na leabhair fhada, **d** na mná leisciúla. **7 a** Bain díot do chóta. **b** Tá mé tuirseach de. **c** Cad a cheapann tú de? **d** Tá cuid de na daoine anseo. **8 a** iv; **b** v; **c** ii; **d** i; **e** iii.

Comprehension a Mondays, starting February 17th, at 7 pm; at the Community Hall. **b** March 21st at 9 pm; at Ostán Highlands. **c** Saturdays at 8.30 pm; at St John's Hall. **d** Sundays at 8 pm; at St John's Hall.

Unit 9

Interviews 1–3 Pádraig: spórt. Deirdre: Ceol. Máiréad; teilifís. **1 a** vi, **b** vii, **c** i, **d** ii, **e** iii; **f** v, **g** iv. **2 a** iii, **b** iv, **c** i, **d** ii. **3 a** bhíonn; **b** bhím; **c** bíonn; **d** bhímid; **e** bíonn. **4** Bím ag imirt gailf ar an Satharn. **b** Bíonn céilí ann/anseo ar an Aoine. **c** Bíonn Aifreann ann/anseo ag leath tar éis a haon déag. **d** Féachaim ar an nuacht gach tráthnóna. **e** Léim an páipéar gach tráthnóna. **5** With Bríd: – Cén caitheamh aimsire a bhíonn agat? • Bím ag imirt gailf. Is maith liom ceol freisin. – Cén sórt ceoil? • Is fearr liom ceol traidisiúnta. With Prionsias: – Cén caitheamh aimsire a bhíonn agat? • Bím ag imirt peile. Is maith liom scannáin freisin. – Cén sórt scannáin? • Is fearr liom scannáin grinn. **6 a** – leat; • Is féidir. **b** – in ann; • Tá. **c** – An; • Ní féidir. **d**

– bhfuil; • Níl. **7 a** Seo an ceann a thaitníonn liom. **b** Sin an t-am a thagann sí de ghnáth. **c** Gruaig fhionn atá uirthi. **d** Casóg ghorm atá uirthi. **e** Carr bán atá agam.

Comprehension Tráthnóna Dé Céadaoin (*Wednesday evening*), 8.00 pm.

Unit 10

Dialogue 1 a Ní fíor. Ólann sé gloine uisce. **b** Is fíor. **c** Is fíor. **Dialogue 2 a** Ní fíor. Níl aon phióg úll fágtha. Itheann siad císte seacláide. **b** Ní fíor. Ólann Eibhlín cupán caife ach ólann Gearóid (cupán) tae.

1 – Ar mhaith leat cupán caife. • Ba mhaith, go raibh maith agat. – Ar mhaith leat siúcra? • Níor mhaith. **2 a** Glass of wine offered and accepted. **b** Soup offered but refused. **c** Bread offered and accepted. **d** More chicken offered and accepted. **3 a** Ba mhaith, go raibh maith agat. **b** Beidh, go raibh maith agat. **c** Níor mhaith, go raibh maith agat. **d** Níor mhaith, go raibh maith agat. (Tá mo dhóthain agam). **e** Ní bheidh, go raibh maith agat. (Tá mo dhóthain agam). **4 a** Ar mhaith leat/An mbeidh cupán caife agat? **b** An mbeidh deoch agat?/ Nach mbeidh …?/ Ar mhaith leat deoch? **c** Ar mhaith leat/ An mbeidh tuilleadh císte agat? **Note:** Nár mhaith leat could also be used instead of Ar mhaith leat. **5 a** te; **b** mhilis; **c** fhuar; **d** bhlasta; **e** deas. **6 a** – Cé acu ab fhearr leat, bainne nó uisce? • B'fhearr liom (bainne/uisce) le do thoil. **b** – Cé acu ab fhearr leat, pionta nó leathphionta? • B'fhearr liom (pionta/ leathphionta), le do thoil.

c – Cé acu ab fhearr leat, císte nó
brioscaí? • B'fhearr liom
(císte/brioscaí), le do thoil. d Cé
acu ab fhearr leat, beoir nó fíon?
• B'fhearr liom beoir/fíon, le do
thoil. 7 **Menu** (*The dishes ordered
are shown in bold type*)
Mushroom soup, potato soup,
onion soup; fresh salmon with
parsley sauce, pan fried sole with
tartar sauce, half dozen fresh
oysters on a bed of ice, bacon and
cabbage, **roast chicken and ham**;
boiled potatoes, **chipped potatoes**,
fresh vegetables; ice cream, apple
tart with cream or ice cream,
chocolate cake, fresh fruit salad,
choice of Irish farmhouse cheeses;
tea or coffee.

Comprehension 1 a Because they
have protein, minerals (e.g. calcium)
and vitamins as well as providing
energy, all of which are very
important for young people's
growth. **b** Because they are full of
sugar. **c** Sandwich: brown bread,
cheese/meat/egg/vegetables. Drink:
milk/yogurt/orange juice. Fruit:
apple/orange.

Comprehension 2 a Fanann sé
(yes, he stays for lunch). **b** Fresh
salmon.

Unit 11
Dialogue 1 a Ní fíor. Níl sé ró-
fhuar. **b** Ní fíor. Ceannaíonn sé
cáis. **c** Is fíor.
Dialogue 2 a Tá siad in oifig an
phoist.
b Teastaíonn trí stampa ón
gcustaiméir (dhá stampa 40p agus
ceann/stampa amháin 30p).
Dialogue 3 a Ní chaitheann.
Caitheann sé uimhir a seacht go
leith (7¹/₂). **b** Tá an chéad cheann
róbheag. **c** Glacann.

1 a tae, ubh, bainne, uachtar
reoite, siúcra, piseanna; **b** aráin,

suibhe, ime. **2 a** i, ii • Tabhair
canna piseanna dom, le do thoil
agus (bollóg aráin). – Seo duit.
Cad eile? • An dtabharfá dosaen
uibheacha dom freisin agus próca
suibhe. – Sin uile? • Is ea, go
raibh maith agat. **b** i, ii • Tá
canna piseanna uaim, le do thoil
agus (bollóg aráin). Seo duit. Cad
eile? • Tá dosaen uibheacha
uaim freisin (próca suibhe). – Sin
uile? • Is ea, go raibh maith agat.
3 Custaiméir: Cé mhéad atá ar an
gcóta/ gcasóg/ ngeansaí/ gcarbhat
seo?
Siopadóir: Seasca euro (€60)./
Caoga a naoi euro, nócha a naoi
cent (€59.99)./ Fiche a cúig euro
(€25)./ Seacht euro caoga
(€7.50). **Custaiméir:** An
bhféadfainn ceann acu a thriail?
Siopadóir: Cinnte. **4 a** saoire; **b**
An bhfuil ceann níos mó agat? **c**
An bhfuil ceann níos éadroime
agat? **d** deise. **5 Horizontally:**
paicéad; bosca; punt; lítear; dosaen;
pota; malá. **Vertically:** bollóg;
próca; buidéal; slios; canna.
6 braon uisce/ tae/fíona/bainne
(*drop of*); greim bia (*bite of*); gloine
uisce/fíona/bainne (*glass of*); slios
aráin/bagúin/císte (*slice of*); píosa
císte (*piece of*); cúpla císte/práta (*a
few* + singular form); cupán tae
(*cup of*); buidéal uisce/fíona/bainne
(*bottle of*); bollóg aráin (*loaf of*).
7 Tá bábóg (*doll*) ag teastáil ó
Aoife/uaithi. Tá an bhábóg agus an
leabhar agus an carr agus an
scáthán beag agus an leoraí ro-
dhaor.

Unit 12
Dialogue a Ní fíor. D'fhan sé i
dteach ar cíos/fuair sé teach ar
cíos. **b** Ní fíor. Bhí sé go breá.
Thug siad na leanaí chun na trá.
c Is fíor. **Máirtín: a** Is fíor.
b Ní fíor. Chaith sé trí bliana i

Meiriceá. **c** Is fíor.

1 e (Dé Luain); **b** (Dé Máirt); **a** Dé Céadaoin); **g** (Déardaoin); **c** (Dé hAoine); **f** (Dé Sathairn); **d** (Dé Domhnaigh). **2 a** Seosamh (letter from Gráinne); Orla (postcard from Nathalie), **b** Seosamh (shoes) **c** Pádraig (letter to Breandán), **d** Pádraig (slept late on Saturday morning), **e** Orla (at concert), **f** Pádraig (came home at 3.00 a.m. on Friday), **g** Orla (worked in the garden on Saturday). **3 a i** Phós mé, **ii** Chaith, **iii** Bhuail, **iv** D'ith, **v** Scríobh, **vi** Chuir, **vii** D'fhág; **b i** Thosaigh, **ii** D'éirigh, **iii** Chríochnaigh, **iv** D'athraigh; **c i** Tháinig, **ii** Fuair, **iii** Rinne, **iv** Dúirt, **v** Chuala, **vi** Chuaigh. **4 a Tríona:** An raibh deireadh seachtaine deas agat? **Dara:** Bhí, chuaigh mé chuig na pictiúir tráthnóna Dé hAoine le Noel. **Tríona:** Feicim. Agus cad a rinne tú Dé Sathairn? **Dara:** Cheannaigh mé rothar nua (agus chuaigh mé ag rothaíocht). Dé Domnaigh d'fhan mé istigh/sa bhaile (mar bhí mé an-tuirseach). **Tríona:** An-deas. Bhí deireadh seachtaine an-mhaith agatsa. **b Tríona:** An raibh deireadh seachtaine deas agat? **Orla:** Bhí, d'fhan mé sa bhaile/istigh tráthnóna Dé hAoine (mar bhí mé an-tuirseach). **Tríona:** Feicim. Agus cad a rinne tú Dé Sathairn? **Orla:** Bhí mé ag obair san oifig. Ach Dé Domhnaigh cheannaigh mé císte deas. (Bhí sé an-bhlasta). **Tríona:** An-deas. Bhí deireadh seachtaine réasúnta maith agatsa. **5 a** iv, ii, i, v, iii; **b** iii, iv, ii, i.

Unit 13

Dialogue 1 a Is fíor. **b** Ní fíor. Cheannaigh sí carr dá muintir. **c** Ní fíor. Ceannaíonn sí ticéad/ceann gach seachtain.

Dialogue 2 a Níor éirigh leis post a fháil nuair a d'fhág sé an scoil. **b** Bhí sé ag obair i mbialann agus i ngaráiste. **c** Chuaigh sé ann/ar ais go hÉirinn (ar feadh míosa) anuraidh. **Dialogue 3** D'fhan sí in óstán beag in aice le lár na cathrach.

1 a – Ar chaith tú tobac riamh? • Chaith. **b** – Ar fhan tú sa leaba maidin Dé Sathairn? • D'fhan. **c** – Ar thug tú cuairt ar Mháiréad le déanaí? • Thug. **d** – Ar fhéach tú ar an gcoirm cheoil ar an teilifís aréir? • D'fhéach. – Ar thaitin sé leat? • Thaitin. **2 a** – Ar ith tú bricfeasta maith ar maidin? • D'ith. **b** – Ar fhág sibh an teach go luath ar maidin? • D'fhág. **c** – An ndearna tú dearmad ar do hata? • Rinne. **d** – An bhfuair tú na ticéid? • Fuair. **e** – An ndeachaigh tú ann? • Chuaigh. **3 a** Níor bhuail, **b** Níor éirigh, **c** Níor ól, **d** Níor tháinig, **e** Ní bhfuair, **f** Ní dhearna, **g** Ní dheachaigh. **4 a** bhfaca; Chonaic. **b** fhaca. **5 a** D'ith; níor ith. **b** D'fhág; níor fhág. **c** Thosaigh; níor thosaigh. **d** Chuaigh; ní dheachaigh. **e** Rinne/Dhein; ní dhearna/ níor dhein. **f** Fuair; ní bhfuair. **6 a** • Ar tháinig; – Tháinig. **b** • Ar imigh; – D'imigh. **c** • bhfuair; – Fuair. **d** • An ndearna tú/Ar dhein; – Rinne/Dhein. **7 a** – An ndeachaigh tú chuig an dioscó inné (aréir)? • Chuaigh. – Ar thaitin sé leat? • Thaitin. **b** – An ndeachaigh tú ag siúl inné? • Chuaigh. **c** – An ndeachaigh tú chuig an gcluiche peile inné? • Chuaigh. **8 a** Tá fonn orm dul abhaile. **b** Tá áthas orm bualadh leat. **c** Ar mhaith leat teacht linn? **d** Ba mhaith liom post a fháil. **9 a** go Páras, **b** chun na Fraince, **c** go Sasana, **d** chun na Spáinne, **e** chun na Gaillimhe.

Unit 14

Dialogue 1 a Ní fíor. Tá sé/sí ag foghlaim Gaeilge/á foghlaim le dhá bhliain anuas. **b** Is fíor (réasúnta maith). **Dialogue 2 a** Ní fíor. Tá sé/sí an-sásta leis. **b** Ní fíor. Bíonn beirt mhúinteoirí aige/aici. **Dialogue 3** Níor thuig sé/sí (an focal) 'ceobhrán'. **Some advice a** Do you agree with this advice? **b** In your opinion, what is the best way to learn a language? **How I learnt Irish** Chaith sé/sí coicís (*fortnight*) sa Ghaeltacht. **b** Is iad na rudaí is mó a thaitníonn leis/léi ná: léitheoireacht, bheith ag féachaint ar fhístéipeanna agus páirt a ghlacadh i ndrámaí (*reading, watching videotapes and taking part in plays*).

1 a Ní fíor. (Both lines are the same length) **b** Is í cearnóg A an ceann is mó. Is í cearnóg B an ceann is lú. **c** Is é rothar C an ceann is daoire. Is é rothar B an ceann is saoire. **2 a** Sin an ceann is fearr. **b** Sin an ceann is measa. **c** Sin an ceann is fusa. **d** Sin an ceann is deacra. **3 a** Is é an rud a cheannaigh mé ná gúna dearg. **b** Is é an duine a chonaic mé ná Tomás. **c** Is í an teanga is fearr liom ná an Ghaeilge. **4 a** G An bhfuil morán Gaeilge agat? F Tá mé ag foghlaim Gaeilge. G Cén fhad atá tú á foghlaim? F (Tá mé ag foghlaim Gaeilge) le sé mhí anuas. G Conas tá ag éirí leat? F Go han-mhaith. **b** G Conas tá ag éirí leat sa Ghaeilge? F Reasúnta maith, tá beagán Gaeilge agam. G Cad é an rud is deacra (sa Ghaeilge)? F Tá an litriú deacair go leor, agus tá sé deacair focail a fhoghlaim. G Cén múinteoir atá agat? F (Bíonn beirt mhúinteoirí againn.) Is í

Nuala Ní Bhriain a bhíonn againn/ agam ar maidin agus is é Séamus Ó Cathail a bhíonn againn/agam tar éis lóin. **5 a** focail a fhoglaim ná bheith ag leamh. **b** líofacht a fháil ná bheith ag caint. **c** Gaeilge a fhoghlaim ná dul chun na Gaeltachta. **d** Gaeilge a chloisint ná bheith ag éisteacht le téipeanna. **6 a** Nuair a bhíonn tuirse orm sa tráthnóna, bíonn orm dul a chodladh go luath. **b** Nuair a bhíonn tinneas fiacaile orm, bíonn orm dul chuig an bhfiaclóir. **c** Nuair a bhíonn a lán oibre le déanamh agam, bíonn orm fanacht san oifig déanach. **d** Nuair nach mbíonn pingin agam, bíonn orm iasacht airgid a fháil. **e** Nuair a bhíonn deacrachtaí agam leis an ríomhaire, bíonn orm cabhair a fháil. **7 a** á cheannach; **b** á dhéanamh; **c** á chur; **d** á cur; **e** á bhfoghlaim; **f** á ndíol.

Comprehension The courses from 20–31 July (2 weeks duration) are for primary and secondary teachers.
The course from 17 July to 14 August is for learners of Irish from abroad.

Unit 15

Dialogue 1 a Rugadh Eibhlín i gCorcaigh (*born in Cork*) agus tógadh i Luimneach í (*grew up in Limerick*). **b** Bronnadh BA uirthi trí bliana ó shin (*BA degree conferred three years ago*). **Dialogue 2 a** Chuaigh sí síos an staighre agus chuir sí an solas ar siúl (*went downstairs and put on the light*). **b** Níor ghoid siad aon rud./ Níor goideadh aon rud (*nothing was stolen*). **c** Ní dhearnadh (*no damage done*).

1 a Briseadh, **b** Díoladh, **c** Rugadh mé, tógadh, **d** Goideadh, **e** Cuireadh, **f** Cailleadh, **g** Ceapadh, **h** Bronnadh, **i** Bunaíodh.
2 a Níor goideadh, **b** Níor briseadh, **c** Níor ceapadh, **d** Níor díoladh, **e** Níor cuireadh, **f** Ní dhearnadh/ Níor deineadh.
3 a Is i Meiriceá a chaith mé bliain. **b** Is i gCorcaigh a tógadh mé. **c** Is i nGaillimh a chuaigh mé ar scoil. **d** Is in Éirinn a rugadh mé. **e** Is inné a cuireadh scéala chucu. **4 a** Tógadh í i nGaillimh/ Tógadh i nGaillimh í. **b** Cailleadh é anuraidh/Cailleadh anuraidh é. **c** Ceapadh é ina stiúrthóir/ Ceapadh ina stiúrthóir é cúpla mí ó shin. **d** Díoladh é le déanaí/Díoladh le déanaí é. **e** Briseadh í ar maidin/Briseadh ar maidin í. **5 a** Rugadh é sa bhliain míle, ocht gcéad, ochtó is a haon (1881)/Rugadh sa bhliain … é. **b** Bunaíodh iad sa bhliain míle, naoi gcéad, daichead is a cúig (1945). **c** Cailleadh é sa bhliain míle, ceithre chéad (1400)/ Cailleadh sa bhliain míle ceithre chéad é (1400). **6 a** Ba gharda é. **b** B'Éireannach é. **c** Ba dhochtúir é a athair. **d** Ba fheirmeoir mor é a uncail. **e** Ba bhean an-deas ar fad í. **7 a** i Cé mhéad agaibh atá ag dul ann? ii Cé mhéad acu atá ag teacht inniu? iii Cé mhéad acu atá ann? **b** i Tháinig beirt acu. ii Tá ceathrar againn ag imeacht anois. iii Tá seisear acu anseo/ann anois. **8 a** amach. **b** leat. **c** léi. **d** amach? **e** faoi deara. **f** ar siúl? **g** liom.
9 Rugadh; tógadh; B'Éireannach; ba Shasanach; mháthair; amach; bhliain; chaith; mar; liom; tháinig; gCorcaigh.

Comprehension a mBaile Átha Cliath; bhliain; sa bhliain 1922; Meiriceá; Bhreatain. Fuair, bás; Zürich. **b** novel; **c** Rugadh; D'fhág; chaith; Scríobh; Chaith; Foilsíodh; níor cuireadh cosc air; mhaith.

Unit 16

Dialogue 1 Straight on for half a mile, turn left at crossroads.
Dialogue 2 Turn around, go back down the road and turn right at the second crossroads. **Dialogue 3** Her house has a yellow door. **Dialogue 4** Ní bhíonn (It is open at lunchtime). **Dialogue 5 a** Tá sé deich míle (10 miles) ó Leitir Ceanainn. **b** Turn left at the crossroads before the church (it's signposted).

1 a Cas faoi dheis (anseo) agus faoi dheis arís, **b** Cas faoi chlé ag an chéad chrosaire agus ansin faoi dheis. **c** Lean ort agus cas faoi dheis ag an dara sráid. **d** Lean ort agus cas faoi chlé ag an dara crosaire. **2 a** A (Gabh mo leithscéal). Cá bhfuil cónaí ar Ruairí Ó Laoire? B Lean ort míle agus cas faoi dheis ag an gcrosaire. A Go raibh maith agat. **b** A Gabh mo leithscéal. Tá mé ag lorg teach Neasa Nic Con Iomaire. B Cas faoi chlé ag an séipéal, lean ort leathmhíle. A Go raibh maith agat. **3 a** – v; **b** – iii; **c** – i; **d** – iv; **e** – ii. **4** Translation of extracts from the brochure. **a** *Prepare your child for hospital. Speak about the hospital as a happy place in which doctors and nurses help to make people better (lit. to improve health). Do as doctors and nurses ask. Explain x-rays, injections, blood tests etc. Tell the truth!* **b** *Yourself. Wear light clothes – (hospitals are very warm). Bring something with you to pass the time. Bring money for the telephone. Think of other people. Don't make noise at night.*

Don't give food or drink to a child without permission.
5 in aice leis; cóngarach; i bhfad.
6 **a** déanta. **b** críochnaithe.
c imithe. **d** dúnta. **e** scríofa.
7 **a** an Chaisleáin; tríú; an Stáisiúin; chéad; dheis; an Phiarsaigh; dara; clé. **b** seachtú, de Mhí Eanáir. 8 **a** sráide.
b scoile; **c** hoifige. **d** háite.
e láimhe.

Comprehension Post Office/Oifig an Phoist (2); Police Station/Garda Síochána (1); theatre/ amharclann (1); golf course/ faiche gailf (1); church/eaglais/séipéal (2); hotel/Óstán (5).

Unit 17
Dialogue 1 Tá oifig an stiúrthóra ar an tríú hurlár (oifig 39).
Dialogue 2 Tá sé thíos an staighre (*downstairs*). **Dialogue 3 a** Beidh sé ag dul siar go Muigh Eo Déardaoin (*He will be going west/over to Mayo on Thursday*).
b Beidh sé ag teacht ar ais maidin Dé hAoine (*He'll be coming back on Friday morning*).

1 **a** suas/síos; **b** thuas/thíos; **c** thuas/thíos; **d** thuas/thíos; **e** síos. 2 **a** 28; **b** 29; **c** 14.
3 **Corcaigh:** Bhí mé ó dheas i gCorcaigh. Chuaigh mé ó dheas go Corcaigh. **Baile Átha Cliath:** Bhí mé thoir i mBaile Átha Cliath. Chuaigh mé soir go Baile Átha Cliath. **Béal Feirste:** Bhí mé ó thuaidh i mBéal Feirste. Chuaigh mé ó thuaidh go Béal Feirste. **Cathair na Mart:** Bhí mé thiar i gCathair na Mart. Chuaigh mé siar go Cathair na Mart. 4 **a** go, **b** chuig, **c** chuig, **d** go hArd, **e** chuig. 5 romham; romhat.
6 **a** Cheannaigh mé an carr sin.
b Cónaíonn an fear sin in aice liom. **c** Cónaím sa teach sin.

d Bhuail mé leis an bhfear sin.
e Bhí tú ag caint leis an mbean sin.

Comprehension a Tosaíonn an choirm cheoil (*concert*) ag a dó a chlog (*begins at 2.00 pm*) agus críochnaíonn sí ag leath i ndiaidh a trí (*finishes at 3.30 pm*). **b** Téann sé go lár na cathrach (*to the city centre*).

Unit 18
Dialogue 1 a Is fíor. **b** Ní fíor. Beidh cuairteoirí aici. **c** Ní fíor. Buailfidh sí leis ag a hocht a chlog. **Dialogue 2 a** Is fíor. **b** Ní fíor. Beidh sé ag tosú ag a dó a chlog. **Léitheoireacht** (Reading) **a Weather forecast** It will be wet in the west in the morning, stopping later and turning cold at night.
Radio announcement The Taoiseach (*Prime Minister*) will speak about the Government's Irish language policy. **b** Verbs in the future tense: In addition to *beidh*, the following occur: **Group 1** leathfaidh, stopfaidh, buailfidh; **Group 2** tosóidh, éireoidh; **Irregular** tiocfaidh, tabharfaidh, rachaidh.
1 Beidh sé ag dul ar an traein go Gaillimh ag ceathrú chun a seacht. Beidh sé ag bualadh le hÁine faoin bpost nua ag leath tar éis a naoi/ó leath tar éis a naoi go dtí leath tar éis a haon déag. Beidh sé ag plé na tuarascála nua ag leath tar éis a haon déag/ó leath tar éis a haon déag go dtí ceathrú tar éis a dó dhéag. Beidh sé ag scríobh achoimre ar an tuarascáil ag a dó a chlog/óna dó a chlog go dtí a ceathair a chlog. Beidh sé ag ceannach brontannais d'Aoife ag a ceathair a chlog. Beidh sé ag teacht abhaile ar an traein ag a cúig a chlog. 2 Rachaidh sé ar an traein go Gaillimh. Buailfidh sé le hÁine faoin bpost nua. Pléifidh sé an tuarascáil nua. Scríobhfaidh sé

achoimre ar an tuarascáil.
Ceannóidh sé bronntanas d'Aoife.
Tiocfaidh sé abhaile ar an traein.
3 a gheobhaidh; b déarfaidh;
Tabharfaidh; c íosfaidh;
d dtiocfaidh, Tiocfaidh;
e Rachaidh, déarfaidh. 4 a
fhanfaidh; b cheannóidh;
c íosfaidh; d thiocfaidh;
e bhfaighidh. 5 a Beidh an
cruinniú ar siúl Déardaoin.
b Beidh Muiris O Súilleabháin ann
go cinnte. c Ní bheidh Seán de
Búrca ag an gcruinniú/ann.
d Cuirfidh Orla Ní Bhriain glaoch
ar Phádraig/Glaofaidh Orla Ní
Bhriain ar Phádraig. 6 Cuirfear;
Osclófar; Tosófar; Críochnófar;
Bronnfar. 7 a Tá mé chun
bualadh le Pól. b Tá mé chun
siopadóireacht a dhéanamh. c Tá
mé chun litir a scríobh chuig Pól.
d Tá mé chun dul chuig na pictiúir
le hOrla. 8 a Pisces. b Libra.
c Scorpio. 9 a Ba bhreá an la é.
b B'iontach an rud é. c Ba mhór
an chabhair é. d B'olc an aimsir í.
e Ba mhaith an
smaoineamh é. 10 a vi; b v; c i;
d vii; e iii; f viii; g iv; h ii. 11 a
dinnéir; b Nuachta; c hoíche;
d choláiste; e bhóthair;
f cathrach.

Comprehension a Job
advertisement in a newspaper.
b The post could suit a person with
managerial skills (**Bainisteoir** –
manager), energetic – **fuinniúil**,
with fluency in speaking and
writing Irish (*líofacht i labhairt
agus i scríobh na Gaeilge*) **c** Glór
na nGael is a national organisation
with the aim of encouraging people
to promote Irish in their locality. **d**
verbs in future: glacfaidh (*take
(part)*); cuirfidh … i gcrích (*carry
through/ achieve*); ceapfar
(*appoint*); socrófar (*arrange …
salary*).

Unit 19

Dialogue 1 a Tá siad ar stailc/Tá
stailc ar siúl (*There is a strike on*).
b Tá fiche punt ag teastáil ó
Dhónall/uaidh. (*He needs £20.00.*)
Dialogue 2 Bhí sí ag obair mar
theicneoir (*technician; here
laboratory technician*).
Dialogue 3 a Bhí sí sa Ghréig.
b Bhí sí ar saoire ar feadh coicíse
(*on holiday for a fortnight*). **c** Ní
maith le hEibhlís/léi aimsir an-te
toisc go bhfuil a craiceann róbhán.
(*She doesn't like very hot weather
as she is too fair-skinned.*) **Radio
announcement a** Is fíor. **b** Ní fíor.
Tá sé an-sásta go mbeidh postanna
á gcur ar fáil. (*He is very pleased
that jobs are to be created.*)
Dialogue 4 a Tá. Tá súil aige go
cuirfear stop leis. (*He hopes that it
(the new factory) will be stopped.*)
b Aontaíonn sé le Seosamh. (*He
agrees with Joseph.*) **c** Beidh sé sa
halla pobail. (*The meeting will take
place in the Community Hall.*) **d**
Síleann Seosamh go mbeidh cúpla
Teachta Dála ann. (*Joseph thinks
that there will be a couple of T.D.s
(members of the Dáil/Parliament)
at it.*) **Dialogue 5 a** Tá Tomás an-
sásta faoi mar tá fostaíocht ag
teastáil. (*Thomas is very pleased as
jobs are needed.*) **b** Ní aontaíonn
Donncha leis mar síleann sé go
ndéanfaidh sé dochar don
timpeallacht. (*Donncha disagrees
with Tomás because he thinks that
it will harm the environment.*)

1 a Dúirt Risteard go mbeidh sé
ag dul go Londain amárach agus
go mbeidh sé ag filleadh abhaile
Dé Sathairn. Dúirt sé nach mbeidh
sé in ann bualadh le Seosamh mar
beidh sé an-ghnóthach. **b** Dúirt
Máirín gur fhan sí istigh aréir
toisc go raibh an-tuirse uirthi.
Dúirt sí gur shuigh sí síos agus gur
thit sí ina codladh sa chathaoir.

c Dúirt Cáit gur tháinig sí abhaile thart ar a hocht a chlog ach nach bhfaca sí Neasa mar bhí sí imithe amach. Dúirt sí go ndeachaigh sí amach níos déanaí agus gur fhág sí nóta di. Duirt sí/Iosold nach raibh sí in ann fanacht. **2 a** Ceapaim gur maith an rud é sin. **b** Ceapaim gur mór an trua é sin. **c** Ceapaim nach fiú é. **d** Ceapaim go bhfuil sé ródhaor. **e** Ceapaim go bhfuil do ghúna nua an-deas. **3 a** Is dóigh liom go bhfuil an ceart agat. **b** Is dóigh liom go mbeidh sé ann. **c** Ní dóigh liom go mbeidh Síle in ann teacht. **d** Is dóigh liom go ndeachaigh sí go Nua Eabhrac an mhí seo caite. **4 a** ii/vi; **b** iii/iv; **c** i/ii; **d** ii/iv/v; **e** ii/iii/iv; **f** ii/iii/iv. **5 a** fheiceann; **b** bhíonn; **c** fhaigheann; **d** théann. **6 a** Tá súil agam go mbuailfidh. **b** Tá súil agam go gceannóidh. **7 a** Ba cheart duit é a léamh arís. **b** Ba cheart duit teacht go luath. **c** Ba cheart stop a chur leis. **d** Ba cheart duit cóta a thabhairt leat. **e** Níor cheart duit é a dhéanamh. **f** Níor cheart duit dul ann.

Comprehension 1 Tá Peadar (imithe) abhaile (mar tá sé breoite/tinn). (*Peadar has gone home because he is sick.*) **Comprehension 2 a** gach bliain (*every year*). **b** Daoine a d'athraigh a seoladh le déanaí. *Those who changed address recently*; daoine a mbeidh a 18ú lá breithe acu roimh 15 Aibreán – *those who have their 18th birthday before April 15.* **c** Stáisiún na nGardaí (*the Garda Station*). Oifig an Phoist (*the Post Office*). An Leabharlann Phoiblí (*the Public Library*). Teach na Cúirte (*The Courthouse*). Oifig an údaráis áitiúil (*Local authority office – county/city council offices*). **d** 15 Eanáir (*January 15*).

Unit 20

Dialogue 1 Teastaíonn cupán caife agus cúpla briosca (*biscuits*) ó Sheosamh/uaidh. **Dialogue 2** Iarrann sé/sí ar an runaí teachtaireacht a ghlacadh. (*He/She asks the secretary to take a message.*) **Dialogue 3 a** Cheannódh sí carr nua (di féin). **b** Tá deirfiúr aici ann. **Interview 1** Donncha recommends that more Irish-medium schools be provided and that more Irish be spoken in the Dáil (parliament). **Interview 2** Niamh recommends more Irish on television and that people use whatever Irish they have.

1 a (conditional) → e (future); **d** (conditional) → f (future); **g** (conditional) → b (future); **h** (conditional) → c (future). **2 a** gceannófá; **b** imeofá; **c** ndéanfá; **d** mbeifeá; **e** rachfá; **f** bhfanfá; **g** dtabharfá. **3 a** An bhféadfainn labhairt le (N.)? **b** An ndéanfá gar dom? **c** An dtabharfá iasacht deich euro dom, le do thoil? **d** An mbeadh fiche cent (20c) agat do ghlaoch fóin? **e** An nglacfá teachtaireacht (do P.)?/An bhféadfá teachtaireacht a ghlacadh (do P.)? **f** Tá mé ag deisiú an chairr. An gcabhrófá liom? **4 Iriseoir** Cad a dhéanfá dá mbuafá an duais mhór sa Lotto, a Mháiréad? **Máiréad** Is é an chéad rud a dhéanfainn ná dul ar saoire. **Iriseoir** Feicim. Agus ina dhiaidh sin? **Máiréad** Cheannóinn teach, agus b'fhéidir go n-éireoinn as mo phost. **Iriseoir** Cad a dhéanfá dá mbuafá an duais mhór sa lotto, a Eoghain? **Eoghan** Is é an chéad rud a dhéanfainn ná an t-airgead a chur sa bhanc. **Iriseoir** Feicim. Agus ina dhiaidh sin? **Eoghan** Shocróinn cóisir, agus b'fhéidir go rachainn ar saoire. **5 a A** An ólfá cupán tae?/Ar mhaith leat

cupán tae? **B** Ólfaidh (go raibh
maith agat)./Ba mhaith.
A An íosfá ceapaire?/Ar mhaith
leat ceapaire? **B** Ní íosfaidh, (go
raibh maith agat)/Níor mhaith.
b A An bhféadfainn labhairt le
Pól, le do thoil? **B** Tá brón orm.
Níl Pól anseo. **A** An bhféadfá
teachtaireacht a ghlacadh?
B Glacfaidh, cinnte. **6 a**
bhuaileann; **b** théann; **c** bhíonn;
d gcloisfeadh; **e** mbeadh.

Unit 21
Dialogue a Níl (sé sásta).
b Bíonn. **c** Ní fhanann.

Text 1 a Bhíodh arán agus fíon
acu. **b** D'ithidís feoil, iasc agus
glasraí. **c** Ar an Aoine (a d'ithidís
iasc). **d** D'ólaidís fíon, beoir agus
bainne de ghnáth.

Text 2 a Lá ar bith. **b** Gach duine
de na manaigh.

1 The answer to the sample
question is: chaithinn.
a D'ólainn, bhínn. **b** D'ithinn.
c D'éirínn. **d** Cheannaínn.
e Bhíodh. **2** The correct order is:
bhí, rinne, tháinig, chuaigh,
bhíodh, d'éirídís, chaitheadh.

Appendix 1 – Expressing possession

1 *My, your*, etc.: possessive pronouns

mo *my* (lenition)	mo theach *my house*	m'árasán *my flat*
do *your* (lenition)	do theach *your house*	d'árásan *your flat*
a *his* (lenition)	a theach *his house*	a árasán *his flat*
a *her* (h + vowel)	a teach *her house*	a hárasán *her flat*
ár *our* (eclipsis)	ár dteach *our house*	ár n-árasán *our flat*
bhur *your* (eclipsis)	bhur dteach *your house*	bhur n-árasán *your flat*
a *their* (eclipsis)	a dteach *their house*	a n-árasán *their flat*

These are reinforced before collective nouns by **cuid** (*part, portion of*), which requires the genitive case:

mo chuid airgid *my money* a cuid ama *her time*
do chuid gruaige *your hair*

2 Using **do** (*to*)

deartháir do Mháire *a brother of Mary* cara dom *a friend of mine*

In some areas **le** (*with*) is used here: cara liom.

3 *To have*

Tá carr ag Máire. *Mary has a car.* Tá teach agam. *I have a house.*

4 *To own*

Cé leis é seo? *Who does this belong to?*
Is liomsa an carr seo. *This car is mine.*

Appendix 2 – How to translate *is*

1 Is with indefinite nouns:

Is múinteoir mé.	*I am a teacher.*
Is Albanach í.	*She is Scottish.*
Is clár teilifíse é.	*It is a television programme.*

2 Is mise/tusa, etc. with definite nouns

Is mise an múinteoir.	*I am the teacher.*
Is í an t-údar í.	*She is the author.*
An tusa an rúnaí?	*Are you the secretary?*
Is iad na cainteoirí iad.	*They are the speakers.*

Remember that **é, í, iad** must be repeated in this construction.

3 Tá with adjectives

Tá sé spéisiúil.	*He/it is interesting.*
Tá sé go breá inniu.	*It is fine today.*

4 Tá ina + noun

Tá Seán ina chathaoirleach.	*Seán is chairman.*
Tá Máire ina hoifigeach poiblíochta.	*Máire is publicity officer.*

These are of their nature temporary positions, as opposed to lifelong characteristics like occupation or nationality.

Appendix 3 – Gender

Nouns in Irish are classified as either masculine or feminine. The gender of a noun has important grammatical consequences, including the way in which it combines with **an** (*the*), and with adjectives – compare **an fear** (m) **mór** (*the big man*) with **an bhean** (f) **mhór** (*the big woman*). In view of the various changes which occur at the beginning of Irish nouns it is advisable to learn them preceded by **an** (*the*), so **an bord** (m) (*the table*), **an fhuinneog** (f) (*the window*), **an t-uisce** (m) (*the water*), **an oíche** (f) (*the night*), etc. The gender of many nouns which end in consonants can be told from their shape. The endings listed here show the gender of a noun of two or more syllables, but there are some exceptions with **-ín, -cht**.

Masculine		Feminine	
–án	árasán *flat*	–óg	leadóg *tennis*
–ín	caipín *cap*	–eog	fuinneog *window*

–úr   casúr *hammer*
–ún   bagún *bacon*
–ús   bunús *origin, basis*
–éad   seaicéad *jacket*

–éis   ráiméis *nonsense*
–ís   seirbhís *service*
–cht   filíocht *poetry*
–áil   síleáil *ceiling*

Masculine

–éal   buidéal *bottle*
–éar   páipéar *paper*
–éir   siúinéir *carpenter*
–óir   díoltóir *seller*
–eoir feirmeoir *farmer*
–úir   dochtúir *doctor*

These endings, with short vowels, are masculine

–as   doras (*door*), costas (*cost*)
–ar   bóthar (*road*), rothar (*bicycle*)
–ad   droichead (*bridge*), adhmad (*timber*)
–an   leagan (*version*)
-adh   samhradh (*summer*) (the **dh** is silent)

You will notice a general tendency for masculine nouns to end in a broad consonant (with the exception of -**ín** and the words denoting occupations), and for feminine nouns to end in a slender consonant (with the exception of -**óg/eog** and -**cht**). This is true of one syllable words as well. For instance the following are recognizably feminine: **áit** (*place*), **cáis** (*cheese*), **spéir** (*sky*). In contrast, **bád** (*boat*), **fuacht** (*coldness*), and **clár** (*programme*) are typical shapes of masculine nouns.

Two endings require further comment:

When -**ín** is not an integral part of the word – as in **cailín** (*girl*), **caipín** (*cap*), **lóistín** (*lodgings, accommodation*) – but rather a suffix added to give the meaning *small, little,* it does not alter the gender of the word it is added to, e.g. **bean** (*woman*) (f) + -**ín** gives **beainín** (f) (*small woman*). Either masculine or feminine nouns may end in -**ach**, but they differ in their genitive cases. Compare **an t-éadach** (*the cloth*), **an éadaigh** (*of the cloth*), with **an bháisteach** (*the rain*), **na báistí** (*of the rain*).

Grammatical gender was originally based on biological sex. The idea was that words referring to males form one class and those referring to females form another, with all other nouns conforming to one or other group. Gender and sex still correspond in Irish to the extent that words such as **fear** (*man*), tarbh (*bull*) and coileach (*cockerel*) are masculine whereas bean (*woman*), bó (*cow*), cearc (*hen*) are feminine. However, there are significant exceptions such as cailín (m) (*girl*) and stail (f) (*stallion*), whose gender is to be explained from their shape.

Appendix 4 – The forms of the noun

The genitive singular

The change of form known as the genitive singular case affects various kinds of noun when they are dependent on a preceding noun (i.e. closely linked to it). These are the most important ways in which the genitive singular is formed.

1 The final consonant of many masculine nouns become slender

bóthar *road*	comhartha bóthair *a road sign*
árasán *flat*	seoladh m'árasáin *the address of my flat*

2 A slender final consonant becomes broad in a few words

athair (m) *father*	deartháir m'athar *my father's brother*
abhainn (f) *river*	bruach na habhann *the bank of the river*

3 -ach becomes -aigh in a masculine noun

éadach *clothing*	mo chuid éadaigh *my (set of) clothes*

4 -ach becomes -aí in a feminine noun

báisteach *rain*	braon báistí *a drop of rain*

5 -a is added to some masculine nouns which end in a broad consonant,
and to feminine nouns which end in -cht.

teas *heat*	mórán teasa *a lot of heat*
filíocht *poetry*	leabhar filíochta *a book of poetry*

6 -e is added to many feminine nouns which end in a slender consonant

scoil *school*	múinteoir scoile *a schoolteacher*

7 In some words a final slender consonant becomes broad and -a is added

dochtúir (m) *doctor*	teach an dochtúra *the doctor's house*
móin (f) *peat*	Bord na Móna *the state peat company*

8 Some feminine words ending in a slender consonant add **-ach**; the slender consonant may also become broad

litir *letter*	ag scríobh litreach *writing a letter*
cabhair *help*	ag lorg cabhrach *looking for assistance*

9 A few feminine nouns which end in a vowel add **-n** (sometimes **-nn**)

lacha *duck*	ubh lachan *a duck egg*
monarcha *factory*	obair mhonarchan *factory work*
Éire *Ireland*	muintir na hÉireann *the people of Ireland*

Most nouns which end in a vowel do not change:

Gaeilge (f)	Foras na Gaeilge *the Irish Language Board*
bainne (m) *milk*	buidéal bainne *a bottle of milk*

The plural

Most nouns are put in the plural by adding a special ending. An important exception is that many masculine nouns which end in a broad consonant take the same form in the plural as in the genitive singular, e.g. **an t-árásán** (*the flat*), **cíos an árasáin** (*the rent of the flat*), **na hárasáin** (*the flats*). The principal endings used by other nouns are **-a**, **-(a)í**, **-t(h)a**, **-t(h)e**, **-(e)anna**, **-(e)acha**.

It takes practice to know how to use these endings correctly but these general rules will help.

(i) Add **í** to **ín**: **cailín** (*girl*), **cailíní** (*girls*).
(ii) Add **í** to nouns denoting occupations, and ending in **-óir**, etc. **feirmeoir** (*farmer*), **feirmeoirí** (*farmers*).
(iii) Replace the **í** which denotes occupation by **ithe**, e.g. **rúnaí** (*secretary*), **rúnaithe** (*secretaries*).
(iv) Replace the **-(i)ú** of verbal nouns by **-(u)ithe**, e.g. **socrú** (*arranging, arrangement*), **socruithe** (*arrangements*).
(v) Add **a** to **óg/eog**: **fuinneog** (*window*), **fuinneoga** (*windows*).
(vi) Add **ta** to one-syllable masculine nouns which end in broad **n** or **l**: **dán** (*poem*), **dánta** (*poems*); **scéal** (*story*), **scéalta** (*stories*).

If a noun does not belong to one of these predictable groups it is best to learn its plural form in conjunction with the singular.

Appendix 5 – The verb

The various distinctions made by the Irish verb are shown here with **scríobhann** (*writes*) – verbal noun **scríobh** (*writing*), verbal adjective **scríofa** (*written*). Irish, like English, distinguishes strictly between progressive and non-progressive forms: an English example is *I write* (often) vs. *I am writing* (now). The notion of habitual past is rather more important in Irish.

ag scríobh litreacha	*writing letters*
litir a scríobh	*to write a letter*
Scríobhaim litreacha.	*I write letters.*
Tá mé (or táim) ag scríobh litreacha.	*I am writing letters.*
Bím ag scríobh litreacha.	*I tend to be writing letters.*
Scríobh mé litir.	*I wrote a letter.*
Bhí mé ag scríobh litreacha.	*I was writing letters.*
Scríobhainn litreacha.	*I used to write letters.*
Bhínn ag scríobh litreacha.	*I used to be writing letters.*
Scríobhfaidh mé litir.	*I will write a letter.*
Beidh mé ag scríobh litreacha.	*I will be writing a letter.*
Scríobhfainn litir.	*I would write a letter.*
Bheinn ag scríobh litreacha.	*I would be writing letters.*

There are two kinds of perfect in Irish, one based on the verbal adjective, e.g. **scríofa** *written*, and another based on the verbal noun, e.g. **scríobh** *writing*:

Tá litir scríofa agam.	*I have a letter written/ I have written a letter.*
Bhí litir scríofa agam.	*I had a letter written/ I had written a letter.*
Beidh litir scríofa agam.	*I will have a letter written/ I will have written a letter.*
Tá mé tar éis/i ndiaidh litir a scríobh.	*I have written a letter.*
Bhí mé tar éis/i ndiaidh litir a scríobh.	*I had written a letter.*
Beidh mé tar éis/i ndiaidh litir a scríobh.	*I will have written a letter.*

As the translations suggest the first of these often tends to convey a sense of state (of the letter in this case). The latter unambiguously conveys action. It literally means *I am after writing a letter*, etc. The **i ndiaidh** phrase is used in Ulster, where it is pronounced **i nyé**.

Appendix 6 – Idiomatic phrases

Idiomatic phrases based on **tá** + preposition (*on*, *at*, etc.).

(*a*) **tá ... ar** (*is ... on*)

tá ocras orm	*I am hungry*
tart	*thirsty*
tuirse	*tired*
codladh	*sleepy*
fuacht	*cold*

tá áthas orm	*I am delighted*
brón	*sorry*
eagla/faitíos	*afraid*
amhras	*suspicious*
ionadh (pron. íona)	*surprised*
fearg	*angry*
náire	*ashamed*
bród	*proud*
éad	*jealous*
uaigneas	*lonely*

(*b*) **tá ... ag**

Tá súil agam (go)	*I hope that*
Tá a fhios agam (go)	*I know (that)*

(*c*) **tá ... ó** (*wants*)

tá bainne uaim	*I want/need milk*

(*d*) **tá faoi** (*intends to*)

Tá fúm dul ann.	*I intend to go there.*
Tá faoi é a dhéanamh.	*He intends to do it.*

Idiomatic phrases with **Is**:

Is maith liom	*I like*
Is breá liom	*I love*
Is fuath liom	*I hate*
Is féidir liom	*I can*
Is cuimhin liom	*I remember*
Is dóigh liom (go)	*I suppose (that)*
Is mian liom	*I desire/wish*
Is oth liom (go)	*I regret (that)*
Is cuma liom	*I don't care*

These are based on **léir** (*clear*) (in other contexts this adjective is **soiléir**):

Is léir go ...	*It is clear that ...*
Is léir dom go ...	*It's clear to me that ...*

Appendix 7 – Rules for initial mutations

A full table of the relevant changes is given in the introduction. The contexts in which they occur are listed in detail here.

Lenition

The rules given here for lenition are subject to the proviso that **h, l, n, r** are not lenited; neither are the unusual letters **v, x, z**; or **s** before **c, p, t, m, f**.

The first consonant of a noun is lenited:

(*a*) after **an** *the* if the noun is feminine

bean *woman*	an bhean *the woman*
cathaoir *chair*	an chathaoir *the chair*

(*b*) after **an**, when it means *of the*, if the noun is masculine

bóthar *road*	lár an bhóthair *the middle of the road*

(*c*) after **a**, when addressing somebody

cairde *friends*	a chairde *(my) friends*
duine *person*	a dhuine uasail *dear sir*

(*d*) in some phrases when a noun is used as a qualifier of a preceding feminine noun (whether or not the second noun is in the genitive case)

móin *peat*	tine mhóna *a peat fire*
but not in	
beoir *beer*	gloine beorach *a glass of beer*
fíon *wine*	gloine fíona *a glass of wine*

(*e*) when a name is dependent on a preceding noun, either masculine or feminine

Máire *Mary*	athair Mháire *Mary's father*
Tír Chonaill *Donegal*	muintir Thír Chonaill *the people of Donegal*
Maigh Eo *Mayo*	Contae Mhuigh Eo *County Mayo*

(*f*) after **mo** (*my*), **do** (*your*), **a** (*his*)

bean *woman*	mo bhean *my wife*
teach *house*	do theach *your house*
mac *son*	a mhac *his son*

(*g*) after the prepositions **ar** (*on*), **do** (*to, for*), **de** (*from, of*), **faoi** (*under*), **gan** (*without*), **mar** (*as*), **ó** (*from*), **roimh** (*before*), **thar** (*past, over, beyond*), **trí** (*through*)

clúdach *cover*	ar chlúdach an leabhair *on the cover of the book*
Seán *John*	glaoch do Sheán *a call for John*
bainne *milk*	lán de bhainne *full of milk*
cathaoir *chair*	faoi chathaoir *under a chair*
maith *good(ness)*	gan mhaith *useless* (lit. *without good*)
múinteoir *teacher*	ag obair mar mhúinteoir *working as a teacher*
Sasana *England*	ó Shasana *from England*
Cáisc *Easter*	roimh Cháisc *before Easter*
coláiste *college*	ag dul thar Choláiste na Tríonóide *going past Trinity College*
contae *county*	ag dul trí Chontae na Mí *going through County Meath*

NB The prepositions **ar** (*on*), **thar** (*past, over, beyond*) do not lenite in phrases in which the noun has a general or indefinite reference, often describing states, such as **ar ball** *later*, **ar buile** *very angry*, **ar deireadh**, *finally*, **ar fad**, *altogether*, **ar fáil**, *available*, **ar siúl/ar bun**, *underway, going on*, **thar barr**, *excellent*, **thar sáile**, *overseas*. Compare:

Tá sé agam ar cíos	*I am renting it.* (lit. *I have it on rent*)
Tá sé agam ar chíos ceád euro sa seachtain.	*I am renting it for a hundred euros a week.* (it. *I have it for a rent of a hundred euros a week*)

(*h*) after **don** (*to the*), **den** (*of the*) and **san** (*in the*); the latter becomes **sa** before all consonants except **f**, which it makes silent (written **fh**)

bainisteoir *manager*	litir don bhainisteoir *a letter for the manager*
císte *cake*	píosa den chíste sin *a piece of that cake*
farraige *sea*	san fharraige *in the sea* (pron. *san arruige*)
gairdín *garden*	amuigh sa ghairdín *out in the garden*

Exception: none of these lenites **s**, **t**, or **d**: **sa siopa** (*in the shop*), **sa teach** (*in the house*), **sa deoch sin** (*in that drink*).

(*i*) after various prefixes

ceol *music*	an-cheol *very good music*
caint *talk*	droch-chaint *bad language*
comharsa *neighbour*	dea-chomharsa *good neighbour*
punt *pound*	leathphunt *half-pound*

Notice that not all prefixes are given a hyphen.

(*j*) in the second element of a compound word

príomh- *principal* + **sráid** *street*	príomhshráid *main street*
dubh *black* + **gorm** *blue*	dubhghorm *navy blue*
fíor *true* + **deas** *nice*	fíordheas *really nice*
sean *old* + **bean** *woman*	seanbhean *old woman*

But when dental consonants come together lenition is usually blocked:

sean *old* + **duine** *person*	seanduine *old person*
lán *full* + **sásta** *satisfied*	lánsásta *fully satisfied*

(*k*) to indicate that a definite noun phrase is dependent on a preceding noun

rothar fhear an phoist	*the postman's bicycle* (lit. *the bicycle of the man of the post*)

(*l*) in counting, when the noun is preceded by **aon** (*one*), **dhá** (*two*), **trí** (*three*), **ceithre** (*four*), **cúig** (*five*), **sé** (*six*)

ceist *question*	aon cheist amháin *just one question*
cuid *part*	dhá chuid *two parts*
punt *pound*	trí phunt *three pounds*
teach *house*	ceithre theach *four houses*
seomra *room*	cúig sheomra *five rooms*
bord *table*	sé bhord *six tables*

Exception: a few nouns are counted from three upwards using their plural forms and these are not lenited:

ceann *head*	trí cinn acu *three (head) of them*
troigh *foot*	sé troithe *six feet* (compare **dhá throigh** *two feet*)

(*m*) after **an chéad** (*the first*)

ceann *head*	an chéad cheann *the first one*
cuid *part*	an chéad chuid *the first part*

The first consonant of an adjective is lenited:

(*a*) following a feminine noun

fada *long*	sráid fhada *a long street*
maith *good*	aimsir mhaith *good weather*

NB There is no lenition following a feminine noun in the genitive, e.g. ag bun na sráide fada *at the end of the long street*; or in the plural, e.g. sráideanna fada *long streets*.

(*b*) after a masculine noun which depends on another noun. Compare these

an bóthar fada *the long road*
bun an bhóthair fhada *the end of the long road*

(*c*) after plural noun forms which end in a slender consonant (almost all these are masculine nouns)

fear mór *a big man*	fir mhóra *big men*
leabhar beag *a small book*	leabhair bheaga *small books*

(*d*) after a noun preceded by **dhá** (*two*) (or **beirt** (*two*) when counting people), in which case the adjective takes the plural form

teach mór *a big house*	dhá theach mhóra *two big houses*
fear beag *a small man*	beirt fhear bheaga *two small men*

(*e*) after **an** (*the*), when the adjective is prefixed to a feminine noun

príomh *principal* + ceist (f) *question*
an phríomhcheist *the principal question*

(*f*) after these forms of the copula **is** (*is*)
ba (*was/would be*), **níor** (*wasn't/wouldn't be*), **ar?** (*was?/would be?*), **nár** (*wasn't/wouldn't...be?*), **gur** (*that (it) was/would be*):

Ba mhaith liom cupán tae. *I would like a cup of tea.*
Ba mhór an chabhair é. *It was/would be a great help.*
Níor cheart é a dhéanamh. *It shouldn't* (lit. *would not be right) be done.*

The first consonant of a verb is lenited:

(*a*) in the past, past habitual and conditional

buail le (*meet*)	bhuail mé leis *I met him*
	bhuailinn léi *I used to meet her*
	bhuailfinn leo *I would meet them*

(*b*) after **ní** (*not*) and **má** (*if*)

buail le (*meet*)   ní bhuailim leis *I don't meet him*
                        ní bhuailfidh mé leo *I won't meet them*
                        má bhuaileann tú leo *if you meet them*

(*c*) after the relative particle **a** *which, who, whom*

ceannaím an páipéar *I buy the paper*
an páipéar a cheannaím *the paper which I buy*
feicim daoine ar an mbóthar *I see people on the road*
na daoine a fheicim ar an mbóthar *the people I see on the
                                        road*

Restrictions on the lenition of 'd', 't', 's':

(*a*) These are not lenited after dental consonants (easily remembered as **d, n, t, l, s** – dentals!). So **bean** (*woman*) + **deas** (*nice*) should give **bean dheas** (*a nice woman*) but is more usually **bean deas**; likewise **an-deas** (*very nice*), instead of **an-dheas**. Here are some examples:

an-dorcha *very dark*   Cf. an-gheal *very bright*
an-tirim *very dry*   an-fhliuch *very wet*
an-salach *very dirty*   an-ghlan *very clean*

Lenition is also absent in phrases such as:

slat (f) tomhais *yardstick, criterion* (lit. *stick of measuring*)
cos (f) tosaigh *front leg* (of animal)
cos (f) deiridh *back leg*

After **an** (*the*):
an tine (f) *the fire*
an tír (f) *the country*
An Dáil (f) *the Dáil* (lower house of parliament)
cearta an duine *human rights*
bean an tí *the landlady*
Roinn an Taoisigh *the Department of the Taoiseach* (=
                                        Cabinet Office)

(*b*) **T** and **d** are not lenited by **sa** (shortened from **san**)

sa teach (*in the house*)   sa dorchadas (*in the dark*)

(*c*) Although **s** cannot be lenited to **sh** after **an** (*the*) it becomes **ts** instead

an tslí (f) abhaile *the way home*   (pron. tlí)
an tsúil (f) *the eye*   (pron. túil)
an tsráid (f) *the street*   (pron. tráid)
tús an tsamhraidh (m) *the beginning of summer* (pron. towrí)

This also happens with feminine nouns after **sa** (*in the*) (from **san**):

sa tslí *in the way*   sa tsráid *in the street*
sa tsúil *in the eye*

But **sa samhradh** *in the summer* (because *the summer* is **an samhradh** (m)).

Eclipsis

The first consonant of a noun is eclipsed:

(*a*) after **i** (*in*)

baile mór *a town*   i mbaile mór *in a town*
trioblóid *trouble*   i dtrioblóid *in trouble*

(*b*) after **ár** (*our*), **bhur** (*your*), **a** (*their*)

teach *house*   ár dteach féin *our own house*
cairde *friends*   bhur gcairde *your friends*
carr *car*   a gcarr *their car*

(*c*) after the numerals 7 to 10, **seacht, ocht, naoi, deich**

punt *pound*   seacht bpunt *seven pounds*
troithe *feet*   ocht dtroithe *eight feet (long)*
cinn de *head of*   naoi gcinn de bha *nine cows*
pingin *penny*   deich bpingine *ten pence*

(*d*) after a preposition + **an** (*the*) (with the exception of **don** *to the* and **den** *of the*)

banc *bank*   ag an mbanc *at the bank*
féar *grass*   ar an bhféar *on the grass*
bus *bus*   as an mbus *out of the bus*
bainisteoir *manager*   scríobh chuig an mbainisteoir
                                    write to the manager
bord *table*   faoin mbord *under the table*
Garda *Guard, policeman*   labhair leis an nGarda
                                    speak to the policeman
cruinniú *meeting*   roimh an gcruinniú *before the
                                    meeting*
geata *gate*   thar an ngeata *past the gate*

Exception: nouns beginning with **t, d** are not affected: **ag an teach** (*at the house*), **ag an doras** (*at the door*).

(e) after **na** when it means *of the* in the plural (the genitive plural)

fear (*man*)   leithreas na bhfear (*the men's toilet*)

The first consonant of a verb is eclipsed:

(a) after **an** (which introduces questions), **cá** (*where?*), **sula** (*before*), **go** (*that*)

téann (*goes*)   An dtéann tú? *Do you go?*
                        Cá dtéann tú? *Where do you go?*
                        sula dtéann tú abhaile *before you go home*
                        is dócha go dtéann tú ann *you probably*
                                                    go there

(b) after **dá** (*if*) and **mura** (*unless, if not*)

cheannófá *you would buy*   dá gceannófá é *if you bought it*
                            mura gceannófá é *if you didn't*
                                                buy it

(c) after **a** in indirect relative clauses

buailim leis na daoine sin *I meet those people*
na daoine a mbuailim leo *the people I meet*

Note
Words beginning with a vowel are treated as follows:

(a) **i** (*in*) becomes **in**; in Éirinn (*in Ireland*)

(b) no change after **an** (*the*) and the question marker **an**:

oifig *office*   ag an oifig *at the office*
ith *eat*   An itheann tú? *Do you eat?*

(c) by prefixing **n** in all other cases:

uimhir *number*   ár n-uimhir *our number*
oíche *night*   seacht n-oíche *seven nights*
óg *young*   Tír na nÓg *Land of the Young*
                            (in folktales)
éiríonn *gets up*   dá n-éireofá in am
                            if you got up on time
oibrím *I work*   na daoine a n-oibrím leo
                            the people I work with

Prefixed 'h'

This is used to break up a sequence of two vowels, when a word beginning in a vowel is preceded by certain words ending in a vowel.

With nouns:

(a) after the plural article **na** (*the*)

áit *place*	na háiteanna *the places*

(b) after **na**, meaning *of the*, if the noun is feminine

oíche *night*	lár na hoíche *the middle of the night*
Éire *Ireland*	Rialtas na hÉireann *the Government of Ireland*

(c) after **a** (*her*)

árasán *flat*	a hárasán *her flat*
iníon *daughter*	a hiníon *her daughter*

(d) when counting with **trí** (*three*), **ceithre** (*four*) and **sé** (*six*)

uair *hour, time*	trí huaire *three times*

(e) after the forms meaning *the second, the third*, etc. (but not including **an chéad** *the first*)

uair *hour, time*	an dara huair *the second time*
áit *place*	an tríú háit *the third place*

(f) After **go** (*to*) and **le** (*with*)

Éire *Ireland*	ag teacht go hÉirinn *coming to Ireland*
Áine *Anne*	ag caint le hÁine *talking to Anne*

With adjectives:

(a) after **go** (in the examples below it turns them into adverbs of manner)

olc *bad*	go holc *badly*
álainn *beautiful*	go hálainn *beautifully*

(b) after **chomh** (*as, so*)

óg *young*	Níl mé chomh hóg leat. *I am not as young as you.*
éadrom *light*	Tá sé chomh héadrom sin. *It is so light.*

Other instances of prefixed 'h':

(*a*) verbs beginning in a vowel after **ná**

Ól é. *Drink it.*	Ná hól é. *Don't drink it.*
Oscail an doras *Open the door.*	Ná hoscail an doras. *Don't open the door.*
Imigh! *Go, clear off!*	Ná himigh go fóill! *Don't leave yet!*

(*b*) the pronouns é (*he*), í (*she*), iad (*they*) and ea (*it, that*) after **ní** (*is not*) and **cé?** (*who?*)

Is é. *It's him.*	Ní hé. *It isn't him.*
Is ea. *It is so.*	Ní hea. *It isn't so.*
Is iad. *It is them.*	Cé hiad? *Who are they?*

(*c*) in a few phrases such as **Dé hAoine** (*Friday*), **Cá háit?** (*Where?*), **a haon** (*one*), **a hocht** (*eight*); and after **Ó** in surnames: **Ó hÓgáin** (*Hogan*).

adjective   A word which gives further information about a noun, e.g. a *big* house, *interesting* classes, *white* paper.

adverb   Adverbs give further information about words other than nouns. For instance in *to walk fast*, the verb *walk* is modified by *fast*, which tells us about the manner of walking; in *I go there sometimes*; *I get up early*; *I have lunch at one*, the times of the actions are specified with varying degrees of precision by *sometimes, early, at one*. In *we shall probably have to pay*, the entire sentence is qualified by *probably*. The types of adverb shown here are respectively an adverb of manner, an adverb of time and a sentence adverb.

clause   A term used when a sentence can be divided into two parts, each containing a main verb. For instance in *I'll do it when I have the time*, *I'll do it* is the main clause and *when I have the time* is the subordinate clause (a subordinate clause of time). The time clause here begins with a conjunction *when*, and by dropping *when* we get a perfectly good free sentence, *I have the time* (although this does not always happen when we drop a conjunction).

conjunction   A word which joins. Co-ordinating conjunctions link two expressions of equal status, e.g. *men and women, reading and writing, black and white, I got up and walked out*. Subordinating conjunctions link clauses. For instance *when* introduces a time clause in *I read a lot when I was young*, and *if* a conditional clause in *You'll do well if you work at it*.

mood   A group of non-factual notions expressed by verbs which include conditions, wishes etc. In *If I were rich*, *were* is a subjunctive form of the verb *to be* (i.e. it is in the subjunctive mood). Conditionals are very important in Irish but subjunctives are more marginal in the contemporary language.

noun A noun is the name of a person, place, thing or idea. The most basic kind of noun is a name for an object in the space around us: *table*, *chair*, *man*, *woman* etc. Other kinds of nouns refer to abstract ideas, e.g. *clarity*, *expense*, *beauty*; or to emotions, e.g. *love*, *anger* etc.

phrase A number of words combined to form a unit. Phrases are named after their 'head words'. For instance *a big house* is a noun phrase and *at the door* is a prepositional phrase.

plural Referring to more than one example or instance of something, e.g. *books*, *we*, *they*. See **singular**.

possessive A word which indicates ownership or possession. Irish has a set of possessive markers, **mo** *my*, **do** *your* etc., which are often called 'possessive adjectives' (as in English) but which are better called 'possessive pronouns' for the purposes of Irish grammar.

preposition These are placed before nouns to form phrases which express spatial relations, e.g. *on* the chair, *at* the door, *under* the table; and some other notions including time, e.g. *at* five o'clock, *after* midnight. These are simple prepositions. There are also complex prepositions such as *on top of* the table.

pronoun Strictly speaking, a word which can replace a noun. The third person forms are alternative rather than unique ways of referring to something and are used to avoid repetition, e.g. I bought *a ticket* (noun) but I gave *it* (pronoun) to my brother; When I see *Mary* (noun) I will tell *her* (pronoun). *I*, *me*, *you*, *we* and *they* are also pronouns. See also under **possessive**.

singular Referring to one example or instance of something; for instance *(a) book*, *I*, *you* refer to single entities. See **plural**.

tense the name for the way in which time relations are indicated by verbs. Irish, like many languages, distinguishes between *present*, *past* and *future* by adding endings to verbs, e.g. present **léann** *reads*, past **léigh** *read*, future **léifigh** *will read*.

verb The most basic kind of verb refers to an action: *comes*, *goes*, *eats*, *drinks*, *reads*, *writes* etc. Other kinds refer to perceptions, e.g. *sees*, *hears*; or to mental operations, e.g. *thinks*, *believes* etc.

verbal adjective The concepts expressed by verbs can take adjectival form, e.g. *eaten* in *eaten bread is soon forgotten*. Such forms are called 'past participles' in English grammar but they are known as 'verbal adjectives' in Irish grammar.

verbal noun   The concepts expressed by verbs can be turned into nouns, e.g. *reading* in *reading helps you to learn languages*. Such forms are called 'present participles' in English grammar but they are known as 'verbal nouns' in Irish grammar.

Irish–English vocabulary

Abbreviations: m = masculine; f = feminine; g. = genitive; pl = plural.

abhaile *home*
ach *but*
aerfort (m) *airport*
agus *and*
aice; in aice le *next to*
Aifreann (m) (g. -rinn) *Mass*
aimsir (f) (g. -e) *weather*
ainm (m) (pl -neacha) *name*
ainnis (pl -e, níos ainnise) *awful*
aintín (f) (pl -í) *aunt*
airgead (m) (g. -gid) *money* (lit. *silver*)
áirithe *particular*; go háirithe *in particular*
ais; ar ais *back*
áis (f) (g. -e, pl -eanna) *facility, convenience*
áit (f) (g. -e, pl -eanna) *place*
aithne (f) *acquaintance*
áitiúil (pl -úla) *local*
álainn (pl áille, níos áille) *beautiful*
am (m) (g. -a) *time*
amárach *tomorrow*
amach *out*
amháin *just one*
amuigh *outside*
an- (+ lenition) *very*
aníos *from beneath*
ann *there*

anocht *tonight*
anois *now*
anraith (m) *soup*
anseo *here*
ansin *there*
anuas *from above, hence*
anuraidh *last year*
aois (f) (g. -e, pl -eanna) *age*
aon *one, any*
aosta *elderly*
ar ais *back*
ar bith *any, at all*
ar fáil *available*
ar fud (+ genitive) *throughout*
ar siúl *in progress, underway*
arán (m) (g. -áin) *bread*
árasán (m) (g. -in, pl -in) *flat, apartment*
ard (pl -a, níos airde) *high, tall*
aréir *last night*
arís *again*
arú; arú inné *the day before yesterday*; arú amárach *the day after tomorrow*
as ord *out of order*
as *out of, from*
athair (m), (g. -ar, pl aithreacha) *father*
áthas (m) (g. -ais) *joy*
athraíonn *changes*
athrú (m) (pl -ruithe) *a change*

bábóg (f) (g. óige, pl -a) *doll*
bacach (pl -a) *lame*
baile (m) *settlement, town*; sa
  bhaile *at home*
baile mór (pl bailte morá) *town*
bailíonn *collects*
bailithe *collected*
bailiú *collecting*
baineann amach *reaches, achieves*
bainne (m) *milk*
baineann *extracts, gains*
baineann de *takes off*
bainisteoir (m) (g. -eora, pl -
  eoirí) *manager*
báisteach (f) (g. báistí) *rain*
bán (pl -a, níos báine) *white*
banaltra (f) (pl -aí) *nurse*
banc (m) (g. bainc, pl bainc) *bank*
barr (m) (g. bairr, pl -a) *top*
beag (pl -a, -níos lú) *small*
beagán *a little*
beagnach *almost*
bean (f) (g. mná, pl mná) *woman*
beannacht (f) *blessing*
beár (m) *bar*
béile (m) (pl -lí) *meal*
beireann *bears*
beireann ar *catches*
beirt *two* (of people)
beoir (f) (g. beorach) *beer*
bheith *being, to be*
bia (m) (pl -nna) *food*
bialann (f) (g. -ainne, pl -a)
  restaurant
bileog (f) (g. -eoige, pl -a) *leaflet*
blas (m) *taste*
blasta *tasty*
bláth (m) (g. -a, pl -anna) *flower*
bliain (f) (g. bliana, pl blianta)
  year
bliantúil (pl bliantúla) *yearly*
bloc (m) (g. -oic, pl -oic) *block*
bóthar (m) (g. -air, pl bóithre)
  road
bocht (pl -a, níos boichte) *poor*
bog (pl -a, níos boige) *soft, mild*
bollóg (f) (g. -óige, pl -a) *loaf*
bord (m) (g. boird, pl boird)
  table

branda (m) *brandy*
breá (pl -tha, níos breátha) *fine*
breis (+ genitive) *more*
breis (is) *more than*
breoite *sick*
bróg (f) (g. bróige, pl -a) *shoe*
brón (m) *sorrow*
bronntanas (m) (g. -ais, pl -ais)
  present, gift
buachaill (m) (pl -í) *boy, young
  man, boyfriend*
buaileann *hits*
buaileann le *meets* (with)
bualadh le *meeting*
buann *wins*
buí *yellow*
buíochas (m) *gratitude*
buidéal (m) (g. -éil, pl -éil) *bottle*
bun (m) *bottom, end*

cabhraíonn le *helps*
carbhán *caravan*
cabhair (f) (g. cabhrach) *help*
cabhrú *helping*
cad? *what?*
caife (m) *coffee*
cáilíocht (f) (g. -a, pl -aí)
  qualification
caint (f) (g. -e) *talking*
cáis (f) (g. -e) *cheese*
Cáisc (f) (g. Cásca) *Easter*
caite *spent* (seo caite *this past*)
caitheamh *spending*
caitheann *spends, wears*
campa (m) (pl -aí) *camp, tent*
canadh *singing*
canann *sings*
caoga *fifty*
capall (m) (g. -aill, pl -aill) *horse*
cara (m) (pl cairde) *friend*
carr (m) (g. -irr, pl -anna) *car*
cárta (m) (pl -aí) *card*
casóg (f) (g. -óige, pl -a) *coat,
  jacket*
cathain? *when?*
cathair (f) (g. cathrach, pl -racha)
  city
cathaoir (f) (g. -each, pl -eacha)
  chair

ceann tuí *thatched*
ceantar (m) (g. -air, pl -air) *district*
ceannach *buying*
ceannaíonn *buys*
ceapaire (m) (pl -rí) *sandwich*
ceapann *thinks, appoints*
cearc (f) (pl -a) *hen*
céard? *what?*
ceart (pl -a) *right*
ceathair *four*
ceathrú *quarter*
cén chaoi? *how?*
ceo (m) *mist*
ceol (m) (g. ceoil) *music*
ceolchoirm (f) (g. -e) *concert*
cheana *already*
chomh (with adj.) *so, as*
chonaic *saw*
chuaigh *went*
chuala *heard*
chuig *to*
ciallmhar (pl -a, níos ciallmhaire)
  sensible
cinnte *sure, certain, certainly*
cinntiú *ensuring*
cíos (m) (g. -a) *rent*; ar cíos
  rented, for rent
císte (m) (pl -tí) *cake*
cistin (f) (g. -e, pl -eacha)
  kitchen
cith (m) (pl ceathanna) *shower*
cith (m) (g. ceatha, pl -anna)
  shower
ciúin (pl -e, níos ciúine) *quiet*
clár (m) (g. cláir, pl cláir)
  programme
clann *children* (as part of family)
clasaiceach *classical*
clog (m) (g. cloig, pl cloig) *clock*
cloiseann *hears*
cluiche (m) (pl -chí) *game*
cófra (m) *cupboard*
coicís (f) (g. -e, pl -í) *fortnight*
cóip (f) (g. -e, pl -eanna) *copy*
cóipeáil *copying*
coirm cheoil (f) (pl coirmeacha
  ceoil) *concert*
cóisir (f) (g. -e, pl -í) *party*
  (social)
coitianta *common*

coláiste (m) (pl -tí) *college*
col ceathar (m) (pl col
  ceathracha) *cousin*
comharsa (f) (g. -n, pl -na)
  neighbour
comhghairdeas (m) (g. -dis)
  congratulations
comhlacht (m) (g. -a, pl -aí)
  (commercial) *company*
comharchumann (m) (g. -ainn)
  cooperative society
comórtas (g. -ais, pl -ais)
  competition
conas *how*
conradh (m) *contract*; ar
  conradh *on contract*
contae (m) (pl -tha) *county*
cosúil (níos cosúla) *similar*; is
  cosúil go/nach *it seems that
  (not)*
cosnaíonn *costs*
cóta (m) (pl -aí) *coat*
creideann *believes*
críochnaíonn *finishes*
crua *hard*
cruinniú (m) (g. -ithe, pl -ithe)
  meeting
cuairt (f) (g. -e, pl -eanna) *visit*
cúig *five*
cuireann *puts, sends*
cúpla *couple (of)*
cúrsa (m) (pl -aí) *course*
cúrsaí *affairs, things*
cuntas (m) (g. -ais, pl -ais)
  account, description
cupán (m) (g. -áin, pl -áin) *cup*
cuid (f) (g. coda, pl codanna)
  part, portion; mo chuid *my*, ár
  gcuid *our*, etc.
cuidíonn le *helps*

dada *nothing*
daichead *forty*
dalta (m) (pl -aí) *pupil*
damáiste (m) *damage*
damhsa (m) (pl -aí) *dance* (also
  dancing)
daor (pl -a, níos daoire)
  expensive
dara *second* (in counting)

dath (m) (g. -a, pl -anna) *colour*
déanaí (f) *lateness*; le déanaí *of late*
de ghnáth *usually*
de *of*
deachaigh *went*
deacair (pl deacra, after ní, an etc. níos deacra) *difficult*
déag *teen* (in counting)
déanach (pl -a, níos déanaí) *late*
déanamh *doing, making*
déanann *does, makes*
déanta *done*
déarfaidh *will say*
dearg (pl -a, níos deirge) *red*
dearmad (m) (g. -aid, pl -aid) *mistake*
deartháir (m) (g. -ár, pl -eacha) *brother*
deireadh (m) (g. -ridh) *end*; faoi dheireadh *at last*
deas (pl -a, níos deise) *nice*
deich *ten*
deifir (f) (g. -fre) *hurry*
deireann *says*
deirfiúr (f) (g. -féar, pl -acha) *sister*
deisceart (m) (g. -cirt) *southern area*
deoch (f) (g. dí, pl -anna) *drink*
dhá *two*
Dia (m) (g. Dé) *God*
Diabhal *devil*
dian (pl -a, níos déine) *severe, intensive*
difriúil (pl -iúla, níos difriúla) *different*
díolann *sells*
díreach (pl -a) *straight, direct(ly)*
dinnéar (m) (g. -éir, pl -éir) *dinner*
diosca (m) (pl -aí) *disc*
dioscó (m) *disco*
dlí (m) (pl dlithe) *law*
dlíodóir (m) (g. -óra, pl -í) *lawyer*
do *to, for*
do *your*
dochar (m) (g. -air) *harm, damage*

dochtúir (m), (g. -úra, pl -í) *doctor*
dona *bad*
doras (m) (g. -ais, pl doirse) *door*
dorcha *dark*
dosaen *dozen*
dóthain *sufficiency*
duais (f) (g. -e, pl -eanna) *prize*
dubh (pl -a, níos duibhe) *black*
duine (m) (pl daoine) *person*
dúirt *said*
dúisíonn *wakes up*
dul *going*

é *he, him*
éadach (m) (g. -aigh) *clothing*; éadaí *clothes*
eagla (f) *fear*
éigin *some*
eile *other*
éirí *rising, becoming*
éiríonn *rises, gets up*
éiríonn as *quits, gives up*
éiríonn le *succeeds*
éisteacht (le) *listening (to)*
eolas (m) (g. -is) *information*

fad (m) (g. faid) *length*; i bhfad *far*
fada (níos faide) *long*
fáil *getting*; ar fáil *available*
fágáil *leaving*
fágann *leaves*
fágtha *left*
faide *longer, longest*
faigheann *gets*
fáilte (f) *welcome*
falla (m) (pl -aí) *wall*
fanacht *staying*
fanann *stays*
faoi láthair *at present*
farraige (f) *sea*
feabhas (m) (g. -ais) *improvement*
féachaint (ar) *looking (at)*
féachann (ar) *looks (at)*
fear (m) (g. fir, pl fir) *man*
fearr *better, best*
feiceáil *seeing*

feiceann *sees*
feidir *in* is féidir *can*
féin *self, own*
feirm (f) (g. -e, pl -eacha) *farm*
feirmeoir (m) (g. -ora, pl -í)
  farmer
feoil (f) (g. feola) *meat*
fiacail (f) (g. -e, pl -cla) *tooth*
fiche *twenty*
filleadh *returning, to return*
fíon (m) (g. -a) *wine*
fístéip (f) (g. -e, pl -eanna)
  videotape
fliuch (pl -a, níos fliche) *wet*
foghlaim *learning*
foghlaimíonn *learns*
fógra (m) (pl -aí) *announcement*
fógraithe *announced*
fóill; go fóill *for the moment*
foirm (f) (g. -e, pl -eacha) *form*
folcadh *washing* (seomra folctha
  bathroom)
fón (m) *phone*
fonn (m) *inclination*
forbairt (f) (g. forbartha)
  development
fós *still, yet*
freisin *also*
fuacht (m) (g. -a) *cold(ness)*
fuaimniú (m) *pronunciation*
fuair *got*
fuar (pl -a, níos fuaire) *cold*
fuinneog (f) (g. -oige, pl -a)
  window
fuinniúil (pl. fuinniúla) *energetic*
fud; ar fud (+ genitive)
  throughout

gá (m) *need*
gabhann *takes, seizes*
gach *every*
Gaeilge (f) *Irish language*
gairdín (m) (pl -í) *garden*
gairid (do) *near (to)*
gála (m) (pl -aí) *gale*
gaofar *windy*
garáiste (m) (pl -tí) *garage*
gar (m) *a favour*
Garda (m) (pl -í) *policeman*

gar do *close to*
geansaí (m) (pl -aithe) *pullover*
gearán *complaint, complaining*
geimhreadh (m) (g. -ridh, pl -í)
  winter
gheobhaidh *will get*
glacann *takes, accepts*
glacann le *accepts*
glanadh *cleaning*
glanann *cleans*
glaoch (m) *call*
glas (pl -a) *green* (of plants)
gloine (f) (pl -ní) *glass*
gnó (m) *business*
gnóthach (pl -a) *busy*
go *to, towards*
go dtí *until* (also *to*)
go leor (+ genitive) *plenty*
go/nach *that, that not*
gorm (pl -a, níos goirme) *blue*
greann (m) (g. grinn) *humour*
greim (m) *bite, grip*
grian (f) (g. gréine) *sun*
gríosadh *urging, encouraging*
grósaeir (m) (g. -aera, pl -í)
  grocer
gruaig (f) (g. -e) *hair*
grúpa (m) (pl -aí) *group*

halla (m) (pl -aí) *hall*
hata (m) (pl -í) *hat*

í *she, her*
iad *they, them*
iarthar (m) (g. -thair) *western
  area*
iarraidh *asking, to ask*
iarrann *requests*
iasc (m) (g. éisc, pl éisc) *fish*
i bhfad *long, far away*
idir *between*
i gcónaí *always*
i leith *hither, this way*
i ndiaidh *after*
i mbliana *this year*
imeacht *leaving, going away*
imíonn *goes (away), leaves*
imirt *playing*
imithe *gone*

iníon (f) (g. -íne, pl. -acha)
  daughter
inné *yesterday*
inniu *today*
íoc *paying, to pay*
íocann *pays*
iomlán (pl -a, níos iomláine)
  complete
ionad (m) (g. -aid, pl -aid)
  location, centre
i rith (+ genitive) *during*
iontach (pl -a) *wonderful*
iris (f) (g. -e, pl -í) *journal*
iriseoir (m) (g. -ora, pl -í)
  journalist
is *is* (is short for agus *and*)
isteach *in(wards)*
istigh *inside*
istoíche *by night*
ite *eaten*
ithe *eating*
itheann *eats*

lá (m) (g. lae pl laethanta) *day*
lag (pl -a, níos laige) *weak*
laghad *littleness*; ar a laghad *at
  least*
láidir (pl -e, níos láidre) *strong*
láithreach *immediately*
lámh (f) (g. láimhe, pl lámha)
  hand
lán *full*; a lán *a lot*
lasann *lights*
le *with*
leaba (f) (g. leapa, pl leapacha)
  bed
leabhar (m) (g. -air, pl -air) *book*
leabharlann (f) (g. -ainne, pl -a)
  library
léacht (f) (g. -a, pl -aí) *lecture*
léachtóir (m) (g. -óra, pl -í)
  lecturer
léamh *reading*
leanann *follows*
leanbh (m) (g. linbh, pl leanaí)
  child
léann *reads*
leanúint *following*
leath *half*

leathan (pl. -a, níos leithne) *wide*
leathanach (m) (g. -aigh, pl -aigh)
  page
leisciúil (pl -úla, níos leisciúla)
  lazy
leithreas (m) (g. -ris, pl -ris)
  toilet
leithscéal (m) (g. leithscéil, pl -ta)
  excuse
liathróid (f) (g. -e, pl -í) *ball*
ligeann *lets*
ligthe *let*
líofa *fluent*
lítear (m) (g. -ir, pl -ir) *litre*
litir (f) (g. -reach, pl -reacha)
  letter
lóistín (m) *lodgings,
  accommodation*
lón (m) (g. lóin) *lunch*
lorg *seeking*
lú *smaller/smallest*
luath (pl -a, níos luaithe) *early*
(go) luath *soon*

mac (m) (g. mic, pl clann mhac)
  son
mac (m) léinn *student*
maidin (f) (g. -e, pl -eacha)
  morning
maith (pl -e, níos fearr) *good*
mála (m) (pl -aí) *bag*
mall (pl -a, níos moille) *slow*
mar (+ lenition) *as*
mar *because*
mar sin *of that kind*; also
  therefore
máthair (f) (g. -ar, pl
  máithreacha) *mother*
mé *I, me*
méid (m) *amount*, but méad in
  phrases such as cé mhéad *how
  much?*
meaisín (m) (pl -í) *machine*
meán- *mid-*
measa *worse, worst*
measartha *rather, moderately*
mí (f) (g. -osa, pl -onna) *month*
míle (m) (pl -lte) *mile*
milis (pl -lse, níos milse) *sweet*

minic (níos minice) *frequent*
mise *me*
mo *my*
mó *bigger/biggest*
moch *early*
móide *plus*
moill (f) (g. -e) *delay*
mór (pl -a) *big*
mórán *much, plenty*
muid *we*
múineann *teaches*
múinteoir (m) (g. -ora, pl -í) *teacher*
muintir (f) (g. -e) *parents, inhabitants*

náid *nought, zero*
naoi *nine*
nóiméad (m) (g. -éid, pl -éid) *minute*
Nollaig (f) (g. -ag) *Christmas*
nóta (m) (pl -aí) *note*
nua *new*
nuachtán (m) (g. -áin, pl -áin) *newspaper*

ó (+ lenition) *from*
obair (f) (g. oibre) *work (also working)*
ocht *eight*
ocras (m) (g. -ais) *hunger*
óg (pl -a, níos óige) *young*
oibríonn *works, operates*
oíche (f) (pl -eanta) *night*
oifig (f) (g. -e, pl -í) *office*
oiread; a oiread *so much*
oirthear (m) (g. -thir) *eastern area*
oisre (m) (pl -rí) *oyster*
ól *drinking*
ólann *drinks*
olc (pl -a, níos measa) *bad*
oráiste *orange*
osclaíonn *opens*
óstán (m) (g. -áin, pl -áin) *hotel*

paicéad (m) (g. -éid, pl -éid) *packet*
páirc (f) (g. -e, pl -eanna) *park, field*

páirtaimseartha *part-time*
páiste (m) (pl -tí) *child*
peann (m) (g. pinn, pl pinn) *pen*
peil (f) (g. -e) *football*
peitreal (f. -ril) *petrol*
píosa (m) (pl -aí) *piece*
pictiúr (m) (g. -úir, pl -úir) *picture*
pingin (f) (g. -e, pl -í) *penny*
piocann (amach) *picks (out)*
pionta (m) (pl -aí) *pint*
pobal (m) (g. -ail, pl -ail) *community*
póca (m) (pl -í) *pocket*
poiblí *public*
pointe (m) (pl -tí) *point*
polaitíocht (f) (g. -a) *politics*
pórtar (m) (g. -air) *stout (drink)*
pósadh *marrying*
pósann *marries*
post (m) (g. poist, pl poist) *post, job*
pósta *married*
práta (m) (pl -aí) *potato*
príobháideach (pl -a) *private*
príomh- (+ lenition) *principal*

rá *saying*
rachaidh *will go*
raidió (m) *radio*
rang (m) (g. -a, pl -anna) *class*
raon (m) *range*
ráta (m) (pl -aí) *rate*
ráiteas (m) (g. -tis, pl -tis) *statement*
réasúnta *reasonable, reasonably*
réidh *ready*
riail (f) (g. rialach, pl -acha) *rule*
riachtanach (pl -a) *essential*
rinne *did*
ró (+ lenition, with adj.) *too*
roimh (+ lenition) *before*
roinnt *some*
rothar (m) (g. -air, pl -air) *bicycle*
rud (m) (g. -a, pl -aí) *thing*
rún (m) (g. rúin, pl rúin) *secret*
rúnaí (m) (pl -ithe) *secretary*

sa (+ lenition) *in the*
sa bhaile *at home*
sagart (m) (g. -airt, pl -airt)
  priest
saibhir (pl -e, níos saibhre) *rich*
sailéad (m) (g. -éid, pl -éid) *salad*
salann (m) (g. -ainn) *salt*
samhradh (m) (g. -aidh, pl -aí)
  summer
saoire (f) *holiday*
saol (m) (g. saoil) *life*
saor (pl -a, níos saoire) *free*
sásta *satisfied*
scamall (m) (g. -aill, pl -aill) *cloud*
scannán (m) (g. -áin, pl -áin) *film*
scéal (m) (g. scéil, pl -ta) *story,*
  news
sciorta (m) (pl -aí) *skirt*
scoil (f) (g. -e, pl -eanna) *school*
scríobh *writing, to write*
scríobhann *writes*
seallaí (m) *chalet*
sé *he*
sé *six*
seacht *seven*
seachtain (f) (g. -e, pl -í) *week*
sean *old*
searbh (pl -a, níos seirbhe) *bitter*
seic (m) (pl -eanna) *cheque*
seinm *playing*
seinneann *plays* (music)
seirbhís (f) (g. -e, pl -í) *service*
seisiún (m) (pl -úin) *session*
seo *this*
seoladh (m) (pl seoltaí) *address*
seomra (m) (pl. -í) *room,*
  seomra suite *sitting room*
shuigh *sat*
sí *she*
siad *they*
sibh *you* (plural)
sin *that*
sinn(e) *we*
sioc (m) (g. seaca) *frost*
siopa (m) (g. -í) *a shop*
siopadóireacht (f) (g. -a) *shopping*
siúcra (m) *sugar*
siúinéir (m) (g. -éara, pl -í)
  carpenter

siúl *walking, to walk*
sláinte (f) *health*
sláintiúil (g. -úla, níos sláintiúla)
  healthy
slaghdán (m) (g. -áin, pl -áin) *a*
  cold
slat *a yard* (measurement)
slí (f) (pl slite) *way*
slí bheatha *occupation* (way of
  life)
slios (m) (g. sleasa, pl sleasa)
  slice
slua (m) (pl sluaite) *crowd*
smaoineamh *thinking, thought,*
  idea
smaoiníonn (ar) *thinks (of)*
snámh *swimming*
socraíonn *arranges*
socrú (m) (pl. -uithe)
  arrangement
socraíonn síos *settles down*
solas (m) (g. -ais, pl soilse) *light*
sórt (+ genitive) *kind of*
speisialta *special*
spúnóg (f) (g. -óige, pl -a) *spoon*
sráid (f) (g. -e, pl -eanna) *street*
sroichint *reaching*
staidéar (m) (g. -éir) *study*
staighre (m) *stairs*
stáisiún (m) (g. -úin, pl -úin)
  station
stiúrthóir (m) (g. -óra, pl -í)
  director
subh (f) (g. suibhe) *jam*
súil (f) (g. -e, pl -e) *eye*
suíonn *sits*
suigh (suíonn) *sit*
suim (f) (g. -e) *interest*
suimiúil (pl -úla, níos suimiúla)
  interesting
suipéar (m) (g. -éir, pl -éir)
  supper

tá *is*
tábhachtach (pl -a, níos
  tábhachtaí) *important*
tabharfaidh *will give*
tae (m) *tea*
tagann *comes*

tagtha *come*

taisteal (m) (g. -til) *travel*

taithí (f) *experience*

taitníonn le *pleases*

talamh (f) (g. talaimh or talún) *land*

tamall (g. -aill) *while, short period*

taobh (m) (g. taoibh, pl -anna) *side*

tapa *fast, quick*

tar *come*

tar éis *after*

tart (m) (g. -a) *thirst*

táthar passive of tá

te *hot*

teach (m) (g. tí, pl tithe) *house*

teach tábhairne *public house*

teacht *coming*

teachtaireacht (f) *message*

teanga (f) (pl -cha) *language*

téann *goes*

teas (m) (g. -a) *heat*

teastas (m) (g. -ais, pl -ais) *diploma*

teastaíonn *is wanting*

teastaíonn ó *(somebody) wants*

téigh *go*

teileafón (m) (g. -óin, pl -óin) *telephone*

teilifís (f) (g. -e) *television*

téip (f) (g. -e, pl -eanna) *tape*

teocht (f) (g. -a) *temperature*

thall *over*

theas *south*

thíos *below*

thiar *west*

thoir *east*

thuaidh *north*

thuas *above*

thug *gave*

ticéad (m) (g. -éid, pl -éid) *ticket*

timpeall (+ genitive) *around*

tine (f) *fire*

tinn *sick, sore*

tinneas (m) (g. -nis) *sickness, pain*

tiomáint *driving, to drive*

tír (f) (g. -e, pl tíortha) *country*

tirim *dry*

tógann *raises, builds, takes*

toil (f) (g. tola) *will*

tiosc go/nach *because*

toradh (m) (pl torthaí) *result, fruit*

tosaíonn *begins*

tosaithe *begun*

tosach (m) (g. tosaigh) *front*

tosú *beginning*

trá (f) (pl -nna) *beach*

tráthnóna (m) (pl -nta) *afternoon, evening* (up to nightfall)

traidisiúnta *traditional*

traochta *exhausted*

tréimhse (f) (pl -sí) *period of time*

treoracha *directions*

trí *three*

tríocha *thirty*

triúr *three* (of people)

tú, tusa *you*

tuaisceart (m) (g. -cirt) *northern area*

tugann *gives*

tuig *understand*

tuigeann *understands*

tuilleadh *more*

tuirse (f) *tiredness*

tuirseach (pl -a, níos tuirsí) *tired*

tuiscint (f) (g. tuisceana) *understanding, to understand*

tús (m) (g. túis) *beginning*

uaine *green*

uair (f) (g. -e, pl -eanta) *hour*

uaireanta *sometimes*

ubh (f) (g. uibhe, pl uibheacha) *egg*

údarás (m) (g. -áis) *authority*

uile *all*

uimhir (f) (g. uimhreach, pl uimhreacha) *number* (and *size* of shoes, clothes)

uisce (m) *water* (uisce beatha *whiskey*)

úll (m) (g. úill, pl úlla) *apple*

uncail (m) (pl í) *uncle*

úr (pl -a, níos uire) *fresh*

urlar (m) (g. -áir, pl -áir) *floor*

úsáideann *uses*

úsáid *use, using*

This glossary of English words has been compiled from a variety of lists of common English words and cross-checked with word frequencies in Irish. Many words given in the book have also been included. The abbreviations are (m) for masculine and (f) for feminine; (g.) for genitive and (pl.) for plural. The endings to be added are marked with a hyphen. Note that we have followed the practice in dictionaries of Irish of sometimes including a constant part of the word after the hyphen when the degree of change warrants that. For instance the plural of *am* time is *amanta* and it is sufficient to note pl. *–anta*. However in the case of *páiste* child we have plural *páistí* and it is necessary to give pl. *–tí*, carrying over the *t*, rather than just *–í*, which is not clear enough.

ability *cumas* (m) (g. *–ais*)

able to *in ann, ábalta*

about (concerning) *faoi*; (around) *timpeall*

accepts *glacann le*

accommodation *lóistín*

account *cuntas* (m) (g. *–ais*, pl. *–ais*)

acquaintance *aithne* (f)

act (of parliament) *acht* (m) (g. *–a*, pl. *–anna*)

action *gníomh* (m) (g. *gnímh*, pl. *–artha*)

activity *gníomhaíocht* (f) (g. *–a*, pl. *–aí*)

address *seoladh* (m) (g. *seolta*, pl. *seoltaí*)

age *aois* (m) (g. *–e*, pl. *–eanna*)

agrees *aontaíonn* (le with)

air *aer* (m), (g. *aeir*)

alive *beo*

amount *méid* (m)

animal *ainmhí* (m) (g. *ainmhithe*, pl. *ainmhithe*)

announcement *fógra* (m) (pl. *–aí*)

answer *freagra* (m) (pl. *–aí*)

anybody *éinne*

anything *dada*

apartment *árasán* (m) (g. *–áin*, pl. *–áin*)

appointment *coinne* (m) (pl. *coinní*)

area *ceantar* (m) (g. *–air*, pl. *–air*)

around (around six o'clock) *thart ar*

arrangement *socrú* (m) (g. *–aithe*, pl. *–uithe*)

art *ealaín* (f) (g. *–e*, pl. *ealaíona*)

asks (asks for) *iarrann,*
  fiafraíonn de inquires of
at *ag*
attending *ag freastal ar*
authority *údarás* (m) (g. *–áis*, pl.
  –áis)
autumn *fómhar* (m) (g. *–air*, pl.
  –air)
available *ar fáil* (with *tá is*)

back (of person) *droim* (m) (g.
  droma, pl. *dromanna*); (of
  head) *cúl an chinn*; (of
  building etc) *cúl*
bad *olc, dona, droch-* (prefix to
  noun, takes lenition)
bank *banc* (m) (g. *bainc*, pl.
  bainc)
basic *bunúsach*
beach *trá* (f), (pl. *–nna*)
beautiful *álainn* (*níos áille*)
beer *beoir* (f) (g. *beorach*)
beginning *tosú*
beginning *tús* (m)
begins *tosaíonn*
being *bheith*
believes *creideann*
bicycle *rothar* (m) (g. *–air*, pl.
  –air)
big *mór* (*níos mó* bigger)
black *dubh*
blue *gorm*
boat *bád* (m) (g. *báid*, pl. *báid*)
body *corp* (m) (g. *coirp*, pl.
  coirp)
book *leabhar* (m) (g. *–air*, pl. *–air*)
born (was born) *rugadh*
bottom *bun* (m) (g. *buin*, pl.
  –anna); (of person) *tóin* (f)
  (g. *–tóna*, pl. *tónacha*)
box *bosca* (m) (pl. *–í*)
boy *buachaill* (g. *–alla*, pl. *–í*)
breakfast *bricfeasta* (m)
breaks *briseann*
bright *geal* (*níos gile* brighter)
brother *deartháir* (m) (g. *–ár*, pl.
  –eacha)

brown *donn*
building *foirgneamh* (m) (g.
  –nimh, pl. *–nimh*)
bus *bus* (m) (pl. *–anna*)
business *gnó* (m) (pl. *–thaí*)
buys *ceannaíonn*

calls *glaonn* (*ar*)
car *carr* (m) (g. cairr, pl. cairr);
  gluaisteán (m) (g. *–áin*, pl. *–áin*)
card *cárta* (m) (pl. *–í*)
care *aire* (m)
case *cás* (m) (g. *cáis*, pl. *cásanna*)
centre *lár* (m) (g. *láir*, pl. *láir*),
  also *lárphointe*; (building)
  lárionad (m) (g. *–aid*, pl. *–aid*)
century Expressed by 'hundred'
  or 'age' qv.; the nineteenth
  century *an naoú haois/céad
  déag*, the twentieth century *an
  fichiú haois*
certain *cinnte*
chair *cathaoir* (f) (g. *–each*, pl.
  –eacha)
change *athrú* (m) (g. *athraithe*,
  pl. *athruithe*); (money)
  briseadh (m) airgid, *sóinseáil*
  (f) (g. *sóinseála*)
cheap *saor*
child *leanbh* (m) (g. *linbh*, pl.
  leanaí); *páiste* (m) (pl. *–tí*)
church (building) *séipéal* (m) (g.
  –éil, pl. *–éil*); (institution)
  eaglais (f) (g. *–e*, pl. *–í*)
city *cathair* (f) (g. *cathrach*, pl.
  cathracha)
class *rang* (m) (g. *–a*, pl. *–anna*)
clear *soiléir*
clock *clog* (m) (g. *cloig*, pl. *cloig*)
close to *gar to*
closes *dúnann*
clothing *éadach* (m) (g. *–aigh*)
cloud *scamall* (m) (g. *–aill*, pl.
  –aill)
club *club* (m) (pl. *–anna*)
coat *cóta* (m) (pl. *–í*)
cold *fuar*
collecting *bailiú*

collection *bailiúchán* (m) (g.
–*áin*, pl. –*áin*); *cnuasach* (m)
(g. –*aigh*, pl. –*aigh*)

college *coláiste* (m) (pl. –*tí*)

colour *dath* (m) (g. –*a*, pl. –*anna*)

comes *tagann*

coming *teacht*

committee *coiste* (m) (pl. –*tí*)

community *pobal* (m) (g. –*ail*,
pl. –*ail*)

company (comm.) *comhlacht*
(m) (g. –*achta*, pl. –*achtaí*);
(soc.) *comhluadar* (g. –*air*)

complaint *gearán* (m) (g. –*áin*,
pl. –*áin*)

complete *iomlán*

computer *ríomhaire* (m) (pl. –*rí*)

condition *coinníoll* (m) (g. –*íll*,
pl. –*acha*)

congratulations *comhghairdeas*
(m) (g. –*dis*)

control *smacht* (m) (g. –*a*)

cost *costas* (m) (g. –*ais*, pl. –*ais*)

costs *cosnaíonn*

country *tír* (f) (g. –*e*, pl. *tíortha*)

county *contae* (m) (pl. *contaetha*)

course *cúrsa* (m) (pl. *cúrsaí*)

court (law) *cúirt* (f) (g. –*e*, pl.
–*eanna*)

culture *cultúr* (m) (g. –*úir*, pl.
–*úir*)

cup *cupán* (m) (g. –*áin*, pl. –*áin*)

custom *nós* (m) (g. *nóis*, pl.
–*anna*)

damage *dochar* (m) (g. –*air*)

dance *damhsa* (m) (pl. –*í*), *rince*
(m) (pl. –*cí*)

dark *dorcha*

daughter *iníon* (f) (g. *iníne*, pl.
–*acha*, *clann iníon*)

day *lá* (m), (g. *lae*, pl. *laethanta*)

dead *marbh*

dearg *red*

death *bás* (m) (g. *báis*)

decision *cinneadh* (m) (g.
–*nnidh*), also *socrú*
arrangement (m) (g. *socraithe*,
pl. *socruithe*)

department *roinn* (f), (g. –*e*, pl.
ranna)

development *forbairt* (f) (g.
–*artha*)

diary *dialann* (f) (g. –*ainne*, pl.
–*a*)

dictionary *foclóir* (m) (g. –*óra*,
pl. –*í*)

difference *difríocht* (f) (g. –*a*, pl.
–*aí*)

different *difriúil*

difficult *deacair* (*níos deacra*
more difficult)

difficulty *deacracht* (f) (g. –*a*, pl.
–*aí*); in difficulty = *i bponc*

dinner *dinnéar* (m) (g. –*éir*, pl.
–*éir*)

direct *díreach*

disc *diosca* (m) (pl. –*aí*); also
dlúthdhiosca compact disc

disco *dioscó* (m) (pl. –*nna*)

doctor *dochtúir* (m) (g. –*úra*, pl.
–*í*)

does *déanann*

dog *madra* (m) (pl. –*aí*)

doing *déanamh*

done *déanta*

door *doras* (m) (g. –*ais*, pl. –*ais*)

doubt *amhras* (m) (g. –*ais*)

drink *deoch* (f) (g. *dí*, pl. –*anna*)

drinking *ól*

drinks *ólann*

driving *tiomáint* (f) (g. –*ána*)

dry *tirim*

during *le linn*, *ar feadh*

early *luath*

easy *furasta* (*níos fusa*)

eating *ithe*

eats *itheann*

education *oideachas* (m) (g. –*ais*)

email *ríomhphost* (m) (g.
–*phoist*, pl. –*phoist*)

empty *folamh*

end *deireadh* (m) (g. –*ridh*, pl.
–*rí*)

enough *dóthain*, *go leor*

entertainment *siamsaíocht* (f) (g.
–*a*)

equipment *trealamh* (m) (g.
    –aimh)
essential *riachtanach*
evening *tráthnóna* (m) (pl.
    tráthnónta)
event *ócáid* (f) (g. *–e*, pl. *–í*)
every *gach* (before noun)
evidence *fianaise* (f)
examination *scrúdú* (m) (g.
    –aithe, pl. *–uithe*)
example *sampla* (m) (pl. *–aí*)
excellent *ar fheabhas* (with *tá is*)
exhibition *taispeántas* (m) (g.
    –ais, pl. *–ais*)
expensive *daor*
experience *taithí* (f)
explains *míníonn*
explanation *míniú* (m) (g. *–ithe*,
    pl. *–ithe*)
eye *súil* (f) (g. *–e*, pl. *–e*)

face *aghaidh* (f) (g. *–e*, pl.
    aghaidheanna)
facility *áis* (f) (g. *–e*, pl. *–eanna*)
fact *fíric* (f) (g. *–e*, pl. *–í*)
family *teaghlach* (m) (g. *–aigh*,
    pl. *–aigh*)
famous *cáiliúil*
farm *feirm* (f) (g. *–e*, pl. *–eacha*)
farmer *feirmeoir* (m) (g. *–eora*,
    pl. *–í*)
father *athair* (m) (g. *–ar*, pl.
    aithreacha)
fear *eagla* (f), *faitíos* (m) (g. *–ís*)
field *páirc* (f) (g. *–e*, pl. *–eanna*);
    (of activity) *réimse* (m) (pl. *–sí*)
figure *figiúir* (m) (g. *–úra*, pl. *–í*)
file (for information) *comhad*
    (m) (g. *–aid*, pl. *–aid*)
film *scannán* (m) (g. *–áin*, pl.
    –áin)
finger *méar* (f) (g. *méire*, pl. *–a*)
finishes *críochnaíonn*
fire *tine* (f) (pl. *tinte*)
floor *urlár* (m) (g. *–áir*)
fluency *líofacht* (f) (g. *–a*)
follows *leanann*
fool *bia* (m) (pl. *bianna*)
foot *troigh* (m) (pl. *troithe*)

football *peil* (m) (g. *–e*)
for *do*
force *fórsa* (m) (pl. *fórsaí*); *fórsaí
    armtha* armed forces
forgetting *dearmad* (m) (g. *–aid*)
form *foirm* (f) (g. *–e*, pl. *–eacha*);
    (= shape) *cruth* (m) (g. *–a*, pl.
    –anna)
fortnight *coicís* (f) (g. *–e*)
free *saor*; (free of charge) *saor in
    aisce*
fresh *úr*
friend *cara* (m) (pl. *cairde*)
from *ó*
front *tosach* (m) (g. *tosaigh*)
full *lán*

game *cluiche* (m) (pl. *–chí*)
garden *gairdín* (m) (pl. *–í*)
gets up *éiríonn*
gets *faigheann*
getting *fáil*
girl *cailín* (m) (pl. *cailíní*)
gives (to) *tugann* (*do*)
goes *téann*
goes (to) *téann* (*go/chuig/do dtí*)
goes away *imíonn*
going *dul*
good *maith* (*níos fearr* better)
got *faighte*
government *rialtas* (m) (g. *–ais*,
    pl. *–ais*)
grass *féar* (m) (g. *féir*)
great (praising sth.) *iontach*
green *glas* (of plants); *uaine* (of
    manufactured things)
grey *liath*
group *grúpa* (m) (pl. *–aí*); (of
    people) *dream* (m)

hair *gruaig* (f) (g. *–e*)
half *leath* (m)
hand *lámh* (f), (g. *láimhe*, pl. *–a*)
has *tá x ag y*
head *ceann* (m) (g. *cinn*, pl. *cinn*)
health *sláinte* (f)
hears *cloiseann*
heart *croí* (m) (pl. *–the*)
heavy *trom*

helps *cabhraíonn le, cuidíonn le*
high *ard*
hill *cnoc* (m) (g. *cnoic*, pl. *cnoic*)
history *stair* (f) (g. *-e*)
holiday *saoire* (m)
home (to go home) *abhaile*; at home *sa bhaile*; away from home *ó bhaile*
hope *dóchas* (m) (g. *-ais*); e.g. in *tá dóchas agam* = I hope
hot *te* (*níos teo*)
hotel *óstán* (m) (g. *-áin*, pl. *-áin*)
hour *uair* (f) (g. *-e*, pl. *-eanta*)
house *teach* (m) (g. *tí*, pl. *tithe*)
humid *meirbh*
humour *greann* (m) (g. *grinn*)
hundred *céad* (m) (g. *céid*, pl. *céadta*)
hurry *deifir* (f) (g. *-fre*)

idea *smaoineamh* (m) (g. *-nimh*, pl. *-nte*)
important *tábhachtach*
improvement *feabhas* (m) (g. *-ais*)
in *i*
industry *tionscal* (m) (g. *-ail*, pl. *-ail*)
information *eolas* (m) (g. *-ais*)
inside *istigh*
interest *suim* (f) (g. *-e*), *spéis* (f.) (g. *-e*); (money) *ús* (m) (g. *úis*)
interesting *spéisiúil, suimiúil*
international *idirnáisiúnta*
into *isteach*
is *is, tá*
issue see question, result

job *post* (m) (g. *poist*, pl. *poist*)
journey *turas* (m) (g. *-ais*, pl. *-ais*)
joy *áthas* (m) (g. *-ais*)

kind *cineál* (m) (g. *-áil*, pl. *-acha*)
knows *tá a fhios ag x*

lake *loch* (m) (g. *-a*, pl. *-a*)
land *talamh* (m/f) (mg. *talaimh*, fg. *talún*, pl. *tailte*)
lane (urban) *lána* (m) (pl. *-í*); (rural) *bóithrín* (m) (pl. *-í*)

language *teanga* (f) (pl. *teangacha*)
laptop computer *ríomhaire glúine*
large, big *mór* (*níor mó* bigger)
last (week etc.) *seo caite* (after noun)
late *déanach*
law *dlí* (m) (pl. *dlithe*)
leaflet *bileog* (f) (g. *-eoige*, pl. *-eoga*)
learning *foghlaim* (f)
learns *foghlaimíonn*
leaving *imeacht*
lecture *léacht* (m) (g. *-a*, pl. *-aí*)
lecturer *léachtóir* (m) (g. *-óra*, pl. *-í*)
left (over) *fágtha*
leg *cos* (f) (g. *coise*, pl. *cosa*)
letter *litir* (f) (g. *litreach*, pl. *litreacha*)
level *leibhéal* (m) (g. *-éil*, pl. *-éil*) (= standard) *caighdeán* (m), (g. *-áin*, pl. *-áin*)
life *beatha* (f) (pl. *-aí*); *saol* (m) (g. *saoil*)
light (in weight) *éadrom*
light (i.e. source of light) *solas* (m) (g. *-ais*, pl. *soilse*)
likes (so. likes sth.) *is maith le* x y; *taitníonn* y *le* x
line *líne* (f) (pl. *línte*)
listening *éisteacht* (f) (g. *-a*)
lives *maireann*; (lives in) *cónaíonn i*
local *áitiúil*
long *fada* (*níos faide* longer)
looking for *(ag) lorg*
low *íseal*
lunch *lón* (m) (g. *-óin*, pl. *-óin*)

magazine *iris* (f) (g. *irise*, pl. *-í*)
make *déanann*
man *fear* (m) (g. *fir*, pl. *fir*)
management *bainistíocht* (f) (g. *-a*)
manager *bainisteoir* (m) (g. *-eora*, pl. *-í*)
market *margadh* (m) (g. *-aidh*, pl. *-aí*)

marriage *pósadh* (m) (g. *pósta, póstaí*)

married *pósta*

matter As question; also (phys.) *ábhar* (m) (g. *–air*, pl. *–air*)

meaning *brí* (f) (pl. *bríonna*); also *ciall* (f) (g. *céille*, pl. *–a*)

meeting (event) *cruinniú* (m) (g. *–nnithe*, pl. *–nnithe*); (meeting so.) *ag bualadh le*

meets *buaileann le, castar* x *ar* y

member *ball* (m) (g. *baill*, pl. *baill*)

memory *cuimhne* (m)

mile *míle* (m) (pl. *mílte*)

milk *bainne* (m)

mind *intinn* (f) (g. *–e*)

minute *nóiméad* (m) (g. *–éid*, pl. *–éid*)

mistake *botún* (m) (g. *–úin*, pl. *–úin*)

mobile phone *fón póca* (m)

moment See minute

money *airgead* (m) (g. *–gid*)

month *mí* (f), (g. *míosa*, pl. *míonna*)

morning *maidin* (f) (g. *–e*, pl. *–eacha*)

mother *máthair* (f) (g. *–ar*, pl. *máithreacha*)

mouth *béal* (m) (g. *béil*, pl. *béil*)

music *ceol* (m) (g. *ceoil*)

name *ainm* (m) (pl. *ainmneacha*)

need *gá* (m)

neighbour *comharsa* (f) (g. *–n*, pl. *–na*)

new *nua*

news *scéal; nuacht* (broadcast)

newspaper *páipéar nuachta; nuachtán*

next week etc.) *seo chugainn* (after noun)

nice *deas*

night *oíche* (f) (pl. *–anta*)

noise *torann* (m) (g. *–ainn*)

nose *srón* (f) (g. *sróine*, pl. *–a*)

note *nóta* (m) (pl. *–aí*)

nothing *dada* (in negative sentences)

novel *úrscéal* (m) (g. *–éil*, pl. *úrscéalta*)

number *uimhir* (f) (g. *uimhreach*, pl. *uimhreacha*)

occupation *slí bheatha* (f) (pl. *slite beatha*)

offer *tairiscint* (f) (g. *–ceana*, pl. *–í*)

office *oifig* (f) (g. *–e*, pl. *–í*)

official *oifigiúil*

old *sean* (*níos sine* older)

on (the programme is on) *ar siúl*

on *ar*

open (adjective) *oscailte, ar oscailt* (with *tá* is)

open (verb) *osclaíonn*

opinion *tuairim* (f) (g. *–e*, pl. *–í*), *barúil* (f) (g. *–úla*, pl. *–úlacha*)

order (= command) *ordú* (m) (g. *ordaithe*, pl. *orduithe*); (arrangement) *ord* (m) (g. *oird*, pl. *oird*)

other *eile*

out of *as*

outside *amuigh*

outwards *amach*

over (direction) *thar*; (finished) *thart*

page *leathanach* (m) (g. *–aigh*, pl. *–aigh*)

paper *páipéar* (m) (g. *–éir*, pl. *–éir*)

paragraph *alt* (m) (g. *ailt*, pl. *ailt*)

parent *tuismitheoir* (m) (g. *–eora*, pl. *–í*)

part *cuid* (f) (g. *coda*, pl. *codanna*); *páirt* (g. *páirte*, pl. *páirteanna*)

particular *ar leith, faoi leith* (after noun)

party (soc.) *cóisir* (f) (g. *–e*, pl. *–í*); (pol.) *páirtí* (pl. *–tithe*)

patient *othar* (m) (g. *–air*, pl. *–air*)

percentage *céatadán* (g. *–áin*, pl. *–áin*)

period *tréimhse* (f) (pl. *–sí*)

permission *cead* (m) (g. *–a*)

person *duine* (m) (pl. *daoine*)
picture *pictiúr* (m) (g. *–iúir*, pl. *–iúir*)
piece *píosa* (m) (pl. *–aí*)
place *áit* (f) (g. *–e*, pl. *–í*)
plane *eitleán* (m) (g. *–áin*, pl. *–áin*)
plate *pláta* (m) (pl. *–í*)
play (theatre) *dráma* (m), (pl. *drámaí*)
plays (game) *imríonn*; (music) *seinneann*
plean *plean* (m) (pl. *–anna*)
poem *dán* (m) (g. *dáin*, pl. *–ta*)
point *pointe* (m) (pl. *–tí*)
police pl. (*na*) *póilíní*; *An Garda Síochána* (the force), alias *na Gardaí* (pl.)
policy *polasaí* (m), (pl. *–saithe*)
position *suíomh* (m) (g. *–ímh*, pl. *–ímh*)
pound *punt* (m) (g. *puint*, pl. *puint*)
power *cumhacht* (m) (g. *–a*)
practical *teicniúil*
practice *cleachtadh* (m) (g. *–aidh*)
praises *molann*
present *bronntanas* (m) (g. *–ais*, pl. *–ais*)
price *praghas* (m) (g. *–ais*, pl. *–ghsanna*)
priest *sagart* (m) (g. *–airt*, pl. *–airt*)
private *príobháideach*
problem *fadhb* (f) (g. *faidhbe*, pl. *–anna*)
process *próiseas* (m) (g. *próisis*, pl. *próisis*)
programme *clár* (m) (g. *cláir*, pl. *cláir*, also *cláracha*)
project *tionscnamh* (m) (g. *–aimh*, pl. *–aimh*)
public *poiblí*
puts *cuireann*
putting *cur*

question *ceist* (f) (g. *–e*, pl. *–eanna*)
quick *tapa*

quiet *ciúin*
quietness *ciúnas* (m) (g. *–ais*)
radio *raidió* (m)
rain *báisteach* (f) (g. *báistí*)
rate *ráta* (m) (g. *–aí*)
reads *léan*
ready *réidh, ullamh*
reason *fáth* (m) (g. *–a*, pl. *–anna*); *cúis* (f) (g. *–e*, pl. *cúiseanna*)
regular *rialta*
relationship *gaol* (m) (g. *gaoil*)
rent *cíos* (m) (g. *–a*, pl. *–anna*)
report *tuairisc* (m) (g. *–e*, pl. *–í*); (doc.) *tuarascáil* (f) (g. *–ála*, pl. *–álacha*)
research *taighde* (m)
respect *meas* (m) (g. *–a*)
restaurant *bialann* (f) (g. *–ainne*, pl. *–anna*)
result *toradh* (m) (g. *–aidh*, pl. *torthaí*)
right (adjective) *ceart*
right *ceart* (m) (g. *cirt*, pl. *cearta*, e.g. *cearta daonna* human rights)
river *abhainn* (f) (g. *–ann*, pl. *aibhneacha*)
road *bóthar* (m) (g. *–air*, pl. *bóithre*)
role *ról* (m) (pl. *rólanna*)
room *seomra* (m) (pl. *–aí*); (= space) *spás* (m) (g. *spáis*)
rule *riail* (f) (g. *rialach*, pl. *rialacha*)

salary *tuarastal* (m) (g. *–ail*, pl. *–ail*)
satisfied *sásta*
says *deireann*
school *scoil* (f) (g. *–e*, pl. *–eanna*)
screen *scáileán* (m) (g. *–áin*, pl. *–áin*)
sea *farraige* (f) (pl. *–gí*)
seat *suíochán* (m) (g. *–áin*, pl. *–áin*)
section *rannóg* (f) (g. *–óige*, pl. *–óga*)
seeking *(ag) lorg*
sees *feiceann*

sending *cur*

sends *cuireann*

sense *ciall* (f) (g. *céille*)

service *seirbhís* (f) (g. *-e*, pl. *-í*)

ship *long* (f) (g. *loinge*, pl. *-a*)

shirt *léine* (f) (pl. *léinte*)

shoe *bróg* (m) (g. *bróige*, pl. *-a*)

shop *siopa* (m) (pl. *-í*)

short *gearr* (*níos giorra*)

shower *cith* (m) (g. *cith*, pl. *ceathanna*)

shows *taispeánann*

side *taobh* (m) (g. *taoibh*, pl. *-anna*)

silence *tost* (m) (g. *-a*)

singing *canadh* (m)

sister *deirfiúr* (f) (g. *-féar*, pl. *-acha*)

sits *suíonn*

sleep *codladh* (m) (g. *codlata*)

small *beag* (*níos lú* smaller)

social *sóisialta*

society *pobal* (m) (g. *-ail*, pl. *-ail*); (= organization) *cumann* (m) (g. *-ainn*, pl. *-ainn*)

soft *bog*

solution *réiteach* (m) (g. *-igh*, pl. *-igh*)

sometimes *uaireanta*

son *mac* (m) (g. *mic*, pl. *mic*, *clann mhac*)

song *amhrán* (m) (g. *-áin*, pl. *-áin*)

sort See kind, type.

speaker *cainteoir* (m) (g. *-eora*, pl. *-í*)

special *speisialta*

sport *spórt* (m) (g. *spóirt*)

spring *earrach* (m) (g. *-aigh*, pl. *-aigh*)

staff See team

stage (theat.) *stáitse* (m) (pl. *-tsí*), at this stage = *ag an bpointe seo*

stands *seasann*

state (pol.) *stát* (m) (g. *stáit*, pl. *stáit*); (phys.) *staid* (f) (g. *-e*, *-eanna*)

stays *fanann*

stone *cloch* (f) (g. *cloiche*, pl. *-a*)

story *scéal* (m) (g. *scéil*, pl. *scéalta*)

street *sráid* (f) (g. *-e*, pl. *-eanna*)

student *mac léinn* (m), (g. *mic léinn*, pl. *mic léinn*)

study (activity) *staidéar* (m) (g. *-éir*, pl. *-éir*); (room) *seomra staidéir*

subject *ábhar* (m) (g. *-air*, pl. *-air*)

suggests *molann*

summer *samhradh* (m) (g. *-aidh*, pl. *-aí*)

sun *grian* (f) (g. *gréine*)

sunny *gréine* (g. of *grian* sun)

supermarket *ollmhargadh* (m) (g. *-aidh*, pl. *-aí*)

supper *suipéar* (m) (g. *-éir*, pl. *-éir*)

support *tacaíocht* (f) (g. *-a*)

sure *cinnte*

system *córas* (m) (g. *-ais*, pl. *-ais*)

table *bord* (m) (g. *boird*, pl. *boird*); also *tábla* (m) (pl. *-aí*)

taking place *ar siúl*, *ar bun*

talk *caint* (f) (g. *-e*)

talks (talks to) *labhrann le*

task, errand *cúram* (m) (g. *-aim*, pl. *-aim*)

taste *blas* (m)

tax *cáin* (f) (g. *cánach*, pl. *cánacha*)

tea *tae* (m)

teacher *múinteoir* (m) (g. *-eora*, pl. *-í*)

team *foireann* (f) (g. *foirne*, pl. *foirne*)

telephone *fón* (m) (g. *fóin*, pl. *fóin*), *guthán* (m) (g. *-áin*, pl. *-áin*)

television *teilifís* (f) (g. *-e*)

telling *insint*

tells *insíonn* (*do*)

term *téarma* (m) (pl. *-aí*)

that, those *sin*

thing *rud* (m) (g. *-a*, pl. *aí*); in some contexts *ní*, pl. *nithe*

think *ceapann, síleann*
this, these *seo*
time *am* (m) (g. *–a*, pl. *–anta*)
tired *tuirseach*
to *do* (giving); *go, go dtí, chuig* (direction)
toilet *leithreas* (m) (g. *–ris*, pl. *–ris*)
top *barr* (m) (g. *bairr*, pl. *–a*)
town *baile mór* (m), (pl. *bailte móra*)
trade *ceird* (f) (g. *–e*, pl. *–eanna*)
train *traein* (f) (g. *traenach*, pl. *traenacha*)
training *oiliúint* (f) (g. *–iúna*)
travel(ling) *taisteal* (m) (g. *–til*)
tree *crann* (m) (g. *crainn*, pl. *crainn*)
trousers *treabhsar* (m) (g. *–air*, pl. *–air*), *bríste* (m) (pl. *–tí*)
trys *baineann triail as*
type *cineál* (m) (g. *–áil*, pl. *–acha*); (printing) *cló* (m)

unclear *doiléir*
under *faoi*
understands *tuigeann*
union (trade) *ceardchumann* (m) (g. *–ainn*, pl. *–ainn*)
university *ollscoil* (f) (g. *–e*, pl. *–eanna*)
use *úsáid* (f) (g. *–e*, pl. *–í*)
useful *úsáideach*

value *luach* (m) (g. *–a*, pl. *–anna*)
videotape *fístéip* (f) (g. *–e*, pl. *–eanna*)
view *radharc* (f) (g. *–airc*, pl. *–airc*)
voice *guth* (m) (g. *–a*, pl. *–anna*)

walks *siúlann*
wall *balla* (m) (g. *ballaí*)
wants *teastaíonn* x ó y
watches *féachann ar*
water *uisce* (m) (pl. *–cí*)
way *bealach* (m) (g. *–aigh*, pl. *aí*); *slí* (f) (pl. *slite*)
weather *aimsir* (f) (g. *–e*)

website *suíomh lín* (m) (g. *suímh lín*, pl. *suímh lín*)
week *seachtain* (f) (g. *–e*, pl. *–í*)
welcome *fáilte* (f)
wet *fliuch* (*níos fliche* wetter)
while *tamall* (m) (g. *–aill*)
white *bán*
wife *bean chéile* (f), (g. *mná ceile*, pl. *mná céile*)
wind *gaoth* (f) (g. *gaoithe*)
window *fuinneog* (f) (g. *–eoige*, pl. *–eoga*)
winter *geimhreadh* (m) (g. *–ridh*, pl. *–rí*)
with *le*
woman *bean* (f) (g. *mná*, pl. *mná*)
wonder *ionadh* (m)
word *focal* (m) (g. *–ail*, pl. *–ail*)
work *obair* (f) (g. *oibre*, pl. *oibreacha*)
worker *oibrí* (m) (g. *oibrithe*, pl. *oibrithe*)
world *domhan* (m) (g. *–ain*, pl. *–ain*)
writes *scríobhann*

year *bliain* (f) (g. *bliana*, pl. *blianta*)
yellow *buí*
young *óg* (pl. *óga, níos óige* younger)

grammar index

This is an index to grammar notes and idiomatic constructions. The first number in each entry refers to the unit, the second to the section number within the unit.